心と行動の進化を探る

人間行動進化学入門
Introduction to Evolutionary Studies on Human Behavior

編　五百部裕
　　小田亮

著　五百部裕　平石界
　　小田亮　　坂口菊恵
　　山本真也　松本直子

朝倉書店

編集者

五百部 裕 (いほべ ひろし)
椙山女学園大学人間関係学部心理学科教授

小田 亮 (おだ りょう)
名古屋工業大学大学院工学研究科情報工学専攻教授

執筆者 (執筆順)

五百部 裕 (いほべ ひろし)
椙山女学園大学人間関係学部心理学科教授

小田 亮 (おだ りょう)
名古屋工業大学大学院工学研究科情報工学専攻教授

山本真也 (やまもと しんや)
京都大学高等研究院准教授

平石 界 (ひらいし かい)
慶應義塾大学文学部人文社会学科准教授

坂口菊恵 (さかぐち きくえ)
東京大学教養学部附属教養教育高度化機構特任准教授

松本直子 (まつもと なおこ)
岡山大学大学院社会文化科学研究科教授

序

　心とは何だろうか？　心理学を専攻する学生に尋ねてみても，明確な答えが返ってこないことが多い．そもそも心理学の教科書と呼べるような本を眺めても，実は心の定義について書かれたものは少ない．また『広辞苑』をひいても，「人間の精神作用のもとになるもの．また，その作用．」などと書かれているだけで，結局のところなんのことやら，いまひとつわからない．しかし私たちは，このわけのわからない見えないものが存在していると「知っている」．

　では，目に見えなくとも家族や友人に存在すると考えている心．これはチンパンジーに存在するだろうか？　イヌやネコではどうだろう．カラスでは？　カエルやマグロでは？　カブトムシならどうだろう．たぶんどの動物に心があると認めるかは人によって違ってくるかもしれない．しかしここで大切なのは，人間には心が存在すると考えるのに，別の動物には存在しないと考えることだ．そしてこれは，人間は直立二足歩行をするのに，人間以外のサルの仲間は四足歩行するということと本質的には同じことだ．すなわち，進化によって私たちが直立二足歩行を獲得したのと同じように，私たちの心もまた進化の産物だということである．

　これまでの心理学では，このような視点から心が論じられることが少なかった．しかし1980年代後半ごろから，このような視点に立って心を考える進化心理学という学問分野が欧米を中心に盛んになってきた．国内でも2008年に日本人間行動進化学会が設立されている．一方で，残念ながらこの分野における日本語の教科書として使える書物は多くない．また，最近では進化という視点を人間行動に安直に当てはめるような言説もみられるようになってきた．そこで，本書の出版を企画した次第である．

　この本は，「心の進化」とその周辺領域を研究対象とする若手から中堅の研究者が執筆している．自らの最新の研究成果を，その背景や歴史も含めて，できるだけわかりやすく紹介したものである．心理学にとらわれず，心のはたらきの帰結である行動も対象として，人間行動進化学における主要な分野についての基本的な考え方を学べるようになっている．大学で一般教養として心理学やその関連領

域を学ぶ学部学生を主対象として想定しているが，より広く一般の方にも読んでいただけるよう配慮したつもりである．

各章はそれぞれ関連しあいながらも，独立した構成になっている．まずはこの分野の全体像を知るために，ぜひ第1章に目を通していただきたい．しかしその後はご自身の関心に沿って，必ずしも順番にとらわれずに読んでいただいて構わない．そして本書を読むことで，心の進化や心そのものに対する知識や興味を広げていただけたらと願う次第である．

最後になったが，企画段階から相談にのっていただき，また原稿の取りまとめから出版までたいへんお世話になった朝倉書店編集部の諸氏に感謝申し上げる．

2013年8月

五百部　裕
小　田　亮

目　次

第1章　進化と人間行動 ……………………………（小田　亮）… 1
1. 行動の進化 …………………………………………………………… 1
- 1.1　4つの「なぜ」……………………………………………………… 1
- 1.2　進化とは何か ……………………………………………………… 2
- 1.3　自然淘汰と生物の機能 …………………………………………… 4
- 1.4　心の進化 …………………………………………………………… 7

2. 人類の進化 …………………………………………………………… 8
- 2.1　人類の起源 ………………………………………………………… 8
- 2.2　ヒトらしさの獲得 ………………………………………………… 10
- 2.3　初期人類の生活 …………………………………………………… 11
- 2.4　農業という革命 …………………………………………………… 13
- 2.5　遺伝子の川 ………………………………………………………… 15

3. 人間行動を研究する2つの視点 …………………………………… 17
- 3.1　人間行動生態学 …………………………………………………… 17
- 3.2　進化心理学 ………………………………………………………… 18
- 3.3　進化心理学の効用 ………………………………………………… 21

4. 文化と進化 …………………………………………………………… 23
- 4.1　遺伝決定論を超えて ……………………………………………… 23
- 4.2　文化という適応 …………………………………………………… 24
- 4.3　遺伝子と文化の共進化 …………………………………………… 26

5. 行動を科学的に調べるとはどういうことか ……………………… 29
- 5.1　科学者は何を調べているのか …………………………………… 29
- 5.2　統計的に有意な差とは …………………………………………… 31
- 5.3　「である」と「べし」の違い …………………………………… 33

第2章　ヒトはなぜ助け合うのか ………………………（山本真也）… 36
1. 利他行動の進化 ……………………………………………………… 37

1.1	ダーウィンの疑問 ……………………………………………	37
1.2	進化理論 ………………………………………………	38
1.3	究極要因と至近要因 …………………………………………	42
2.	助け合う「こころ」……………………………………………	44
2.1	共　感 ………………………………………………	44
2.2	他者の欲求理解 …………………………………………	46
2.3	公平感 ………………………………………………	49
2.4	規　範 ………………………………………………	51
3.	ヒトは特別か ……………………………………………	52
3.1	チンパンジーとの比較研究 ……………………………………	53
3.2	チンパンジーの手助け行動 ……………………………………	55
3.3	自発的に助けるヒト，要求に応じるチンパンジー ………………	58
3.4	「おせっかい」の進化 …………………………………………	59
4.	助け合う社会 ………………………………………………	61
4.1	社会的ジレンマ …………………………………………	61
4.2	集団にかかる淘汰圧 …………………………………………	63
4.3	ヒト以外での集団協力 ………………………………………	64
4.4	人類進化の環境と助け合いの進化 ……………………………	66

第3章　人はなぜ違うのか ……………………………………（平石　界）… 69

1.	個人差が生じるしくみ …………………………………………	69
1.1	状況と文脈による個人差 ………………………………………	69
1.2	個人内で安定した個人差 ………………………………………	71
2.	領域一般の個人差への遺伝と環境 ……………………………	73
2.1	双生児研究 ……………………………………………	74
2.2	古典的双生児法 …………………………………………	75
2.3	行動遺伝学の3原則 ………………………………………	77
2.4	遺伝率の意味すること ………………………………………	79
2.5	遺伝子を特定するアプローチ …………………………………	81
2.6	遺伝的アプローチ間のギャップ …………………………………	84
2.7	個人差を生む環境 …………………………………………	85
3.	遺伝的個人差の進化理論 ………………………………………	88

3.1　中立仮説 …………………………………………………… 89
   3.2　トレードオフ仮説 ………………………………………… 90
   3.3　負の頻度依存淘汰 ………………………………………… 90
   3.4　環境多様性仮説 …………………………………………… 92
   3.5　淘汰と変異のバランス仮説 ……………………………… 93
 4. 遺伝的集団差の進化 ……………………………………………… 94
 5. 生物学的な視点から個人差を研究することの意味 …………… 95

第4章　ヒトはなぜ恋愛するのか ………………………（坂口菊恵）… 98
 1. なぜ性行動を研究するのか ……………………………………… 98
 2. ヒトは一夫一妻の生物なのか …………………………………… 99
   2.1　一夫一妻のさまざま ……………………………………… 99
   2.2　配偶システムか，婚姻システムか ……………………… 100
   2.3　相手を選ぶのは誰？ ……………………………………… 101
   2.4　繁殖のコストと交尾に対する積極性 …………………… 102
   2.5　乱婚の性行動をとるメス，同性間性行動 ……………… 104
   2.6　ヒトは乱婚の霊長類なのか ……………………………… 106
 3. 「恋に落ちる」とはどういう現象か …………………………… 107
   3.1　乱婚の動物は，交尾はするが恋には落ちない ………… 107
   3.2　「恋愛」は文化的構築物か ……………………………… 108
   3.3　人類普遍的な心理現象としての「恋愛」 ……………… 109
   3.4　のぼせ上がりは長くは続かない ………………………… 110
 4. 一夫一妻の生理的基盤 …………………………………………… 111
   4.1　絆をつくるための交尾 …………………………………… 111
   4.2　ペア・ボンドと母子の絆の類似性 ……………………… 112
   4.3　濃度より効き方が肝心 …………………………………… 113
   4.4　種差から個体差，社会性の探求へ ……………………… 115
   4.5　配偶戦略の個人差とコミュニケーション能力 ………… 116
 5. 性戦略・配偶者選択とテストステロン ………………………… 118
   5.1　2つの性戦略 ……………………………………………… 118
   5.2　顔の好みの周期的変化 …………………………………… 120
   5.3　性ホルモンの濃度と魅力・配偶者選択 ………………… 122

- 5.4 挑戦仮説
  ── 男性ホルモンを上げるのに時があり，下げるのに時がある ··· 124
- 5.5 のぼせ上がり，ハネムーン効果から「よき父親」へ ················ 126
- 5.6 スポーツ，文化活動，女性の競争 ···································· 127

第5章 考古学で探る心の進化 ················ （松本直子）··· 131

1. 考古学で心を探る ··· 131
   - 1.1 考古学とは何か ·· 131
   - 1.2 認知考古学の発展 ··· 133
2. 石器から読み解く認知進化 ·· 134
   - 2.1 石器研究と認知神経科学 ·· 134
   - 2.2 ハンドアックスの謎 ·· 136
3. ネアンデルタール人の心にせまる ······································ 139
   - 3.1 ネアンデルタール人の生活 ····································· 139
   - 3.2 ネアンデルタール人は言葉を話したか ······················ 141
   - 3.3 ネアンデルタール人と現生人類の心の違い ················ 142
4. サピエント・パラドックス ── 種形成と文化発達の関係 ········ 150
   - 4.1 文化の爆発的発達 ··· 150
   - 4.2 遺伝子か環境か ·· 155
   - 4.3 洞窟壁画はなぜ描かれたか ····································· 158
   - 4.4 物質文化の変化のスピードアップが意味するもの ········ 159
5. おわりに ── 定住と農耕がもたらしたもの ························· 161

第6章 人間行動の観察法 ······················ （五百部 裕）··· 165

1. 見えない「心」を観察する ·· 165
2. 研究の準備 ··· 166
   - 2.1 研究目的の明確化 ··· 166
   - 2.2 調査対象や調査地，調査期間の選定 ························· 166
   - 2.3 文献研究 ·· 169
   - 2.4 仮説の構築 ··· 170
3. 調査方法 ·· 172
   - 3.1 実験的操作 ··· 172

3.2	観察場所と観察時期	173
3.3	記録方法	174
3.4	記録する内容	177
3.5	調査用具	178
4.	倫理的配慮	182
5.	調査の実施	183
5.1	予備調査	183
5.2	本調査	184
6.	フィールド調査のすすめ	185

文　　献 ………………………………………………………… 188
索　　引 ………………………………………………………… 201

第1章
進化と人間行動

1. 行動の進化

1.1 4つの「なぜ」

 私たちはなぜ,困った人をみると助けようとするのだろうか.なぜ,異性を好きになるのだろうか.なぜ,世の中にはいろいろな性格の人がいるのだろうか.人間に限らず,動物一般の行動について,「なぜ」そんなことをするのだろう,ということを考えるときには,4つの異なる考え方がある.これは,動物行動学の創始者の1人であり,1973年にノーベル医学・生理学賞を受賞したニコ・ティンバーゲン (Nikolaas Tinbergen) が提唱したものだ.4つの「なぜ」とは,①その行動が起こるしくみは何なのだろうか,②その行動にはどんな機能があるのだろうか,③その行動は個体の一生のうちに,どのように発達してくるのだろうか,④その行動は,進化の歴史においてどのような過程を経て今に至っているのだろうか,という疑問である.専門的にはそれぞれ,①至近要因,②究極要因,③発達要因,④系統進化要因などといったりするが,要するに,①は行動の「しくみ」についての疑問であり,②は「機能」について,③は「発達」,④は「歴史」についての疑問である.

 これらは,メカニズムとプロセス,時間軸が長いか短いか,という分け方もできる.「しくみ」と「機能」はどちらもメカニズムであり,「発達」と「歴史」はプロセスである.では何が違うかというと,「しくみ」と「発達」は短い時間軸で行動を眺めたものであり,一方「機能」と「歴史」は長い時間軸で眺めたものなのだ (表1.1).これらは,それぞれ別々の視点から行動を眺めているのであり,どれが正しいというものではないし,混同してはいけない.

表1.1 ティンバーゲンの4つの問い

	時間軸	
	短い	長い
メカニズム	至近要因 (しくみ)	究極要因 (機能)
プロセス	発達要因 (発達)	系統進化要因 (歴史)

例として，人間行動のなかでもとくに「人間らしい」行動を挙げて説明しよう．2011年3月11日に起こった東日本大震災の際には，さまざまな助け合いがみられた．とりわけ心を揺さぶられたのは，津波によって甚大な被害に遭った宮城県南三陸町の，町役場職員の女性がとった行動だ．遠藤未希さんは町の危機管理課職員だったが，地震発生後も役場別館の防災対策庁舎に残り，防災無線放送を続けた．町内の人々に懸命に避難を呼びかけていたとき，高さ10m以上の津波が町役場を襲った．10人が屋上の鉄塔にしがみついて助かったが，そのなかに遠藤さんの姿はなかった．

「なぜ」この女性はこのような行動をとったのだろうか．まず考えられるのは，職員としての使命感がそうさせた，ということだ．あるいは職業的な立場を超えて，町内の人たちの役に立ちたいと思ったのかもしれない．これは特定の心理が行動を引き起こすというメカニズムなので，ティンバーゲンの4つの問いの①至近要因からの説明である．また，もしかしたら子どもの頃から「困った人をみたら自らを犠牲にしてでも助けなさい」という教育を受けていたのかもしれない．これは③発達要因からの説明だ．通常の心理学がやっているのは，ほとんどこういった人間行動の「しくみ」や「発達」についての説明である．このような，自分が損をして他人のためになるようなことをすることを「利他行動」というが，心理学では利他行動は「援助行動」あるいは「向社会的行動」などと呼ばれることが多く，どのような場面でどういった感情が働いてこのような行動が発現するのか，という記述に終始している．もちろんこれらの要因について明らかにしていくことは重要なのだが，究極要因と系統進化要因も明らかにしなければ，人間の行動について真に理解したことにはならないのである．先ほどの例でいうと，②究極要因として，そもそも利他行動をすることにはどのような「機能」があるのだろうか，また④進化系統要因として，人間の利他行動は進化の過程でいつ，どのように起源し，どうやって現代まで受け継がれてきたのだろうか，という問いかけができる．

利他行動の「機能」と「歴史」については2章を参照してほしい．本書ではこれ以外のさまざまな人間行動についても，その究極要因と系統進化要因を中心に考えていく．そのための基礎として必要なのが，進化生物学の知見である．

1.2 進化とは何か

そもそも，私たち人間を含む生物すべては，進化（evolution）の結果として現

在のような特徴をもっている．ところが，どうやら一般的には進化という概念はかなり間違って解釈されているようだ．新聞やテレビをみると，自動車や電化製品が「進化」していたり，イチローが「進化」していたりする．このような場合，「進化」という言葉は「進歩」と同じ意味として使われている．しかしながら，生物の進化には進歩という意味はない．では生物進化とは何かというと，単なる変化である．これもよくある誤解の1つだが，「進化」の反対は「退化」ではない．退化とは，たとえばいままであった目のようなある器官がなくなることをいうのだが，これも変化の1つであり，進化なのである．

さて，では何が変化するのかというと，遺伝子 (gene) だ．生物のからだは水分を除けばそのほとんどがタンパク質からできている．そのタンパク質をつくるための情報源になっているのが，遺伝子である．生物にとって最も重要な特徴は，自分の複製をつくるということだ．そのためには，自己複製をする情報源であるデオキシリボ核酸 (deoxyribonucleic acid；略して DNA) が必要となる．DNA はアデニン，チミン，シトシン，グアニンという4種類の塩基とリン酸，デオキシリボースからなっており，アデニンとチミン，シトシンとグアニンが水素結合した二重らせん構造をとっている（図1.1）．塩基の配列パターンが情報となっており，具体的には連続する3つの塩基配列により，1つのアミノ酸がコードされる．英語ではアルファベットの配列が単語になり，単語が並んで意味をもつ文章が綴られるのと同じようなものだ．このアミノ酸が結合されたものがタンパク質である．DNA はこの情報を複製し，世代交代をしていく．しかし，DNA は裸の状態では壊れやすい．そこで，タンパク質でできた保護膜のようなものを身にまとうようになった．これが細胞である．この細胞が複雑化し，集合したものが，私たち一人ひとりのような個体なのだ．

私たちヒトの場合，DNA はヒストンというタンパク質とからまった状態で，染色体 (chromosome) と呼ばれるものとして細胞内に存在している．染色体の数は種によって異なるが，ヒトでは46本あり，父親から受け継いだ23本と母親から受け

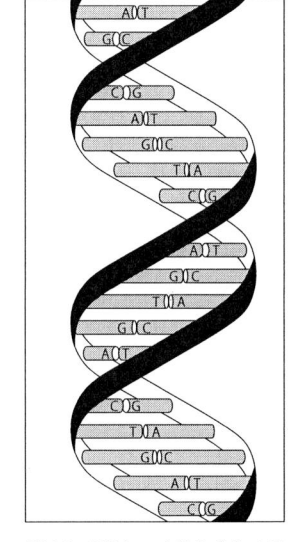

図1.1 DNA の二重らせんモデル

継いだ 23 本がペアになって存在している．DNA は太さが約 100 万分の 2 mm という細い物質だが，1 個の染色体に含まれる DNA の長さは 3 cm ほどもある．

　DNA には，同じ塩基配列をもった別の DNA をつくっていく働きがある．このままだと同じ情報をもった DNA がどんどんできていくだけだが，時々複製をつくるときにエラーが起こる．塩基の一部がなくなったり（欠損），他の塩基と入れ替わったり（置換）するのだ．このようなエラーは偶然に起こるもので，突然変異（mutation）と呼ばれている．この突然変異のおかげで，ほとんどの部分は同じだけれども，少しだけ情報の異なる遺伝子が新たにつくられる．遺伝子の情報は生物の体に影響しているので，親とは少しずつ異なる性質をもった子どもができることになる．このようにして，生物の個体のあいだには，同じ種に属していても少しずつばらつきがみられるのだ．

　もう 1 つ，個体のあいだにばらつきをもたらすものがある．それが性だ．私たちは有性生殖といって，オスとメスが半分ずつ遺伝子を出し合って次の世代をつくる．これにより，親の遺伝子を受け継いではいるが，その組み合わせは両親のどちらとも異なる個体ができることになる．親からすると，自分の遺伝子を受け継いではいるが，それぞれ異なる組み合わせをもった子どもをつくることができるというわけだ．

1.3　自然淘汰と生物の機能

　さて，生物の個体は体を維持し，複製をつくるためにさまざまな活動をしなければならない．具体的には周囲の環境からエネルギーを取り込んだり，より安全な場所に移動したりといったことがあるだろう．そうすると，ある特徴をもった個体は環境のなかでうまくやっていけるが，突然変異によってその特徴がなくなってしまった個体はうまくやっていけないというような事態も生じてくる．その逆もありうるだろう．このような遺伝子がどんどん複製を続けていくとどうなるだろうか．ある環境においてより効率よく複製をつくることのできるような特徴をつくりあげる情報を備えた遺伝子が，そうではないものよりも多く残っていくということがみられる．逆にいうと，生物の体は世代を重ねるごとに遺伝子を効率よく複製させるような特徴を備えていくだろうということだ．これが自然淘汰（natural selection）である．

　自然淘汰によって，ある遺伝子が他の遺伝子よりも相対的に多く次世代に残っていくことを適応（adaptation）といい，次世代にどの程度遺伝子を残したか，と

いう度合いを適応度 (fitness) という．自然淘汰による適応は，次の3つの条件によって必然的に起こるものだ．まず，環境が提供できる資源には限界があり，生物は無限に増殖することはできない．次に，突然変異や性によって個体間にばらつき，すなわち変異が存在する．そして，この変異は親から子へと遺伝する．

今からおよそ150年前に，この自然淘汰という概念を最初に『種の起源』という本のなかで提唱したのが，イギリスの博物学者チャールズ・ダーウィン (Charles Darwin) であった[1]．一般的には「ダーウィンの進化論」などといういわれ方をされることがよくあるが，実は進化論そのものはダーウィンが最初に考えたわけではない．ダーウィン以前から，生物種は不変ではなく変化，すなわち進化する，という概念はあったようだ．ではダーウィンの功績は何だったかというと，進化によってあたかも設計されたような機能的な特徴が生まれてくるのはなぜか，ということを最初に理論化したことなのである．

比較的私たちに近い種で，自然淘汰によっていかに進化的な変化が起こるのかを直接調べた有名な例がある．それが，ガラパゴス諸島に棲息するダーウィンフィンチの研究だ．このフィンチは，ダーウィンがガラパゴス諸島を訪れたことからその名が付けられているが，実はダーウィンが自然淘汰説を考えるうえでこのフィンチは何の役にも立たなかったという説があるそうだ．実際にこのフィンチを使って自然淘汰理論を検証したのは，現代の進化生物学者ピーター・グラント (Peter Grant) とローズマリー・グラント (B. Rosemary Grant) 夫妻である[2]．

彼らが調査地としたのは，大ダフネ島という島だ．まず彼らは，島に棲息する約1200羽のフィンチのほとんどを毎年捕獲し，くちばしの太さを計測した．フィンチのなかにはくちばしが太いものもいれば，細いものもいた．つまり，変異があった．さらに，フィンチの親子のあいだではくちばしの太さがよく似ていたことから，くちばしの太さは遺伝することが推測された．

この島の環境は非常に厳しく，フィンチが生き延びていくのは容易ではない．やがてひどい干ばつが2年間にわたり大ダフネ島を襲い，島のフィンチは最終的に約180羽まで減少してしまった．グラント夫妻が生き残った鳥のくちばしを計測してみると，干ばつが起こる前よりも全体的に太くなっていたのである．つまり，小さな進化が起こったということだ．

その原因は，くちばしの変異が適応度に影響したことによる．干ばつによって食べられる種子が少なくなると，フィンチはふだん食べている小さな種子だけでなく，より大きくて堅い種子も食べなければ生き延びていけなくなる．実際，行

6 第1章 進化と人間行動

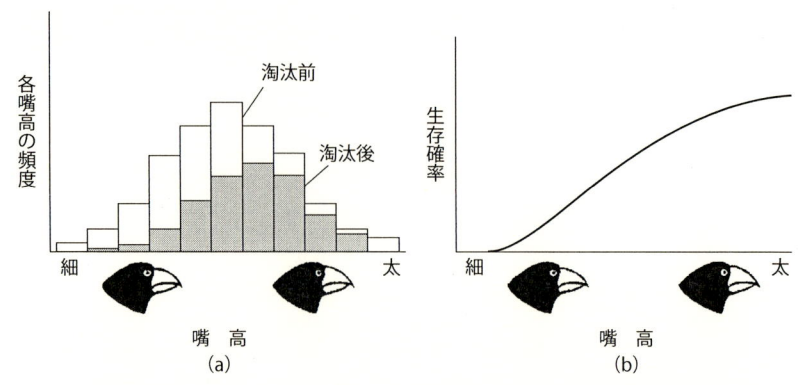

図1.2 自然淘汰によるくちばしの大きさの変化（文献4）；pp. 23, 図1.9）
(a) 白い棒グラフは干ばつ前におけるくちばしの大きさの分布を、灰色の棒グラフは干ばつから1年後におけるくちばしの大きさの分布を示している。干ばつ後にフィンチの数は減少したが、分布が全体的に右（大きくなる方向）に移動している。(b) 太いくちばしをもつフィンチは、細いくちばしをもつフィンチよりも生き残りやすい。

動観察をすると、より太いくちばしをもったフィンチのほうが、堅い種子をより容易に処理できることがわかっている。干ばつにより島の環境が提供できる資源が極端に限られると、太いくちばしをもったフィンチのほうが生存率が高くなることによって最終的には適応度を上げ、この特徴が集団のなかに広がっていったのである（図1.2）。

さまざまな変異のなかから、何が選択されていくのかを決める要因を淘汰圧（selective pressure）という。ダーウィンフィンチの場合、種子を食べられるかどうかということが淘汰圧となり、どのようなくちばしが残っていくのかを決めていた。淘汰圧には他にも捕食や交尾の成功度といったさまざまなものがある。ここではフィンチの例を紹介したが、他にも数多くの生物種において、特定の淘汰圧のもとである特徴が残っていくという自然淘汰が観察・実証されている。

このように、自然淘汰によりその時々の環境において最も効率よく遺伝子を複製できるような特徴が残っていくので、適応の結果として生物の特徴は機能的なものになる。鳥や魚は神が設計してつくったものでは決してなく、空という環境にうまく適応した機能を備えたのが鳥であり、まったく異なる水中という環境に適応したのが魚なのだ。現在の生物はすべて神のような超自然的存在が創造した、という創造説やインテリジェント・デザイン説というものがあるが、自然淘汰が働くと、あたかも誰かが設計したような非常に洗練されたものになっていくので、

超自然的な存在が設計した，と考えてしまうのも無理はないのかもしれない．

1.4 心の進化

心は脳の働きであり，脳は遺伝子によってコードされていることを考えると，心もまたダーウィンフィンチのくちばしのように，次世代に残っていくために遺伝子が設計したものであると考えられる．私たちは心の働きを媒介して，周囲の環境と関わっていく．

哲学者のダニエル・デネット（Daniel Denett）は，生物の「心」はいくつかの段階に分けてモデル化できるとしている[3]．最も単純なタイプの生物を考えてみよう．これには外界と相互作用するインターフェイスが「つくりつけ」の形で備わっており，その特徴は遺伝子の組み替えや突然変異によって個体ごとに異なっている．そのなかからある環境のなかで最も効率よく遺伝子を残せるものが増殖していく．このようなタイプの生物は，つくりつけの特徴をいちいち現実の世界のなかで試さなければならないため，たまたまうまく適応していなかった遺伝子は消えていってしまう．しかし，インターフェイスにつくりつけの特徴しか備えることができない状態では，ずいぶん無駄の多いことになってしまう．

現実の世界で試してみる前に，生物の内的な世界において候補となるやり方を選択することができれば，致命的な失敗を犯すという危険を回避することができる．つまり，最初から見込みのあるやり方で外界に対処するのだ．このようなタイプの生物においては，生物の「内的環境」のなかで現実世界との関わりについてのシミュレーションが行われ，その結果としてある行動が選択される．内的環境はもちろん現実世界と同じではないが，賢明な事前選択を可能にするだけの外的環境とその規則についての情報を含んでいる．このやり方のもう1つの利点は，フィードバック，つまり出力（結果）を入力（原因）側に戻すことによる選択の修正が可能だということだ．ある行動の結果をふまえて次の行動を修正するというのは，つくりつけの特徴にはできない．このような，外界への反応を事前選択する内的環境が，心の働き，あるいは「知能」であるといえるだろう．遺伝子の次世代への存続をより効率的にするような行動が自然淘汰によって進化していくわけだが，遺伝子は直接行動を決定しているわけではなく，このような心の構造をデザインすることによって自らの存続を左右する行動のあり方に影響している．

ヒトはこのような内的環境によるシミュレーションが非常に発達した種だ．その点において，近視眼的な自然淘汰から少し抜け出すことのできた存在なのかも

しれない．しかし，心もまた遺伝子が外界と接するインターフェイスである以上，基本的には自然淘汰によって形づくられたものであるといえる．特定の心の働きが，ある環境において他のものよりもその個体に生存と繁殖をもたらせば，そのような心の働きが集団のなかに広まっていくだろう．

2. 人類の進化

2.1 人類の起源

では，現代人のもつ心の働きは，どのような環境への適応だったのだろうか．それが現在のような，高度な文明に支えられた環境ではなかったことは明らかだ．なぜなら，進化には時間がかかるからである．とくに，ヒトのような世代交代が遅い種では，ある特徴が自然淘汰によって形成されるには相当な時間がかかる．人類がチンパンジーとの共通祖先から分岐したのが約700万年前といわれている．そこから，ヒトとしての特徴が進化してきたのである．人類進化の歴史について概観する前に，まず言葉の定義について述べておきたい．ここまで「人間」「ヒト」「人類」といったさまざまな単語を使ってきたが，まず，「ヒト」という単語は，現生人類であるホモ・サピエンス（*Homo sapiens*）を指して使うことが多い．すなわち動物としての人，あるいは人間の生物学的側面を強調したいときに使われる．他の動物を「イヌ」とか「トリ」といったようにカタカナ表記するのと同じである．一方，「人間」という単語は，人の文化的側面を強調したいときに使うことが多い．ただ，これらの定義は厳密なものではない．「人類」は，生物学では直立二足歩行をする霊長類一般について使われ，すでに絶滅してしまった初期人類も含まれる．つまり，直立二足歩行をする霊長類が出現したときが，人類史の始まりということになる．

現在知られている最古の人類は，2002年にチャドで発掘されたサヘラントロプス・チャデンシス（*Sahelanthropus chadensis*）である（図1.3）．この種が存在していたのは700万〜600万年前と考えられており，チンパンジーとの共通祖先から分かれたばかりの種であるといえる．サヘ

図1.3 チャドで発見された，サヘラントロプス・チャデンシスの頭蓋骨（文献4）；pp.387, 図10.4）

ラントロプスは解剖学的証拠から直立二足歩行をしていたと推測されているが,脳の大きさは320〜350ccであり,チンパンジー(約400cc)と変わらない.次に古い人類種は,ケニアで発掘されたオロリン・トゥーゲネンシス (*Orrorin tugenensis*) であり,年代は600万年前と推定されている.さらに580万〜520万年前にはアルディピテクス・カダバ (*Ardipithecus kadabba*), 440万年前にはアルディピテクス・ラミダス (*Ardipithecus ramidus*) がいたことがエチオピアでの発掘から明らかになっている(図1.4).

人類の最大の特徴は直立二足歩行,つまり脚と脊椎を垂直に立てて二足で歩行するという移動様式をとることであり,他の特徴としては犬歯が小さくなったことがある.よく本や博物館の展示で,脳が小さくチンパンジーもどきの初期人類から,大きな頭をもちすらりとしたプロポーションをした最近の人類種の絵が左から右へと並んでいる図をみることがあるが,これは誤解を招くものだ.

図1.4 アルディピテクス・ラミダスの全身復元図 (Gibbons, A.: *Ardipithecus ramidus. Science*, **326**: 1598-1599, 2009)

チンパンジーから分岐した人類の歴史は,ある時代に1つの種だけがいて,それが直線的につながったものではない.少なくとも400万年前から人類の系統は多様になっていたことがわかっている.それ以降の200万年のあいだにアウストラロピテクス属,パラントロプス属,ケニアントロプス属,そして初期のヒト属が時期を重複しながら存在していた.これらを総称してアウストラロピテクス類ということもある.

アウストラロピテクス属には,アナメンシス (*Australopithecus anamensis*), アファレンシス (*Au. afarensis*), アフリカヌス (*Au. africanus*), そしてガルヒ (*Au. garhi*) が含まれる.パラントロプス属はエチオピクス (*Paranthropus aethiopicus*), ロバスタス (*P. robstus*), ボイセイ (*P. boisei*) の3種を含む.これらは首から下の特徴ではアウストラロピテクス属に似ているが,頑丈な顎と,それを動かす巨大な咀嚼筋の付着のために適した頭蓋骨をもつという点で異なっている.ケニアントロプス属はプラティオプス (*Kenyanthropus platyops*) の1種だけであ

り，平坦な顔面をもつのが特徴である．アウストラロピテクス類に共通した特徴として，地上では二足性だったが，おそらく木にも登っていたこと，脳が現生類人猿程度の大きさだったこと，しかし犬歯と切歯は小さかったことがある（図1.5）．

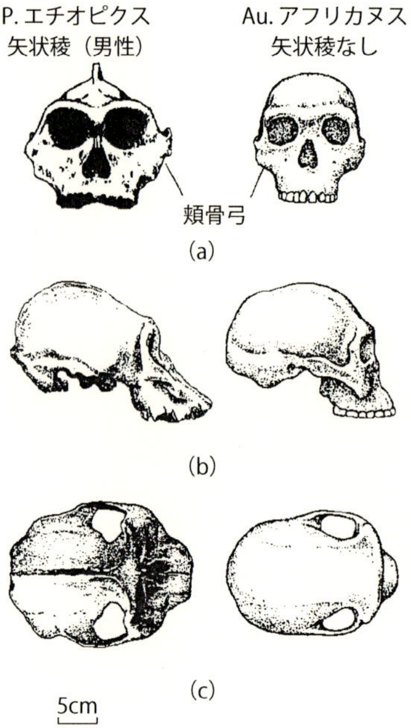

2.2 ヒトらしさの獲得

約200万年前のアフリカに，それまでの種よりも大きな脳と小さな顎をもつ種が現れる．これらホモ・ハビリス（*Homo habilis*）とホモ・ルドルフェンシス（*Homo rudolfensis*）はヒト属（ホモ属）に分類されている．さらに約180万年前に現れたホモ・エルガスター（*Homo ergaster*）は，下肢が長く上肢が比較的短いという現代人的なプロポーションをしており，地上での生活に充分適応していた．彼らはおそらく火を使用し，大型動物の狩猟を行っていた．また製作された石器もそれまでより精巧なものであった．

それまでの人類はアフリカで起源し，アフリカという限られた地域に適応していた動物だった．しかし，180万〜120万年前にはアフリカを出て，ユーラシア大陸のコーカサス山脈まで分布を広げていたことが明らかになっている．ヒト属はやがて東アジアに到達し，ホモ・エレクタス（*Homo erectus*）となった．80万〜50万年前に，高く丸い頭蓋と大きな脳をもつホモ・ハイデルベルゲンシス（*Homo heidelbergensis*）が現れる．さらに，12万〜3万年前にはヨーロッパにホモ・ネアンデルターレンシス（*Homo neanderthalensis*），いわゆるネアンデルタール人が存在していた．一方，約19万年前にアフリカに現れた種が，やがてネアンデルタール人を駆逐していく．これがホモ・サピエンス（*Homo sapiens*），つまり私たちと同じ種である．

図1.5 パラントロプス・エチオピクスとアウストラロピテクス・アフリカヌスはほぼ同時代のアフリカに生息していたが，その特徴はかなり異なっていた（文献4）；pp.413，図10.24）

(a) エチオピクスには，側頭筋が付着するための矢状稜がある．(b), (c) アフリカヌスのほうが，顔面がより平坦である．

人類の系統をおおまかにたどってきたが，どの種とどの種がつながっているのかといったことについては多くの議論があり，決定的なことはいえない．また，新しい化石が1つ発見されただけで，これまでいわれてきたことががらりと変わってしまう可能性もある．ゆえに，この分野の詳細についてはなるべく新しい本を参照することをお薦めする[4]．大雑把な理解としては，先にも述べたように，それぞれの時代に複数の人類種が共存していたこと，最初期の人類は脳が小さく手もあまり器用ではなかったが，ヒト属あたりから脳が大きく手が器用というヒトらしい特徴がみられるようになった，ということである．

2.3　初期人類の生活

では，初期人類はどのような生活をしていたのだろうか．残念ながら，社会や行動は化石のように形となって残らない．そこで，間接的な証拠から推測していくことになる．方法の1つは，異なる種との比較である．すなわち，現生霊長類のさまざまな種を比較することで，共通祖先が何をもっていて，何をもっていなかったかを類推していこうというわけだ．もう1つは，探偵のやり方に似ている．遺留品から犯人像を割りだす，すなわち，化石に残った形態や道具，住居跡などから食生活や社会構造を推測していく方法である．たとえば，歯などの咀嚼器官の化石を調べることで，祖先種が何を食べていたのかを推測できるし，遺跡に残された食べ残しにどのような切り傷がついているかを調べることで，どのようにその獲物が石器によって解体されたのかを知ることができる．

約440万年前の初期人類アルディピテクス・ラミダスの化石が発見された場所からは，疎開林（比較的開けた明るい林）を構成する木の種子と，クードゥーやコロブスといった疎開林に棲む動物の化石が多く出土している．このことからラミダスは疎開林に棲み，果実に依存する生活をしていたと考えられている．その次に古いアウストラロピテクス・アナメンシスと一緒に出てくる化石のなかにはサバンナ性の動物も含まれるが，樹上生活に適応した特徴も残していることから，サバンナを利用しつつも森林に依存していたことだろう．

アウストラロピテクス類から初期ヒト属にかけて，人類はしだいにサバンナへと進出していった．サバンナでは，熱帯雨林などと異なりいつも果実が豊富にあるわけではない．生き延びるためには，何か果実に変わる安定した栄養源が必要になる．アウストラロピテクス類のいくつかの種がとった適応は，咀嚼器官を頑丈にすることで，それまで食べることのできなかった堅い種子などの食物を利用

するというものだった．動物にとって頭は目や耳などのさまざまな感覚器がついている脳の入れ物であるだけではなく，物を噛み，飲み込むための器官でもある．

ロバスタスやボイセイといった種の頭蓋骨は，非常に骨太で頑丈な形をしている．頑丈な顎と大きな咀嚼筋をもち，歯もまたエナメル質の厚い頑丈なものだ．頭のなかでロバスタスやボイセイにとって重要だったのは顎であり，脳ではなかったということだろう．

新しい環境へと適応していくもう1つの方法は，知能を使うことだった．自分の体の代わりに道具を使うことで，新しい食物レパートリーを得ることが可能になる．また食物を加工して食べやすくするという点でも，知能が必要になるだろう．チンパンジーは非常に多様な道具使用をする．約700万年前に存在したチンパンジー，ボノボとの共通祖先も簡単な形で道具を使い，食物を得る助けとしていたことだろう．しかしながら，人類が他の霊長類と決定的に異なるのは，道具を製作するということだ．なかでも，道具を製作するために道具を使うというところに特徴がある．

加工されたことがはっきりとわかる最古の石器は，タンザニアのオルドバイ峡谷で発見されたものだ．これは200万年から150万年前のものとされており，小石から採られた剝片と，その残りの「石核」からなっている（図1.6）．オルドバイ峡谷からは多くの同様な石器が出ており，このようなつくりの石器は「オルドワン文化」と呼ばれている．他の石で小石を叩くことによって削り取られたと考えられる剝片は，薄く鋭い形をしており，刃物として用いることができたのではないかと考えられている．

このような石器が食物獲得とどう結びついていたのだろうか．人類の系統では時代を経るごとに脳が大きくなっていくという特徴を示している．これ

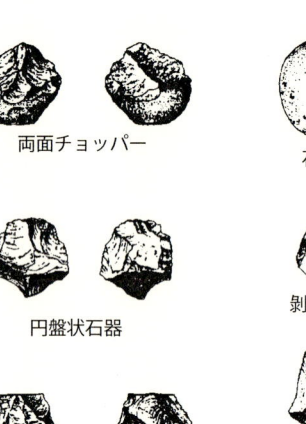

図1.6 約250万年前から現れる，「オルドワン文化（Oldowan tool industry）」と呼ばれる石器群（文献4）；pp.440, 図11.1）
丸い石を打ち欠いたものでできている．

こそがヒトをヒトたらしめたわけだが，実は大きな脳は維持するのにエネルギーがかかるのだ．体重60 kg程度の男性がいるとして，彼の脳の重さは1 kg強である．体重に占める割合は2％程度になる．心臓や肺など，体内の各器官はつねにエネルギーを消費しているが，休息中にこの男性の脳がどれだけのエネルギーを消費しているか測定すると，体全体のエネルギー消費のおよそ16％を使っていた[5]．脳は複雑かつ精密な器官である．大きな脳を維持するためには効率よくエネルギーを得る必要があるが，そのために役立ったのが動物性タンパク質であったと考えられている．サバンナには草食動物が豊富にいるし，肉は少しの量で高いカロリーが得られるものだ．またチンパンジーは小型の樹上性霊長類や有蹄類を捕まえて食べるので，初期人類はサバンナに進出する以前から肉食の習慣をもっていた可能性もある．この場合，オルドワン文化の剝片は動物の皮をはぎ，肉を切り取るために使われたのだろう．

しかしながら，昔いわれていたように初期人類はいさましく狩猟をしていたわけではなく，むしろサバンナをうろつき，肉食獣の食べ残しをあさって歩いていたのではないか，ということもいわれている．肉食動物は骨に付いた肉だけを食べるが，実は石器を使って骨を砕くと中には骨髄があり，骨髄からかなりのカロリーが得られるということも，この説の根拠の1つである．

2.4　農業という革命

初期にはおそらく屍肉あさりをしていた人類も，ヒト属の頃には大型動物を狩猟するようになっていた．そして，長いあいだ狩猟採集生活をしてきた人類は，約1万年前に農耕牧畜を始める．農業は土地の収容力を高め，その結果人口が増加した．人口が集中すると，そこに社会組織が生まれる．また，農作物は保存することができるので，財の蓄積がそれまでよりもはるかに大きな規模で可能になった．すべての人間が食物獲得に従事しなくてもよくなり，そこで社会的な分業というものが成立する．また，家畜は食糧だけではなく，動力源や軍事力も提供してくれる．これらを基盤として，文明が築かれるようになった．

農業は効率のよい食糧生産をもたらし，人類は少ない土地から高いエネルギーを得ることができるようになった．一方で，農業は人類にとってあまりに急速な変化をもたらした．生物の進化は，何世代もかけてゆっくりと起こる．環境への適応は，遺伝情報にばらつきが生じ，そのなかから環境のなかでより多くの遺伝子を次世代に残す特徴が受け継がれていくというメカニズムである．ある身体の

器官や行動が環境に適応したものになるには，かなりの世代を経過しなければならない．人間のように世代交代が遅い種ならなおさらだ．農業が始まってから，人類を取り巻く環境はかなり変わったが，1万年という時間は私たちの特徴に何らかの大きな進化が起こるには短すぎる．つまり，私たちの身体的な特徴は農耕牧畜以降の環境に追いついていないといえるのだ．

では，私たちの身体が何に対して適応してきたのかというと，農業以前の生活，つまり狩猟採集である．たとえ洗練された服を着て最新の車に乗っていたとしても，その身体の構造と機能は狩猟採集をして暮らしていた数万年前の人たちと基本的なところで変わっていない．このことがよく現れているのが，文明病はなぜ起きるのかという問題だ．糖尿病や高血圧，動脈硬化から引き起こされる心臓病，痛風などは先進国においてよくみられる病気だが，これらは肥満が大きな原因となっている．脂肪や糖類を多く摂取し，適度な運動が不足すると肥満になるのだが，私たちの周りにはハンバーガーやフライドチキンのような味が濃く，脂肪分の多い食事，あるいはアイスクリームや缶ジュースのような甘いものがあふれている．こういったものをおいしいと感じ，たくさん食べたいという衝動があるからこそ売れているのだが，将来的に肥満につながるのに，私たちはなぜそのような好みをもっているのだろうか．

この謎を解く鍵は狩猟採集生活にある．熱帯サバンナの狩猟採集生活においては，動物性タンパク質の食事に占める割合はせいぜい40%だ．また得られる食物には季節による変動があり，豊富な時期に多く摂取し脂肪として体内に貯めこんでおくことで，欠乏している時期を乗り切る必要がある．おそらく私たちがもつ糖類や脂肪への好みは，このような生活への適応として形づくられたのだろう．狩猟採集を続けていくうえでは有利な適応だったのだが，このような好みが現代文明社会のような，モノがあふれ，いつでも手に入るような環境におかれていわば「暴走」することで，文明病が起こっていると考えられる．

現代人のもつ生物学的特徴が進化してきた環境のことを，進化的適応環境（environment of evolutionary adaptedness；略してEEA）と呼んでいる．進化的適応環境としては，ヒト属が現れてから農業の起源までの約200万年間の環境を考えることが一般的だ．私たちの心の構造や働きは，狩猟採集という生活様式に適応して自然淘汰によってデザインされている可能性が高いと考えられるのである．物理的な進化的適応環境がどのようなものであったのかについては，地域によってかなり異なるだろう．また，進化的適応環境といってもかなり気候変動な

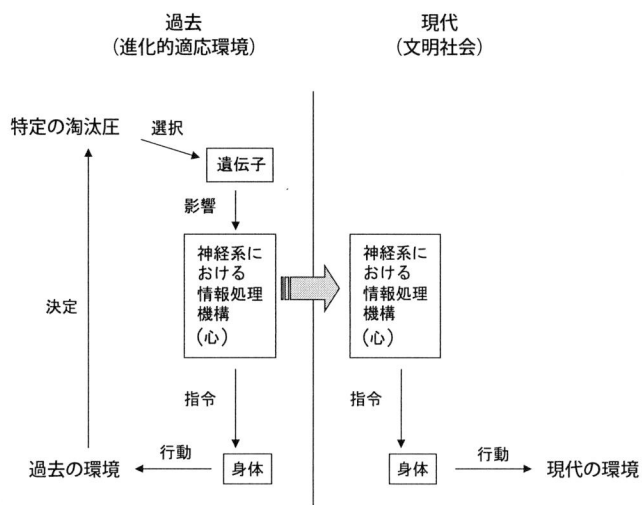

図1.7 過去の環境に対して適応した心が，現代の環境で働いている．

どが激しかったという説もあり，長期に安定した物理的環境があったのかどうか疑問視する声もある．しかし，狩猟と採集によって食物を獲得し，定まった家や財産をもたず，家族を中心とした比較的少人数の集団を形成していたという点は共通していると考えられる．もちろん複雑な社会組織や階層はなかっただろう．そのような環境のなかでいかに生き延びて繁殖するかという課題に直面し，そのためのさまざまな特徴が進化してきたのである．そのなかには，当然心の働きも入るだろう（図1.7）．

2.5 遺伝子の川

ここまでみてきたように，自然淘汰は生物の特徴を形づくる非常に有力なメカニズムである．しかしながら，現在みられる生物の特徴は，すべて自然淘汰によるものではない．進化とは歴史であり，過去の特徴に積み重なる形で現在の特徴ができあがっている．つまり，私たちも含めた生物の特徴には，偶然の出来事に左右されたり，これまでの過程を反映していたりする側面もあるのだ．進化を考えるうえで，そのような側面を見落としてはいけない．

遺伝とは塩基の配列パターンという情報が次世代に伝わっていくことであるということはすでに述べた．そこにさまざまな変異の出現とそのなかからの選択と

いうメカニズムが働く．私たちがもっている遺伝子は，何らかの形でこの選択をくぐり抜けてきたものなのだ．生物のこれまでの歴史とは，遺伝情報がさまざまな形で世代を越えて受け継がれていくプロセスに他ならないのだが，リチャード・ドーキンス（Richard Dawkins）は，これを川の流れに例えている[5]．

　私たちがもっている遺伝子は，約35億年前とされる最初の生命誕生から時間のなかを綿々と流れてきた情報と考えることができる．最初に地球上に現れたのは，現在のシアノバクテリアのような，光合成のできる単細胞生物だっただろう．それが，現在では数百万ともいわれる数の種に分かれている．ドーキンスによると，これは最初1本だった川が次々に支流に枝分かれしていくようなものだ．いちど分かれてしまった流れは，ふたたび出会うことはない．それぞれの流れのなかで独自に，遺伝子に突然変異が蓄積していく．そうして，もともとは同じ種だったものが異なる性質や特徴を備えるようになっていく．

　この遺伝子の流れをさかのぼっていくと，だんだんと支流が1つにまとまっていく．最終的には35億年前くらいに1つになるのだが，比較的近い時代に支流がまとまる種は，それだけお互いに似通った特徴をもっている．たとえば私たちとタコはかなり特徴が異なるが，私たちにつながる遺伝子の川とタコにつながる川が分かれたのは5億年以上前と考えられている．一方私たちとイモリはタコに比べるとまだしも共通の特徴が多いが，イモリにつながる流れは3億年前くらいに分かれている．このように，どの時点でどの支流が分かれたかということを，系統関係と呼んでいる．

　私たち現代人につながる遺伝子の川の流れをさかのぼっていくことにしよう．さかのぼってすぐくらいに，1つの支流がある．これを下っていくと，ネアンデルタール人に行き着くだろう．しかしながらこの流れは3万年前くらいのところで途切れてしまう．このように，さかのぼっていくと小さな流れがいくつも分かれているのだが，どれも途中でなくなってしまっている．しかし，700万年前くらいにある支流は，おそらくたどっていけば現代まで行き着くことができるだろう．行き着く先は，チンパンジーあるいはボノボだ．もう少し先から出ている支流もまた現代まで流れており，これはゴリラに行き着く．

　早い時期に流れが分かれた種のあいだでは遺伝情報はかなり異なっているだろうし，比較的最近分かれた種のあいだでは似ている部分が多いだろう．そのため，ある特徴がどのように進化してきたかを考えるときには，他の種との比較が有効な方法となる．たとえば，現代人もチンパンジーも，社会的な集団のもとで生活

している．また，チンパンジーは非常に単純なものだが，道具を使うことが知られている．ということは，約700万年前に存在していたと考えられる私たちとチンパンジーのあいだの共通祖先も，社会集団をつくり，簡単な道具使用をしていたのではないかということが考えられるのだ．

しかしながら一方で，遺伝子には自然淘汰が働く．遺伝子の川が分岐してから，それぞれの支流においてどのような環境でどのような淘汰圧にさらされてきたかによって，共通祖先がもっていた特徴には変化が生じる．系統が比較的近いいくつかの種がもつ特徴と，それぞれの種がどのような環境で進化してきたのかを考えることで，それらの特徴がどのようにしてもたらされたのかということが明らかになる．これはとくに，行動のような物的な証拠が残らないものについては非常に有効な方法だ．

現在，地球上には約180種の霊長類が生息している．私たちと彼らとは共通祖先が近いので，さまざまな特徴を共有している．その一方で，直立二足歩行のように，人間だけにみられて他の霊長類にはない特徴もある．私たちのような行動パターンが他の霊長類にもみられるのなら，それは共通祖先から受け継いだ可能性があるし，みられないとしたら支流が分かれてから独自に進化したことも考えられる．2章では，私たち現代人がもつ利他性という特徴について，チンパンジーやボノボとの比較を通じて考えていく．このことにより，人間の利他性が進化の過程においていつ頃，どのようにして起源したのかという疑問に対する大きな手がかりが得られるだろう．

3. 人間行動を研究する2つの視点

3.1 人間行動生態学

ヒトのみならず，動物一般の行動は，環境に適応して現在の「しくみ」をもっている．そのように考えると，ある環境ではどのように行動するのが適応的であるかというモデルを構築することができ，さらに実際の動物の行動がそのモデルにあてはまるかどうか検証することができるのである．これが，行動生態学 (behavioral ecology) の基本的な考え方だ．つまり，冒頭に紹介したティンバーゲンの4つの問いの究極要因を扱うのが行動生態学であるともいえる．これを人間に適用したのが，人間行動生態学 (human behavioral ecology) だ．

人間行動生態学の研究例としては，現代のアメリカ合衆国において，男性の子

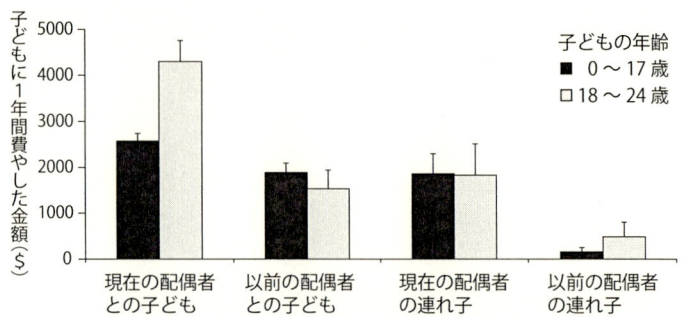

図 1.8 ニューメキシコ州アルバカーキに住む男性が,自分の子どもに1年間に費やした金額と,子どもとの関係(文献7);表2から作成)

どもに対する投資を血縁淘汰 (kin selection) と性淘汰 (sexual selection) の視点から調査したものがある.血縁淘汰理論については2章,性淘汰理論については4章に詳しいが,血縁淘汰理論から,父親は,義理の子どもよりも遺伝的なつながりのある実子のほうにより投資することが予想される.一方,性淘汰理論によると,子どもに対する投資は異性を選ぶ際の基準になるので,子どもへの投資は配偶努力の一種でもある.そこから,現在の配偶者との子どもに比べて,以前の配偶者との子どもや継子に対しての投資は少なくなるだろうと予想される.さらに,以前の配偶者の連れ子に対してはもっと少ない投資しかしないだろう.カーミット・アンダーソンらは,合衆国ニューメキシコ州のアルバカーキに住む多くの男性にインタビューをし,学資の援助や一緒に過ごした時間などから,彼らが子どもにどれくらい投資しているか調べた[7].すると,結果は予想された通りのパターンになったのである(図1.8).

3.2 進化心理学

人間行動生態学の抱える問題の1つは,人間においては適応度を直接測ることが難しいということだ.たとえば上記の研究では,子どもの適応度を金銭的な援助や親が一緒に過ごす時間といった,間接的な指標を用いて測定している.人間は寿命が長く世代交代が遅い.またその生活も複雑なので,ある行動をすることで遺伝子が次世代にどれくらい残ったのかを直接測定することはまず無理である.しかしながら,「しくみ」は「機能」と無関係ではない.ある機能を備えるためには,それに応じたしくみが必要である.これは生物についてもいえることだ.

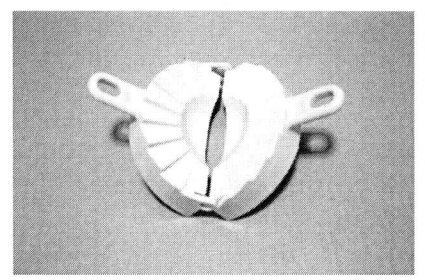 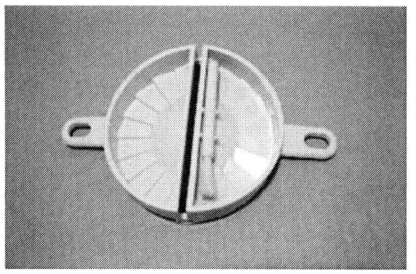

図 1.9 この道具は，なぜこんな形をしているのだろうか？

自然淘汰によって生物の特徴が機能的になっていくことについてはすでに述べたが，その結果，特徴がもつしくみはその機能をうまく果たせるような形になっているはずである．ということは，しくみを探ることによって，そこにどのように自然淘汰が作用したのか考えることができるのだ．

　人工物を例にとって考えてみよう．図 1.9 はある道具なのだが，これはいったい何なのだろうか．なぜ丸い形をしていて，蝶番が付いていたり，ぎざぎざの刻みがあったりするのだろう．そこでヒントになるのが，この道具が何のためにつくられたのか，ということだ．人工物であるからには，何らかの目的を果たすためにつくられている可能性が高い．その目的を考えてやれば，しくみについての理解が進むはずである．

　さて，答えはというと，これは餃子をつくるための道具なのである．開いた状態で丸い皮を乗せ，くぼみのところに具を入れて蝶番を閉じれば，同じ大きさの餃子を簡単につくることができる．いちどそれを知ってしまえば，これがなぜ丸い形をしており，なぜ蝶番が付いているのか理解できる．この考え方を「リバース・エンジニアリング (reverse engineering)」という．日本語だと「逆行設計」とでもいえるだろうか．エンジニアリング，つまり設計とは，ある目的を果たすために人工物のしくみを考えることだ．リバースとは逆にする，ということなので，エンジニアリングを逆にたどってみる，つまり人工物の目的を考えることで，そのしくみについての理解が進むのではないかということなのだ．

　この考え方は私たちの心についても応用できる．自然淘汰が働けば，生物のもつ特徴はあたかも誰かが設計したような機能的なものになる．ということは，心がどのような淘汰圧に対して適応してきたのかということを考える，つまり心についてリバース・エンジニアリングをすることで，心についての理解がより深ま

るのである．このような視点から人間の行動を研究しようとするのが，進化心理学（evolutionary psychology）である．上述のように，人間においては適応度を直接測定するのが難しいので，心が適応によってどのようなしくみをもっているのか仮説を立て，それを検証することで人間行動の進化を探ろうというわけだ．

　進化心理学の研究例を1つ紹介しよう．私たちは，赤の他人に対しても，自分が損失を払って相手のためになるような行動，すなわち利他行動をとることがよくある．本章の冒頭に挙げた南三陸町職員の例は極端なものだが，より一般的には，災害や事故に遭った人に対してボランティア活動や寄附をするといったことがある．しかし，自然淘汰が行動に働けば，このような自分が損をして赤の他人の利益になるような行動は，進化の過程において残っていかないはずである．なぜなら，利他行動をする個体は，そうしない個体よりも適応度が下がるからだ．ただ，このような赤の他人に対する利他行動が成り立つ条件がロバート・トリバース（Robert Trivers）によって提唱されている[8]．それは，後で相手から同じだけのお返しがあるということだ．つまり，たとえ困っている他人を助けることによって自分が損をしても，後で自分が困っているときにその相手から助けてもらえば，お互い助かるしどちらも損をしていないので，このような行動は進化するだろう，ということである．これを互恵的利他主義の理論という．

　しかし，互恵的利他行動の成立を難しくするある要因がある．それは，裏切り者の存在だ．自分は他人から助けてもらうが，しかし他人を助けることは一切しない，という個体がいたとしよう．そうすると，そちらの個体のほうが適応度が上がるので，そのような個体がどんどん集団のなかに増えていくことになる．これでは互恵的な関係は成り立たない．つまり，互恵的利他行動を維持していくためには，裏切り者を関係から排除することが必要になるのだ．トリバースは，裏切り行為には2つあるとしている．1つは「明らかな裏切り」，もう1つは「微妙な裏切り」と呼ばれている．

　明らかな裏切りとは，利益を得た人がお返しをしないというのがはっきりとわかるものだ．たとえば，あなたが友人と共同でレストランを開こうとしていると考えてほしい．あなたは経理のエキスパートだが，料理についてはまったく詳しくない．一方，友人は料理人だが，経理については素人だ．お互いの利点を生かして無事レストランを開いたのはいいが，ある日友人が売上げを持ち逃げしたとする．これは明らかな裏切りだ．損はしたが，反省して新しいパートナーを探すしかない．もっとやっかいなのは，微妙な裏切りである．料理人の友人は売り上

げを持ち逃げするようなことはしないが，食材の仕入れをごまかして，不当な利益を得ている．しかし，料理に詳しくないあなたにはそれを見抜くことができない．かくして，あなたはずっと搾取され続けることになる．微妙な裏切りの現実の例としては，以前話題になった食品メーカーによる偽装事件が挙げられるだろう．消費者にはその食品がどのように製造されているのかはわからないので，メーカー側としては消費期限や産地をごまかすことは難しくない．かくして，消費者はだまされ続けることになる．

　リバース・エンジニアリングの考え方からいくと，私たちには，このような裏切り行為に対抗するような何らかの「しくみ」が備わっているのではないかと考えられる．なぜなら互恵的利他行動や分業は人間の大きな特徴であり，私たちの社会の基盤として重要なものだからだ．では，微妙な裏切りに対抗する心のしくみとはどのようなものなのだろうか．微妙な裏切りを防ぐための有効な方法としては，そもそも最初から自分を裏切らないような人を選んで，そういった人たちだけと付き合う，ということがある．つまり，利他的な傾向の高い人と選択的に付き合えば，まず裏切られることはないだろうというわけだ．ということは，私たちには初対面の他人の利他性を，その外見だけからある程度判断できる能力があるのではないだろうか．

　そこで，ある実験を行ってみた．まず大学生のなかから過去に行った利他行動の頻度を調べることにより利他性の高い人と低い人を選びだし，それぞれ6名と4名について，実験者と会話をしているところの動画を撮影する．それを第三者にみてもらい，表情や身ぶりだけから利他性を評定してもらったのである．するとやはり，利他性の高い人6名についての評定値は，低い4名の人たちの評定値よりも高くなっていた．つまり，リバース・エンジニアリングによって予想される，他人の利他性を外見のみによってある程度判断できる，という心のしくみが実証されたのだ[9,10]．

3.3　進化心理学の効用

　心理学には，発達心理学，社会心理学，認知心理学など，○○心理学と呼ばれる個別の分野がある．では，進化心理学もその1つなのかというと，実はそうではない．なぜなら，進化心理学は学問分野というよりは1つの「考え方」であり，さまざまな分野に応用可能だからだ．心のしくみについてのリバース・エンジニアリングという視点から，発達心理学や社会心理学といった異なる分野の成果を

統一的に解釈することができる．つまり，進化生物学はさまざまな領域をつなぎ，相互に交流するためのグランド・セオリー（一般理論）を提供することができるのである．

進化心理学のもう1つの効用は，その仮説生産力だ．人の心が適応によって機能的なしくみをもっている，という前提により，心の働きやしくみについて，多くの仮説を立てることができる．たとえば上記の研究では，心が微妙な裏切りに対抗するような適応をしているのではないか，という仮説を立てることにより，利他主義者の外見による見極めという能力を発見することができた．このように，新たな発見を促進するための道具としても，進化心理学という考え方は役に立つのである．

このような効用の一方，進化心理学の考え方を使ううえで気をつけなければならない点もある．1つは，「なぜなぜ物語」をつくってしまう可能性だ．これは英国の小説家ラドヤード・キップリングが子ども向けに書いた物語から来ている[11]．この物語には，「クジラにのどができたわけ」とか「ラクダにコブができたわけ」といったことについての珍妙な説が並んでいるのだが，それと同様に，心の働きを何でもかんでも適応の結果として解釈し，それらしい説をつくりあげてしまう危険性があるということだ．実際，たとえば世の中には理科系男と文科系男がいて，それぞれが遺伝子に操られて繁殖戦略をとっている，などといったことが書かれていたりするトンデモ本があるが，まさに「なぜなぜ物語」である[12]．

単なる「なぜなぜ物語」にしないためには，まずある行動について適応上の問題が実際に存在したのかどうかについて明らかにする必要がある．さらに，行動の変異が適応度のばらつきと対応しているかどうかについての検討も必要だろう．たとえば，「理科系」と「文科系」といったような行動の変異が（まずありえない話だが）実際に存在したとして，それが本当に適応と関わっているのか，また両者で適応度の違いが実際にあるのかどうかについて，真摯に検討しなければならない．また，理論的な背景も重要である．なぜある心の働きが適応であるといえるのかということについて，論理的に証明できなければならない．これらが検討されていないものは，ただの与太話にすぎない．

もう1つ留意するべき点は，「適応」という用語の意味だろう．先に述べたように，進化生物学においては，自然淘汰によってある遺伝子が他の遺伝子よりも相対的に多く次世代に残っていくことを適応という．しかし，心理学や精神医学では，同じ適応という言葉が「個人と社会的環境が調和した関係を保つこと」とい

う意味で使われている．もっと一般的には，何らかの状況にふさわしいことや合致していることを適応という．進化生物学と心理学の学際領域である進化心理学においては，このような適応という用語の微妙な違いをつねに意識しておく必要がある．もちろん，両者にまったく関係がないわけではない．社会性や社会行動の進化を考えるとき，個人が周囲の社会的環境と調和することはその個人にとって何らかの利益をもたらすだろうし，それが最終的には遺伝子の残りやすさに影響することは充分考えられる．また，後で述べるような文化の進化を考える際にも，心理学的な適応は個人にとってプラスの感情をもたらすので，ある行動パターンや考え方が学習によって次世代に伝わりやすくなることはあるだろう．

4. 文化と進化

4.1 遺伝決定論を超えて

　ここまで，人間行動の究極要因と系統進化要因をどのようにみればよいのか，ということについて述べてきた．こういった視点に対して非常によくある誤解が，結局のところ遺伝決定論ではないのか，というものだ．その背後にあるのは，行動を決定しているのは遺伝か環境か，という二元論である．しかし，進化や適応について考えているからといって，遺伝決定論者になる必要はないのである．

　先に述べたように，遺伝子はタンパク質をつくりだし，行動のメカニズムを支える情報処理機構をデザインしている．しかしそれはほとんどの場合単一の遺伝子ではなく，複数の遺伝子が複雑にからみあって特定のメカニズムをつくりあげているのだ．つまり，特定の行動を指示している特定の遺伝子などというものは，ほとんどの場合存在しないということである．遺伝子が変われば行動に変化が起こるが，それは遺伝子と行動が一対一に対応しているということではない．

　たとえば先に紹介したように，人間は他人の利他性を正しく評定できるし，それはおそらく適応によるものだが，だからといって利他性を見抜く遺伝子がある，というわけではないのである．では，遺伝子と環境の関係はどうなのだろうか．たしかに遺伝子は行動に影響を与えるが，行動が個体にとってどのような意味をもつのかは，環境によって異なってくる．たとえば人間の言語能力は生得的なものであり，正常な人間であれば誰でも言語を発達させる能力を備えている．すなわち，言語能力には遺伝的な基盤があるといえる．しかしながら，発達段階の適切な時期に適切な刺激を周囲から受けないと，言語は正常に発達しないこともま

た明らかになっている．遺伝的な基盤があるからといって，環境とは無関係にそれが現れてくるとは限らないのだ．

遺伝子の形質への影響を説明する例えとして，キャナリゼーション（canalization）というモデルがある．日本語だと「水路づけ」とでもいえるだろうか．ボールが斜面の頂点にあるところを想像してほしい．斜面には細かく分かれたいくつもの谷間がある．ボールはいちど転がり落ちると，谷間のなかでも最も深く低いところを通っていく．ボールは決められたルートを一直線に下っていくように見えるが，実はとりうるルートはいくつもある．外から何らかの力が加わったり，斜面の摩擦の具合が変わったり

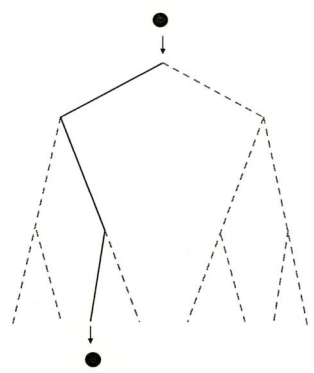

図1.10 遺伝と環境の関係
黒い丸はボールを，点線は斜面の谷間を表している．ボールは実線のルートをたどって転がり落ちる．

すると，ボールは別の谷間に転がり込み，異なったルートを通って異なった場所へと導かれるだろう．遺伝の影響もこれと同じというわけだ．とりうるルートは確かに決まっているのだが，どのルートを通るかは環境の影響によって変わってくる．図1.10の黒丸はボールを，点線は谷間を表している．最終的にボールがある位置に落ちるのだが，この位置に落ちたことを遺伝か環境かのどちらかだけで説明できるだろうか．

私たちはよく「遺伝によって決まっている」「遺伝だからしょうがない」というような言い方をしたりするが，遺伝子は形質を決定しているのではなく，あくまで影響を与えているだけなのだ．遺伝か環境か，という問いは正しくない．すべての形質的な特徴は，遺伝情報が環境と相互作用することによって生じるのである．遺伝と環境の関係や，それらがヒトの個人差をどのようにつくりだしているのかということについては，3章でさらに詳しく述べられる．

4.2　文化という適応

環境要因のなかでも，私たちの行動に最も大きな影響を与えているものは文化である．人間の行動は，属している集団がもつ文化によってかなり異なっている．ここで，人間の行動がいかに文化によって左右されるのかについて示した，ある実験を紹介しよう．

4. 文化と進化

リチャード・ニスベットとドヴ・コーエンは，アメリカ合衆国南部に住む白人男性がもつ「名誉の文化 (culture of honor)」についての実験を行った．まず，白人男性の参加者に，実験室に入ってもらう．そこで，「血糖値を測る」ということにして，唾液サンプルを採取する．実は本当の目的は，唾液からホルモン分泌を測定することである．対象となるのは，コルチゾールとテストステロンだ．簡単にいってしまうと，コルチゾールとはストレスホルモンであり，ストレスを感じると放出される．一方，テストステロンは攻撃性に関するホルモンで，かっとなったときなどに放出されるものだ．

参加者は最初の部屋で唾液を採取され，次に別の部屋まで移動してほしいといわれる．別の部屋とのあいだは狭い廊下で結ばれているのだが，途中にファイルキャビネットが置いてあり，男性（実はサクラ）が作業をしている．「侮辱条件」の参加者はその途中で男性とぶつかり，口汚く罵られる．一方，「対照条件（統制条件）」の参加者はそのようなことはない．そうして別の部屋に移動した後，参加者は「学習実験」と称したさまざまな課題を遂行するのだが，そのなかで，もういちど唾液を採取される．ニスベットとコーエンが注目したのは，コルチゾールとテストステロンの分泌量の変化が，2つの条件でどう違っていたかということだ．分析の結果，同じ白人男性でも，北部出身者ではどちらの条件でも同じような増加量を示したのに対し，南部出身者では侮辱条件のほうが，対照条件よりも大きく増加していたのである．つまり，南部出身の白人男性は侮辱を受けると，北部出身の男性に比べてはるかに多くのストレスや怒りを感じていたということになる（図 1.11）．

なぜ南部出身の白人男性にそのような傾向があるのかというと，アメリカ合衆国南部には，「名誉の文化」があるせいだと考えられている．名誉の文化とは，「家族と自分の名誉を重んじる文化」であり，名誉を保てるかどうかが，本人や家族の社会関係に大きく影響する．南部の白人男性は，このような文化を共有しているからこそ，自分の「タフさ」や「男らしさ」にこだわる行動傾向があるというのだ．単なる文化の違いのみによって，人間の行動は生理的なレベルでも異なってくるのである[13]．

では，文化とはいったい何なのだろうか．一言で文化といっても，そこには実に多くの要素が入ってくるので，定義は非常に難しい．また，人文社会系の分野と生物学とのあいだでも定義はかなり異なっているようだ．生物学，あるいは自然人類学の立場からなされている定義の一例を挙げると，「集団の多くのメンバ

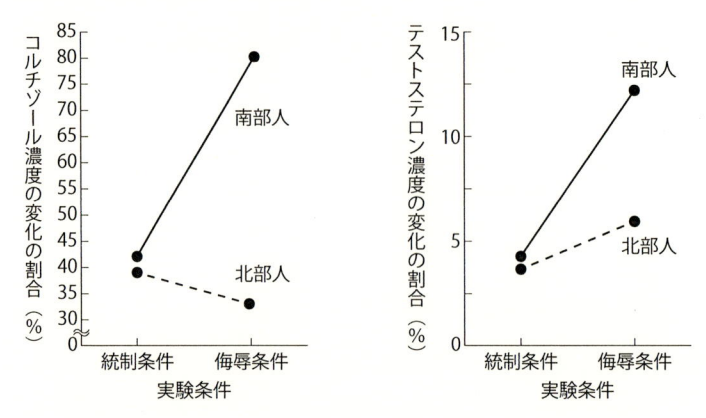

図 1.11 侮辱に対するホルモン濃度の変化（文献 13）；pp. 76, 図 4-2）
南部出身の白人男性は，侮辱を受けるとコルチゾールとテストステロンの濃度が上昇するが，同じ白人でも北部出身の男性はほとんど上昇しない．

ーによって共有され，世代から世代へと，社会的に伝達される情報で，単に異なる地方的環境条件に対する適応ではないもの」といったものがある[14]．世代から世代へと伝達される情報ということだが，これは遺伝子がもっているのと同じ性質であるといえる．つまり，文化をもつ種は，遺伝子による情報伝達とは異なる，もう1つの情報伝達の経路をもっているのだ．ドーキンスは，遺伝情報が遺伝子によって伝わるように，文化も「文化子」というようなものによって伝わると考えられるとして，これに「ミーム (meme)」という名前を付けた[15]．文化は人間の脳から脳へと伝達するミームが発現したものといういい方もできるだろう．

文化は遺伝子と同じように世代間を伝達していくが，その伝達様式には遺伝子と異なる側面もある．遺伝子は，基本的に親から子へと伝わるものだ．これを垂直伝達という．しかし，文化の場合は同世代の他の個体からも伝達されるということがある．ほとんどの人は，流行や新しい機器の使い方について友達から教わった経験があるだろう．これを水平伝達という．また，上の世代ではあるが，親以外の個体から何かを学ぶこともある．これを斜行伝達というが，いわゆる学校教育はすべてこれだといえる．

4.3 遺伝子と文化の共進化

遺伝子と文化では情報伝達経路が異なると書いたが，必ずしもそれぞれが独立に情報を伝えているわけではない．実は，遺伝子が文化に影響を与えたり，逆に

文化が遺伝子に影響を与えたりすることがあるのだ．先にも述べたように，行動にも遺伝的な基盤はあるので，行動を通じて遺伝情報が文化に影響するというのは比較的理解しやすいだろう．では，文化が遺伝子に影響するというのはどういうことだろうか．

この代表的な例が，乳糖耐性の進化である．哺乳類の乳には，ラクトース（乳糖）という糖分が含まれている．ほとんどの哺乳類は乳児のときにこのラクトースを消化分解できるのだが，乳離れするとその機能が失われる．ヒトの場合，5歳以降に乳糖分解酵素が不活性となる．読者のなかには牛乳をたくさん飲むとお腹の調子が悪くなるという人が少なくないと思うが，それは乳糖分解酵素が働いておらず，分解されずに大腸に送られた乳糖によって腸内の浸透圧が上がり，それを下げるために腸から水分が出るからである．これが乳糖不耐性 (lactose intolerance) である．ところが，現代人のなかには成人してもこの乳糖分解酵素が活性のままである人たちがいる．北欧人の大部分と，北アフリカやアラビアのいくつかの集団がそうだ．ラクトースを分解する能力は，ある1つの遺伝子をもっているかどうかによって決まるので，こういった人たちはその遺伝子をもっているということになる．

ではこの遺伝子がどのような集団でみられるのかというと，長く酪農，つまり家畜を飼育してその乳を利用するという生業を続けてきた集団において高頻度で存在している．おそらく，どこかの時点で乳糖分解酵素を活性のままにする突然変異が起こったのだが，集団内にこの遺伝子が存在する頻度を調べることで，地理的にどのように広がっていったのかを知ることができる．すると，ヨーロッパでは北中部で頻度が高く，そこから徐々に低くなっていっていることがわかった．一方，家畜にしているウシの遺伝子も，ヨーロッパ北中部で多様性が高く，そこから周囲に行くに従って低くなっていた．家畜の集団が大きいほど遺伝的な多様性が高くなるので，このことは，ヨーロッパ北中部から酪農が広がっていったことを示している．つまり，乳糖耐性の遺伝子と酪農は，同じようなパターンでヨーロッパに広がっていったのである[16]．これは，酪農という文化が乳糖耐性の遺伝子に影響したことを示唆する．たとえばある遊牧民は，1年のうちある時期をほとんど生乳だけを飲んで過ごす．こういった生活では，大人になっても乳糖を分解できる必要がある．そこで，乳糖耐性の遺伝子が維持されていったのだろう（図1.12）．このように，遺伝子と文化が相互に影響し合いながら進化していくことを，遺伝子-文化共進化 (gene-culture coevolution) という．

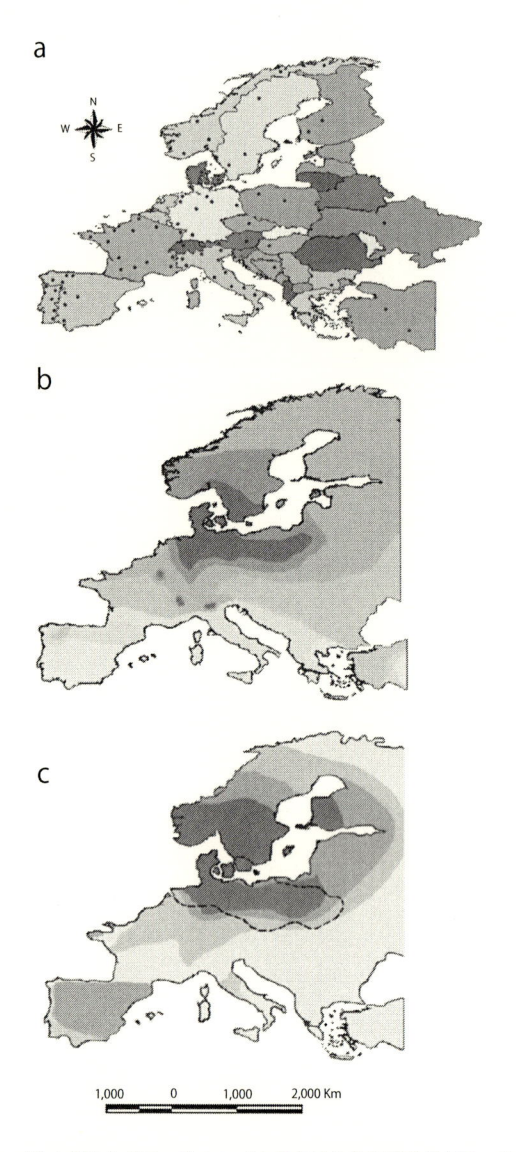

図 1.12 ヨーロッパ北中部における，乳タンパク遺伝子と乳糖耐性遺伝子の地理的分布の一致（文献 16）；図 1）
(a) ヨーロッパとトルコにおいてサンプルが採取された 70 の畜牛系統の分布．(b) 乳糖耐性遺伝子の分布．ヨーロッパの北中部で高く，南東に行くに従って低くなっている．(c) 畜牛の乳タンパクにみられる遺伝的多様性の分布．ヨーロッパ北中部で高く，南東に行くに従って低くなっている．

では，なぜヒトは文化をもっているのだろうか．これは最初に述べたティンバーゲンの4つの問いに倣っていうと，文化の「機能」はいったい何か，という問いになる．おそらく，その機能の1つは，幅広い環境を利用することができる，ということだろう．現代人はすべてホモ・サピエンスという1つの種だが，世界のほとんどあらゆるところに，さまざまな生業をもって住みついている．たとえば北極圏のイヌイットはアザラシの生肉を食べることでビタミン不足に対抗し，カラハリ砂漠の狩猟採集民は果実や地下茎を食べることで猛暑と乾燥による水不足に対抗している．これらは知識の蓄積による文化によって可能になっているのだ．個体による創意工夫と，それを他個体が観察学習することにより，非常に幅広い環境へと適応していくことができるのである．それがおそらく，私たちが文化というものをもつ理由の1つだろう．

さて，長い時間軸での「なぜ」にはもう1つあった．「歴史」についての問いである．人類はいつ頃から複雑な文化をもつようになり，それはどのようにして広がっていったのだろうか．それを探るには，考古学が必要になってくる．遺伝情報が私たちの体型や目の色といった表現型に反映されるように，文化という情報もまた，道具や装飾具などの人工物やさまざまな痕跡として現れ，それらが遺物として残されている．そこから，それらを残した人たちの心について推測することが可能となっている．5章では，そのような考古学的証拠から，文化を含む私たちの心の働きがどのようなプロセスを経て現在に至っているのか考えていく．

5. 行動を科学的に調べるとはどういうことか

5.1 科学者は何を調べているのか

本章の最後に，心の働きや行動といった，一見とりとめのないものを研究者がどのように調べているのか，ということについて述べておきたい．本書は第一線の研究者が最新の研究成果について解説するものであり，人間行動についての定量的なデータに基づく考察が多く出てくる．これらの研究は多くの場合，ある集団と別の集団，たとえば男性と女性のあいだにある測定できる数値をめぐって差がみられるかどうかといったことを検討したり，あるいはある条件と別の条件において測定値にどのような差がみられたのかということを検討したりしている．たとえば先に紹介した利他主義者の見極め実験では，高利他主義者と低利他主義者とのあいだで評定値に差があるかどうかを検討した．その結果が何を意味して

いるのか，また結果をどう受け止めるべきなのか，ということを考える前に，まずこのようにして検討されている数値とはいったい何なのかということを正しく理解しておく必要があるだろう．人間の心について進化生物学の立場から研究していくことについては厳しい批判もある．批判はおおいに結構なことだが，何を調べているかということについての共通理解がなされていなければ，不毛な議論に終わってしまうだろう．

　男性と女性，あるいは血縁者と非血縁者のような，ある特徴をもった集団と別の特徴をもった集団があるとする．ある行動の頻度が集団によって異なるという仮説があり，それを確かめたいときにはどうすればいいだろうか．理想的な方法は，対象となるすべての人について調べることだ．たとえば全世界の男性と女性についてその行動の頻度を調べることができれば，ヒトの性差についてかなり正確な事実がわかったといえるだろう．そもそも，これ以上正確な調べ方はないはずである．しかし，現実にはこんなことは不可能だ．そこで，研究者は「無作為標本」というものを使う．それぞれの集団から偏りのない方法で選ばれた少数の人たちを対象に調査を行い，その数値が集団を代表しているものとして扱うのである．

　このとき，両集団から同じように標本を集めてこなければならない．たとえば男性と女性を比較するときに，男性は大学生のあいだから，女性は老人から選んできたとしたら，男女の違いを正確に比較したとはいえないだろう．しかし，ときには研究者にも予測できない要因が，集団間の差に影響してしまうこともある．このような要因を評価する方法の1つは，同じような研究を繰り返して行うことだ．そこで同じような結果が得られれば，その結果の信頼性は増すことになる．異なった結果が得られた場合には，それらを比較して，何が結果の違いに影響したのかを明らかにしていく必要がある．その意味で，ある研究結果の追試は科学においては重要である．ただ1つの研究結果だけで何かを解釈するというのは避けたほうがいいだろう．

　標本集団を比較するときには，ある決まった値をその集団を代表するものとして使う．ほとんどの研究において代表値として使われているのが平均値だ．多くの人に対してある計測値をとり，その頻度をグラフにすると，釣り鐘のような形の分布になる（図1.13）．これを統計学では「正規分布（normal distribution）」というが，このような形をとる代表的な値にはたとえば身長がある．非常に多くの人について身長を測定すると，測定値はある値の周辺をとる人たちが最も多く，

そこから両端にいくにつれて頻度は低くなっていく．極端に低い人や高い人がほとんどいないということは経験的にもわかることだろう．正規分布においては平均値，すなわちそれぞれの値を足して標本の数で割った値は，最も頻度の高い値である最頻値と一致している．また，左右対称であるため，ばらつきのちょうど真ん中にある標本が

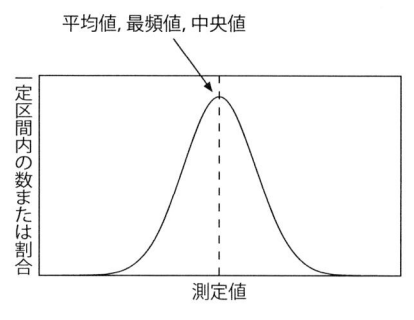

図1.13 正規分布の一例

示す値である中央値とも一致している．標本の数が多ければ多いほどその頻度分布は理想的な正規分布に近くなるが，標本数が少なければこのような形にはならない．標本集団が充分な数であれば，平均値は最頻値と中央値に近くなるので，平均値をもって集団を代表する値として扱う意味は大きくなる．しかし，標本数が少ない場合には，平均値と最頻値，中央値は必ずしも一致しない．代表値がその集団をどの程度代表しているか検討するには，まず標本全体がどのような分布をしているかということを考慮しなければならない．

5.2 統計的に有意な差とは

さて，ある集団と別の集団，あるいはある条件と別の条件のあいだに差があるというのはどういうことなのだろうか．このような比較をするときには，まず両方の標本集団が同じ1つの母集団から選ばれたという仮定をする．母集団から少しの標本集団をとってくると，その分布はかならずしも母集団と同じにはならないし，いくら工夫をしても標本集団同士で同じになることはまずない．コインを100回投げたときには表が出る回数は50回に近い値になるのに，6回しか投げなかったときには6回とも表が出る可能性が高いのと原理は同じことだ．たとえ6回とも表が出たところで，このコインがインチキであるとはいいきれない．

差があるかどうかを統計的に調べようとするとき，比較する標本集団が同じ母集団から集められたという仮定のことを「帰無仮説」という．帰無仮説が正しいといえる確率がどれくらいあるのかということを，統計的な検定では調べているのである．これが低ければ低いほど，2つの標本集団に差がある，すなわち別の母集団から集められたことの信憑性が高くなる．たとえば検定を行って，有意水準が5%以下と計算されたとする．これはつまり，2つの標本集団が同じ母集団か

ら採られたこと，つまり標本集団の代表値に差があったとしても，もともとの集団は同じであったということの確率が5％以下であるということだ．逆にいうと，95％以上の確率で，2つの標本集団は別々の母集団から集められたといっていいということになる．ほとんどの場合，有意水準が5％以下のときに有意な差があるとしている．

　この確率の具体的な計算については，統計の本を参考にしてほしい．ただ，有意水準の計算に影響を与える要因について言及しておく必要があるだろう．1つは標本の数だ．標本の数が多ければ多いほどその母集団をよりよく代表しているので，より正確な結果を出すことができる．たとえば検定を行って有意な差がみられなくても，標本の数を増やしてやれば有意な差が出ることがある．そうはいっても標本数を増やすのに大変な手間と時間がかかることもあり，野生動物の研究などではたった数個体のデータについて検定を行わなければならないということがよくある．一方健康な人間が対象のときには，多くの被験者について調査をすることはそれほど困難なことではない．このような検定の結果をみるときには，それがどの程度の標本数をもった集団について行われているのか念頭においておく必要があるだろう．

　もう1つの要因は，値のばらつきだ．正規分布は釣り鐘の形をしているが，平均値が同じだったとしても，それぞれの値がどの程度ばらついているかによって裾野の広がりが異なってくる．最低値と最高値の差が大きな標本集団では裾野の広い分布になり，差が小さければより尖った形になる．図1.14のグラフは，標本集団のばらつきが集団間の比較にどのように影響するかを説明したものだ．上の図と下の図では，集団Aの平均値も集団Bの平均値も同じである．しかし，上の図のほうがばらつきが大きくなっている．そのため，

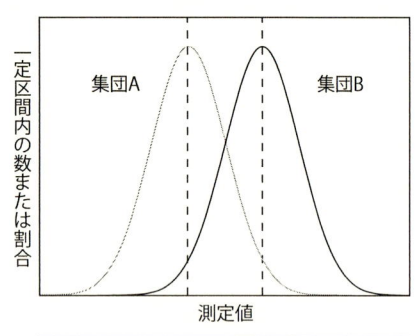

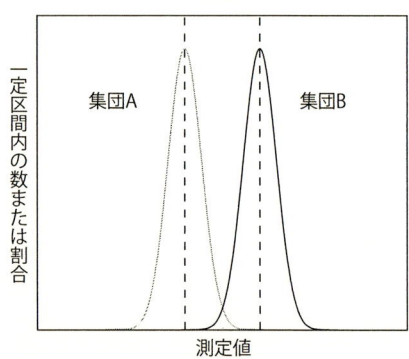

図1.14　平均値は同じだが，ばらつきの異なる標本集団

平均値だけをみると同じ差しかないが，集団間の重なりは上の図のほうが大きくなっている．たとえば，下の図では集団 B はその最低値でも集団 A の平均よりも高くなっているが，上の図では集団 B の最低値は集団 A の平均値よりも小さくなっている．重なりが大きいということは，この 2 つの集団が同じ母集団から選ばれた可能性が高い，つまり集団 A と B の平均値のあいだに統計的な有意差があるとはいいにくいということを示しているのだ．このような比較をするときには，代表値の差だけではなく標本集団内の値のばらつきを考慮に入れる必要があるのである．

　授業や講演などで人間行動の研究結果について話をすると，他の動物について話すときと比べてだいぶ反応が違ってくる．何しろ聞いているのはその対象となっている生物種そのものなので，皆どうしても自分に照らし合わせて結果を解釈しているようなのだ．読者のなかにも，本書で紹介する研究結果に対して，自分だったらこんな反応をしないとか，自分の経験から知っている事実とは違う，ということを感じた人は多いことだろう．その結果，かなり感情的な反応が返ってくることもよくある．

　研究者が対象としているのは，ある集団の統計的な代表値である．ある条件下の，あるいはある特徴をもった集団について，平均値とか最頻値といったもので語っている．集団の値にはばらつきがあり，成員のすべてが代表値を示しているわけではない．定量的な分析の場合には集団全体を扱っているのであり，個々の事例を検討しているのではないのである．代表値に差があるからといってそれがすべての人に当てはまるわけではないということはよく理解しておかねばならない．逆にいうと，この結果は自分については当てはまらないからおかしい，といういい方は必ずしもできないということだ．また，代表値にみられる結果をあまり一般化しすぎることについても気をつけなければならない．

5.3　「である」と「べし」の違い

　研究者がいったい何をしているのかということを簡単に述べたが，最後に，本書で紹介されているような人間行動についての研究成果をどのように受けとめるべきなのかということについて考えていこう．

　まず最も大事なことは，人間の心や行動に限らず，広く一般的な事象についていえることだが，自然的な性質や関係からある規範を導いてはいけないということだ．つまり，人間の一般的な性質がこう「である」からといって，そうである

「べし」とは必ずしもいえないのである．

私たちがしばしば犯してしまうこのような間違いを，「自然主義的誤謬（naturalistic fallacy）」という．たとえば人間行動生態学の研究例の紹介で，血縁淘汰と性淘汰の理論から，現在の配偶者との子どもに比べて，以前の配偶者との子どもや，継子に対しての投資は少なくなるだろう，さらに以前の配偶者の継子に対してはもっと少ない投資しかしないだろう，という予想が立てられること，そして実際にそうなっていることについて述べた．しかし，だからといって配偶者の継子を軽視したり虐待したりすることが「正しい」ことにはならない．科学が明らかにしているのは，あくまで自然がどのような状態であるのかということであり，それがどうあるべきかという価値判断を下しているわけではないのである．

人間は空を飛ぶようには進化していない．また長時間水中で活動できるような器官も備えていない．しかし，私たちは飛行機によって長い距離を移動し，スキューバダイビングや潜水艦によって海に潜ることができる．このようなことは自然に備わったものではないのだからやってはいけないことなのだろうか．心の働きも進化の産物であるからには，同じことがいえる．自然状態である特徴が存在するからといってそれが良いこととして奨励されるものではないし，またある心の働きがもともと備わっていないからといって，それを否定する理由もない．たとえば社会学者のなかには，人間にある性質が生物学的に備わっている，あるいはある集団と別の集団のあいだに生物学的な差があるということはそれを正当化するものであるとして生物学を遠ざけている人も少なくないが，このような考え方は論理的に間違っているということだ．

何が正しく，何が正しくないかということについての議論は道徳や倫理の範疇になるが，実は最近，道徳や倫理がなぜあるのか，ということについても，進化生物学の視点から探ろうという動きがある．道徳性は，人間にとって普遍的なものといえるだろう．しかし，具体的に何が良くて何が悪いかということについては，それぞれの文化集団ごとに異なっている．たとえば安楽死の問題1つをとっても，オランダのように社会的に認められている国もあれば日本のように犯罪になる国もある．

このようなことから，行動学者のフランス・ドゥ・ヴァール（Frans de Waal）は，道徳性は言語に似ている特徴だといっている．言語をもたない人間集団はいない．言語能力は人間に普遍的なものといえ，そこには生物学的な基盤もある．しかし，具体的に使っている言語の種類は日本語，英語，フランス語などそれぞ

れの集団ごとに異なっている．つまり，私たちは言語そのものを生得的にもっているわけではなく，外部からの混沌とした情報を言語という体系に整理していく能力をもって生まれてくるのだ．この能力のおかげで，私たちは生まれてきた集団に固有の複雑な言語を大した苦労もなしに習得することができるのである．「人間の道徳性も，試行錯誤で学ぶには複雑すぎること，また多様性がありすぎて遺伝子にあらかじめプログラミングできない点で言語と共通している」とドゥ・ヴァールは書いている[17]．

ドゥ・ヴァールは，ヒト以外の霊長類にも道徳性の基盤となる共感や協調の能力がみられることから，それらが人類進化の早い段階から備わっていたと考えている．しかし，それがすなわち道徳性ではない．道徳とは，集団のなかで一般に受け入れられている「こうあるべき」という規範の集まりであり，それらに従うべきであるという行動指針が道徳性といえる．では，そういった規範になぜ従うべきなのだろうか．

メタ倫理学という分野では，この問題について，道徳には個々人の主観を離れた客観的な基準があるという「客観説」と，そのような客観的基準はなく，個々人の主観的態度の表れであるという「主観説」の2つがあるとしている．では，進化生物学の立場からは，この道徳性の問題についてどう考えることができるのだろうか．ドゥ・ヴァールが主張しているように，私たちの道徳性に生物学的基盤があり，言語と同じようなものなら，やはりその由来も人間行動進化学によって説明できるはずだ．この分野における今後の大きな課題の1つといえるだろう．

設問

1. DNAはなぜ，情報を保持し伝達するのに適しているのだろうか？
2. 自然淘汰は進化の原動力となるが，一方で進化を妨げることもある．どういうことだろうか？
3. なぜアメリカ南部には「名誉の文化」があるのだろうか？
4. なぜ人間は，ロッククライミングやスカイダイビングなどの危険な行為を進んで行うのだろうか？
5. なぜ社会調査やアンケートの結果を，平均値だけで判断してはいけないのだろうか？

第2章
ヒトはなぜ**助け合**うのか

　ヒトは助け合う動物である．ヒト社会は他者との協力関係に支えられて成立している．親からの保護・養育が必要な子どもはもちろん，大人でもたった独りでは生きていけないだろう．文明社会を離れ，アラスカの森で独り生きていこうとする男を描いた『イントゥ・ザ・ワイルド』という映画がある（ショーン・ペン監督，2007年，アメリカ）．名門大学を卒業し，体力も気力もあふれる青年が森で独り狩猟採集生活を営みながら生きていこうとした．しかし，完全な独力は不可能である．ナイフなども含め狩猟採集に使う道具をすべて一から自分でつくることはできない．動物や植物についての知識も専門家が書いた本の助けが必要である．何らかの他者との結びつきは必要なのだ．しかも，この青年，最後には毒草を誤って口にし，医者の助けもなく，食物を運んでくれる人もなく，衰弱して短い生涯を終えた．実話に基づく映画とのことである．ヒトは独りだけでは生きていけない．何らかの形で他者と結びついている．結びつかないと生きていけない．

　ヒトはなぜ助け合うのだろうか．1つの答えはこの例に示されている．助け合わないと生きていけないからだ．同時に，「ティンバーゲンの4つの問い」（1章参照）で指摘されるように，この問いに答えるにはさまざまなアプローチの仕方がある．上の例は，究極要因からの説明といえる．助け合いが適応度にプラスとなるからという説明である．同時にティンバーゲンの4つの問いに照らし合わせると，どのようなしくみで助け合いが起こるのか，発達の過程でどのように身につけていくのか，またヒト以外の動物ではどのような助け合いがみられどのように進化したのか，これらの問いに対するさまざまな角度からの答えも求められている．心理学・行動学・社会学・経済学・理論生物学，さらに近年では脳科学と，この問題に取り組んできた学問分野を挙げるときりがない．

　ここでは，これら多くの分野が取り組んできた成果を，進化という軸を中心に紹介したい．この研究テーマは，現在最もホットな研究テーマの1つでもある．今現在新しい研究成果が続々と生みだされている．これらの結果次第で，助け合

いの進化に関する考え方は今後大きく変わる可能性もある．ここでは，あえてそのような部分にも触れることで，エキサイティングな研究現場を伝えることができればと思う．

最初に，言葉の定義をしておこう．「助け合い」とは，相手の利益になる行為を2個体以上がやり取りすることである．自分には何ら即時的な利益がなく，相手にのみ利益となるような振る舞いを「利他行動 (altruistic behavior)」あるいは「向社会的行動 (prosocial behavior)」と呼ぶ．厳密には利他行動は自分にコストがかかる場合を指すが，ここでは両者を含めて，相手にしか利益にならないという点を強調したい．より広義には「協力 (cooperation)」という言葉もよく使われる．この言葉は，さまざまな学問分野が異なる文脈で使用しているが，ここでは「1個体では達成できない事柄を2個体以上で成し遂げること」とする．この定義の下では，協力行動は即時的に自分への利益があってもよく，より広い意味で使われている．「助け合い」も協力行動の1つに含まれる．

1. 利他行動の進化

1.1 ダーウィンの疑問

20世紀最大の科学的成果の1つに，ダーウィンの進化論が挙げられる．それまで，欧米社会を中心に考えられてきた「万物は神によって創造された」という天地創造説に対し，生物学的な知見から進化のメカニズムについて新しい考え方を提唱した．すべての生物は，生命誕生以来36億年のあいだに経てきた変異と自然淘汰の結果であるとする考え方である．進化論の詳細は1章にまとめられているが，ここでもう一度簡単に整理しておきたい．

自然淘汰とは，「適者生存」の言葉で表されるように，環境に適応し遺伝子をより多く残せる形質が生き残り，そうでない形質が失われていくことをいう．形質間の変異とそれにかかる淘汰圧が進化の原動力として考えられている．これは生物の姿形だけでなく，行動や心理といったすべての要素に関わるものである．ただし，あくまで重要な点は，遺伝子を効率よく残せるような形質が次世代に受け継がれていくということだ．つまり，淘汰の単位は，集団でも個体でもなく，遺伝子である．遺伝子をどれだけ効率よく残せるか，この程度が適応度として測られる．

このことを念頭に置いて，利他行動の進化を考えてみよう．利他行動は，直接

はその個体自身の利益とはならないはずである．つまり，その個体の適応度を下げてしまいかねない．これでは利他的な個体は利己的な個体との競争に負け，子孫を残せない，つまり利他的な形質は進化しないことになってしまう．ダーウィンもこの矛盾に気づき悩まされた．働きバチは自分で子孫を残さない．しかも，自らの命を賭して外敵に立ち向かう．このような利他行動が自然淘汰をへて存在することをダーウィンの進化論は説明しきれなかった．

ダーウィンの進化論が間違っているのだろうか．そうではない．ダーウィンの時代，進化の主体が「遺伝子」であるという考え方にまでは思い至らなかったのである．進化の主体が「個体」であるならば，このような行動は説明しにくい．しかし，社会性昆虫の利他行動は，「遺伝子」のレベルで考えるとうまく説明がつく．このことについて次に詳しくみてみよう．

1.2 進化理論

利他行動の進化について，まず理論的な説明が試みられた．一見他者の利益にしかならないような行動がなぜ進化したのかという問いへの，究極要因からの説明である．一言でいうと，結局は自分，少なくとも自分の遺伝子にとって利益になるからである．自然淘汰の考え方に照らし合わせると，この答えは当然といえる．ただし，このことを理論的に証明するまでには，ダーウィンの進化論提唱から半世紀以上を要することになった．

核となる考え方として2つの理論が提唱されている．1964年にウィリアム・ハミルトン（William Hamilton）が提唱した血縁淘汰（kin selection）理論[1]と1971年にロバート・トリバース（Robert Trivers）が提唱した互恵的利他主義（reciprocal altruism）理論[2]である．それぞれ，遺伝子を共有する個体間で行われる利他行動と，血縁関係のない個体間で行われる利他行動がなぜ進化しうるのかを理論的に証明した．

血縁淘汰理論

ハミルトンが提唱した血縁淘汰理論のエッセンスは，「遺伝子を共有する血縁者を助けることで，自分がもつのと同じ遺伝子を後世に残すことにつながる」という考え方である．進化の単位を「個体」から「遺伝子」へと移した画期的な考え方だった．

ある個体Aが，自分と同じ遺伝子を共有する血縁個体Bに対して利他的に振る舞ったとする．利他行動なのでAにはコストがかかるが，相手の血縁個体Bの適

応度を上昇させることになる．つまり，利他行動をした個体Aの適応度は，利他行動のコスト分だけ減少することになる．これでは，利他行動をすればするほど適応度が下がってしまうので，このままでは利他行動は進化するはずがない．

しかし，ここで，視点を「遺伝子」に移してみよう．血縁関係にあるAとBは，共通の祖先に由来する遺伝子（同祖遺伝子）を共有している．よって，遺伝子レベルでみると，個体自身の繁殖成功（直接適応度）だけでなく，同祖遺伝子を共有する血縁個体Bの繁殖成功が増すことによって得る間接適応度も考慮に入れなければならない．同祖遺伝子がどれだけ後世に残るかという視点である．この2つを足し合わせたものを包括適応度（inclusive fitness）と呼ぶ．間接適応度は，血縁個体Bが利他行動を受けることによって得た利益に同祖遺伝子を共有する割合（血縁度）を掛け合わせた値で表される．個体Bが受けた恩恵のうち共有遺伝子分が個体Aにも還元されるのだ．この遺伝子レベルでの還元分も考慮に入れたものが包括適応度として測られる．そして，この包括適応度を上昇させる形質が進化すると考えられている．

つまり，利他行動をしなかったときの適応度よりも大きくなるのは，間接適応度による上昇分が利他行動のコストによる減少分を上回るときである．このとき，利他行動は自然淘汰の考え方に矛盾することなく進化することになる．間接適応度は血縁度が大きいほど値が大きくなるので，血縁度の高い個体間での利他行動は進化しやすいのだ．

実際の例で考えてみよう．血縁者といってすぐに思いつくのは親子である．ヒトは23ペアの染色体をもつ二倍体生物であり，有性生殖によって，それぞれの親から半分ずつの遺伝子が子へと伝わる（1章参照）．よって，親のある遺伝子が子に伝わる確率，つまり親からみた子の血縁度は0.5となり，子からみた親の血縁度も同様に0.5である（図2.1）．兄弟姉妹の場合はどうだろうか．個体がある遺伝子を母親と共有する確率は0.5であり，他の兄弟姉妹がその遺伝子を同じ母親か

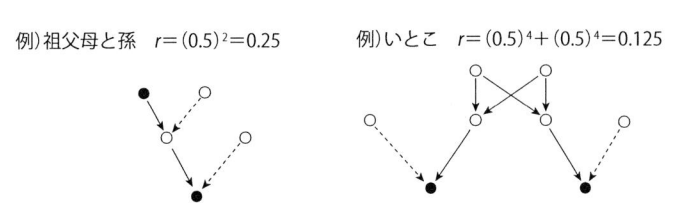

例）祖父母と孫　$r=(0.5)^2=0.25$　　　例）いとこ　$r=(0.5)^4+(0.5)^4=0.125$

図2.1　血縁度の測り方（長谷川寿一，長谷川眞理子：進化と人間行動，東京大学出版会，2000；p.123）

ら受け継いでいる確率も0.5なので，母親を通して同じ遺伝子を共有する確率は0.5×0.5＝0.25となる．父親経由で共有することも考えられ，その確率は同様に0.25である．よって，両親がともに同じであれば，兄弟姉妹間の血縁度は0.25＋0.25＝0.5となる．祖父・祖母と孫のあいだでは血縁度が0.25，伯父・叔母と甥・姪間でも0.25，いとこ間では0.125となる．親子間で最も血縁度が高く，実際に子育てという形で利他行動がよくみられることにも納得がいく．

しかし，アリやハチのような社会性昆虫になると少し話が異なってくる．これらの種は半倍数体という独特の遺伝様式を備えている．メスは受精卵から生まれ，両親からの染色体を対にもつ倍数体であるが，オスは未受精卵から生まれるので，母親由来の染色体しかもたない半数体である．このような遺伝様式の下では，2倍体のときと血縁度の計算が異なってくる．なぜなら，半数体であるオスの染色体は減数分裂せずそのまま子世代に受け継がれるので，父親由来の遺伝子が姉妹間でまったく同一になるからである（父親の遺伝子を受け継ぐのはメスのみであることに注意）．母親経由の遺伝子を姉妹間で共有する確率は二倍体生物と同様0.5（自分のある遺伝子を母親と共有する確率）×0.5（他の姉妹がその遺伝子を同じ母親から受け継いでいる確率）＝0.25であるが，父親経由で共有する確率は0.5（自分のある遺伝子を父親と共有する確率）×1（他の姉妹がその遺伝子を同じ父親から受け継いでいる確率：これが1になることに注意）＝0.5となる．つまり，姉妹間の血縁度は0.25＋0.5＝0.75（3/4）となる．この場合，自分の子ども（血縁度0.5）を育てるよりも姉妹を手助けしたほうが遺伝子レベルでは適応的，つまり包括適応度が高いといえる．ハミルトンはこの「4分の3仮説」によって，働きアリや働きバチといった自らは子孫を残さない不妊ワーカーの存在を説明した．この仮説に関してはさまざまな議論があるが，ここでは血縁淘汰を通して血縁個体間の利他行動が進化することが理論的に説明できるということが重要である．

互恵的利他主義理論

では血縁関係をもたない個体間の利他行動はどうだろうか．同祖遺伝子を共有していないので血縁度は0となり，遺伝子レベルでみても利益が還元されない．つまり，利他行動を行う個体の適応度は，利他行動のコスト分だけ下がってしまうことになる．利他行動をするときよりもしないときのほうが適応的であるなら，なぜこのような利他行動が進化するのだろうか．この問題を理論的に解決したのがトリバースの互恵的利他主義理論である．この理論のエッセンスは非常にシンプルで，「お互いに助け合えば，長期的にはお互いに適応度を上げることができ

る」というものである．一見非常にシンプルにみえるが，実際にはそれほど簡単な話ではない．それは私たち人間社会をみてもわかるだろう．

　最も問題となるのは，この戦略が「長期的」にしか実現しない点にある．利他行動をとる個体は，一時的には損失を被ることになる．この点で，血縁者間でみられる利他行動と大きく異なる．ポイントは2つ．利他行動のコストが受け手の利益よりも小さいこと．相手からの「お返し」が期待できること．この2つが必要条件となる．

　利他行動にかかるコストがその行動によって相手が受け取る利益よりも大きければ，仮に相手から同様のお返しをしてもらってもコストを埋め合わせることはできず，マイナス収支となってしまう．これでは，利他行動は進化しない．自分が払う損失が将来受ける恩恵で補償されないといけないので，コストが利益よりも小さいという条件が必要となる．

　もう1つの条件である「お返し」の必要性だが，これはさらに2つの要因に分けられる．1つは，特定の個体間の社会関係が長期的に続くこと．もう1つは，この個体間においてギブアンドテイクのバランスが保たれること，である．前者は半閉鎖的集団という環境によって実現される．問題は後者のほうである．たとえ頻繁に顔を合わす間柄であったとしても，片方が利他的，もう片方が利己的な個体（フリーライダー：free-rider）であれば，利他的な個体は損をするばかりだ．この問題を解決するためには，相手を個体識別する能力と，過去のやり取りを記憶する能力が必要とされる．つまり，相手にただ乗りされないようにするためには，利他行動の正確なやりとりに必要な情報を理解できる認知能力がなければならない．

　ヒト以外だとチンパンジーをはじめとする霊長類でよく報告されているが，ここでは有名なチスイコウモリの例を紹介しよう．チスイコウモリは哺乳類の血を吸って生きているが，彼らのあいだで血を分け合う行動が観察された．自分の体重の最大40%に相当する血を一晩になめるといわれているが，なかには十分な血にありつけない個体もいる．すると，明け方洞窟に帰ってきたときに，餓えた個体が満腹の個体から血を分けてもらうのだ．そしてこの血のやりとりが，特定の個体間で互恵的に行われているということがわかった[3]．

　上に挙げた条件がチスイコウモリの血分配に当てはまるのかどうか検討してみよう．まず与えるコストと受ける利益の大小について．この問題は，チスイコウモリの体重減少と死亡までの残り時間の関係を実験室で調べることにより見事に解決された．図2.2をみていただきたい．満腹の個体が体重の5%相当の血を失っ

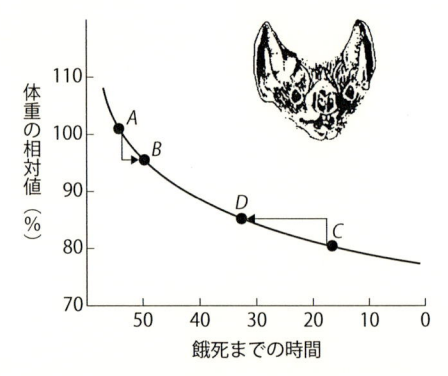

図2.2 チスイコウモリの互恵性（Krebs, J. R. & Davies, N. B.: An Introduction to Behavioural Ecology, Third edition. Blackwell, 1993 ; p.286)

ても命は4～5時間しか縮まらないが（A → B），同量の血は飢えた個体に約15時間の猶予を与える（C → D）．つまり，血を与えることのコストよりも，血を分けてもらうことの利益のほうが格段に大きいことがわかる．

次に「お返し」についてはどうだろうか．チスイコウモリは中南米の洞窟に8～12頭の集団で暮らしており，互いに個体識別ができているという．特定の個体間で継続してやり取りを行う環境は整っており，相手を識別する能力も備わっている．ただし，過去のやり取りをどの程度覚えていて，十分なお返しをしないフリーライダーをどのように排除しているかについては明らかになっていない．このような能力は，霊長類でも難しく，チンパンジーなど類人猿でもみられるかどうかについて議論が続いているところである．不公平忌避などのメカニズムが必要だと考えられるが，このあたりの認知メカニズムについては，次節で詳しく扱うこととする．

1.3 究極要因と至近要因

ここで，究極要因と至近要因についてもう一度まとめておこう．これまでの理論研究は，直接は相手の利益にしかならない利他行動がなぜ進化しうるのかに明快な答えを与えた．血縁関係のある仲間を助ければ，結局は自分と同じ遺伝子を多く残すことにつながる．また，助け合わない仲間同士より，助け合う仲間同士のほうが，最終的には多くの利益を得る．利他行動も最終的には自己あるいは自己の遺伝子にとって利益となることによって進化する．このことが理論的に証明

されてきたわけである．このような適応度による説明を究極要因からの説明と呼ぶ（1章参照）．

しかし，この利他行動を生起させる心理メカニズム（至近要因）は，自己利益追求とは限らない．動物行動学者であるフランス・ドゥ・ヴァール（Frans de Waal）は，この究極要因と至近要因の分離を，交尾行動を例に説明している[4]．交尾行動は当然のことながら自己の遺伝子を残す行動として究極要因からは説明される．しかし必ずしもそのことが交尾行動へと向かわせる動機付けにはなっていない．至近要因の視点でみると，交尾行動に伴う快楽が直接的な動機付けとして働くことも多い．

私たちヒトは，いつも理論的に利益のことを考えて他人の手助けをしているわけではない．他人が困っているのをみると助けてあげたいと思う．このような「こころ」はどのように進化してきたのだろうか．認知メカニズムの観点からみると，また別の説明が可能なのだ．

1つ例を挙げてみよう．上でみた互恵性について認知メカニズム，つまり至近要因の視点から考えてみることにする．ドゥ・ヴァールらは，利他行動のやり取りである互恵性を「対称性に基づく互恵性（symmetry-based reciprocity）」，「相手の態度に基づく互恵性（attitudinal reciprocity）」，「計算に基づく互恵性（calculated reciprocity）」の3つに分類した[5]．親密な二者間では，日々のギブアンドテイクを細かく把握していなくても，相手に対して同じような行動をとることによって協力関係を維持させる．このような関係を「対等性に基づく互恵性」と呼び，広く動物界でみられる仲間同士のグルーミングなどがこの例に当たると考えられている．「相手の態度に基づく互恵性」は，相手の態度をみて，その場で恩恵のやり取りをする関係だ．即時の互恵性とも呼ばれる．オマキザルでは，ご馳走の載ったトレーの引き寄せを手伝ってくれた相手と食べ物を分け合うことが知られているが，このような「親切にしてくれたらお返しするよ」という関係がこの分類に入る．「計算に基づく互恵性」の特徴は，特定の相手とのやり取りを覚えていて，過去の履歴に基づいて誰に恩返しをするかどうか決めることにある．最も認知的要求の高い互恵性といえる．従来，狭義にはこの分類をもって「互恵性」とされてきた．そしてこの互恵性は，チンパンジーで示唆される例があるものの，ヒトに特徴的なものだと考えられてきた．ドゥ・ヴァールは，このように互恵性を認知メカニズムの観点から分類することにより，よりシンプルな形の互恵性は動物界に広くみられることを主張した．また，ヒトでも多くの場合は「対称性に

基づく互恵性」あるいは「相手の態度に基づく互恵性」をとっており，多くの点で他の動物と共通しているという．

このように，同じように利益を交換し合う行動でも，こころの働きからみると，さまざまな解釈・説明が可能となる．そして，この認知メカニズムに注目してヒトとヒト以外の動物の異同を調べ，進化の道筋を明らかにしようとするのが比較認知科学（comparative cognitive science）と呼ばれる学問である[6]．「こころ」の進化を扱うという点で，比較認知科学と進化心理学は双子のきょうだいだといえる．この比較認知科学研究から，助け合いの進化について新たな知見が近年生みだされている[7]．ヒトとヒト以外の動物で協力・利他行動のメカニズムを比較検討し，どのような過程を経て助け合う「こころ」が進化してきたのかを明らかにしようとする研究である．次節では，この助け合う「こころ」に焦点を当てて議論したい．

2. 助け合う「こころ」

利他行動へと導く心理メカニズムとして共感（empathy）と公平感（sense of fairness）が注目されている[8]．共感は他者の欲求を正しく理解する能力と密接に関係しており，公平感は個人の行動を規定し，社会規範へと発展する可能性がある．共感も公平感も，ヒトのこころに特別に備わった性質であると近年まで考えられてきた．しかし，進化的視点からみると，このような心理もヒトに特有だと決めつけることはできない．近年の研究では，さまざまな霊長類やゾウ，イルカといった動物が共感や公平感を示すことがエピソードや実証研究から多数報告されている．この節では，これらの心理メカニズムがどのように利他行動の創出・維持に働きうるのかを解説し，ヒト以外の動物での事例も合わせて紹介したい．

2.1 共　感

「共感」は「他者の喜怒哀楽といった心的状態を自動的に自己のうちに感じとること」である．重要なのは，「自分が直接経験していないこと」を，「他者という媒介」を通して「自動的に感じる」ことにある．

共感にもさまざまなレベルがある．最も基本的なものとして情動伝染（emotional contagion）が挙げられる．その一例があくびの伝染だ．他人があくびをするのをみると，どういうわけかあくびが出てしまう．とくに自分が眠たいわけで

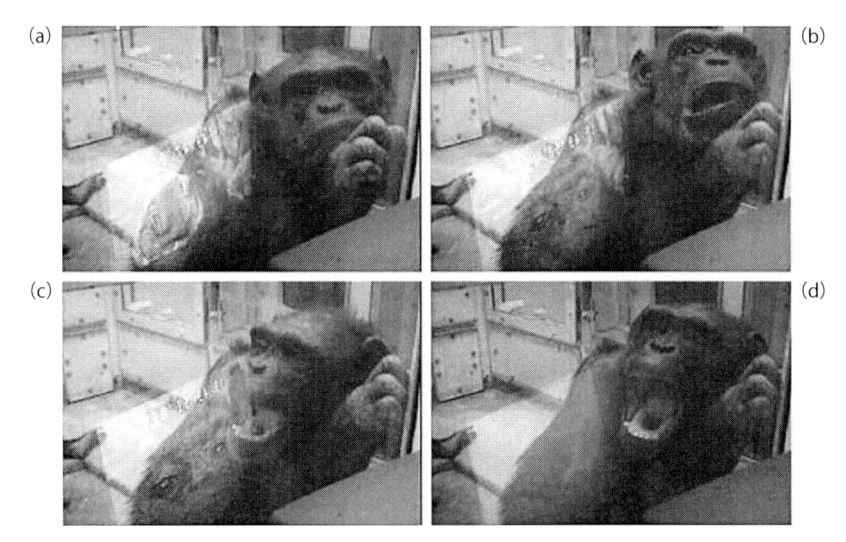

図 2.3 チンパンジーのあくびの伝染 (Anderson, J. R., Myowa-Yamakoshi, M. & Matsuzawa, T.: Conta-gious yawning in chimpanzees. *Proceedings of the Royal Society of London.* B., **271** : S468–S470, 2004；Fig.1)[9]
他個体があくびをしている映像をみると (a)，自然とあくびが出てしまう (b, c, d)

はない．他者の情動表出が引き金となって引き起こされる反応である．これは他者の気持ちを「考える」ことなしに起こる自動的な反応である．

このように共感の存在を示唆するあくびの伝染が，近年ヒト以外の動物にも確認されている．チンパンジーでは，他の個体があくびをしている映像と口を開けているだけの映像をみせられたとき，あくび映像をみているときにあくびをする回数が有意に多くなるという結果が得られた (図2.3)[9]．さらには，同じ群れで馴染みのある個体がするあくびには反応するが，見知らぬ個体のあくびにはあまり反応しないという[10]．相手との関係性によって反応が変わるというのも共感の1つの特徴だ．共感する能力がヒトの専売特許ではないことの証である．

他者と自己を自動的に重ね合わせるという性質は，集団で行動する種にとって生存上有利に働くと考えられる．情動伝染によって他者の危険信号を感知することにより，危険を回避し自分の身を守ることにもつながる．情動伝染や行動のシンクロは，ヒトに限らず哺乳類全般に広くみられる現象である．

このような他者の心的状態を自己のものとして感じ取る能力が，利他行動を促進させる可能性がある．たとえば，他者が苦しんでいるのをみると，あたかも自分も苦しんでいるかのように感じてしまう．そのことが，その苦しみを取り除こ

うとする，つまり他者を助けようとする動機付けになる．あるいは，他者の喜びを我がものとすることができれば，他者の利益となる行動をとることで，自己感情にとってもプラスに働くだろう．先ほどみてきたように，究極要因の視点からみると利他行動も自己あるいは自己の遺伝子にプラスに働く行動である．しかし少なくとも至近要因の観点からは，「自分のため」に行われているのではない．最終的に自己の感情にプラスに働くとはいえ，動機付けはあくまで他者に向いている．その結果が自動的に自己に還元されるのである．

余談になるが，冒頭で挙げた映画のなかに考えさせられる場面がある．誤って毒草を口にして独り弱り果てるなか，青年は手元の本の余白に"Happiness only real when shared（幸せは分かち合ってこそ本物になる）"と書きこんだ．個を求めてアラスカの自然のなかに自ら分け入った主人公が，最後には「幸せを分かち合う幸せ」を知る．自分の幸せが他者に反映し，それがまた自分に戻ってくる．光輝いた自己を他者という鏡を通してみることで，より輝きが感じられるということだろう．

ただし，ここで1つ問題が起こる．共感能力を備えた個体は，究極要因からみた利益（包括適応度）を確保できるのだろうか．単なる「お人好し」になってしまわないのだろうか．つまり，他者の苦しみに敏感で助けてばかりいて，結局自分が何の利益も得られないということでは，このような性質は進化しえない．共感の無制限な発現を抑制する機構が必要である．これは，どのように他者のただ乗り（free-ride）を防ぐかという問題に関わっている．この問題については，のちの「公平感」のところで詳しく述べたい．

2.2 他者の欲求理解

共感と深く関連する心理メカニズムについてもう少し触れておきたい．共感とは，他者の感情を自己のうちに感じとる能力であると述べた．しかし，感情に反応するだけでは，適切な利他行動に結びつくとは限らない．ドゥ・ヴァールはイギリスの哲学者フィリップ・マーサーの言葉を引用してこのように説明している．「他人を助けるやりかたには，適切なものも不適切なものもある．相手に共鳴すればするほど，その人が必要としている手助けを与えられると考えるのが自然だろう」[11]．利他行動へと駆り立てる力は同じでも，高度な他者理解に基づいた共感であれば，他者が本当に必要としていることに合わせて手助け行動を調整することができる．

たとえば，赤ちゃんが泣いているとしよう．多くの人は赤ちゃんに同情し，何とか泣きやむよう手助けしてあげたいと思うだろう．しかし，このとき，なぜ赤ちゃんが泣いているのかを理解する必要がある．お腹がすいたのか，虫に刺されたのか，おむつを替えてほしいのか．何が必要とされているのかがわからなければ，適切に手助けすることはできない．ここに，利他行動における他者の欲求理解の重要性が指摘される．

ヒト以外でも共感の萌芽はみられる．次に問題となるのは，ヒトがみせる共感のどの要素が他の動物でもみられるのか．これらの共感がどの程度高度な他者理解に基づいているのかということである．ヒトやその他の動物が他者の行動をどのように理解するのか，そして他者の心をどのようにとらえているのだろうか．

他者の行動を理解するうえで非常に役立つと考えられる神経細胞が1990年代にアカゲザルの脳内から発見された[12]．パルマ大学のジャコモ・リゾラッティ（Giacomo Rizzolatti）らの研究グループが，サルの前頭葉にある運動性の神経細胞の活動を記録しているときのことだ．休み時間に，研究者がサルの前でジェラートを食べ始めたという．すると，ジェラートをもち，口に運ぶたびに，バリバリバリという音が聞こえてきた．この音は，目の前のサルの神経細胞が活動していることを示す測定機器の音だ．計測していたのは，もともとサル自身が餌を手にもって口に運ぶときに活動する神経細胞である．自分がある行為をしていても，他者がその行為をするのをみていても，同じように活動する神経細胞の存在が明らかになったのだ．他者の行為を鏡のように自分の脳のなかに反映するので，この神経細胞は「ミラーニューロン（mirror neuron）」と名付けられた．

このミラーニューロンの発見は，脳科学における「世紀の発見」といわれている．他者の行動，さらには他者の心を理解するメカニズムの中枢を解明する手掛かりになると期待されたからだ．ミラーニューロンがあれば，他者の行為を自分の頭のなかで再現することができる．つまり，他者の行動を自分の行動になぞらえることができる．他者の行動やその目的，さらにはそれに伴う情動などを理解する際には，高度な認知システムで分析するまでもなく，自分の脳内に起きる反応をモニターしさえすればよい．自分の体験に照らして他者の心を理解するという回路をミラーニューロンは構築してくれている．

このような自動的で無意識的な反応は，知覚－行動メカニズム（perception-action mechanism）と呼ばれている[13]．ミラーニューロンや上でみた情動伝染のメカニズムは，自己と他者を同一化して理解するのに役立っている．

しかし，少なくともヒトの場合，他人の経験はあくまで他者に属するものと認識している．自分のアイデンティティを失うことなく，他人に自分を重ね合わせて気配りできるのがヒトの共感・他者理解の重要なポイントだ．これには，他者の視点に自分を置き換える視点取得（perspective-taking）という能力が必要となる．ヒト以外の動物は他者の視点に立つことができるのだろうか．

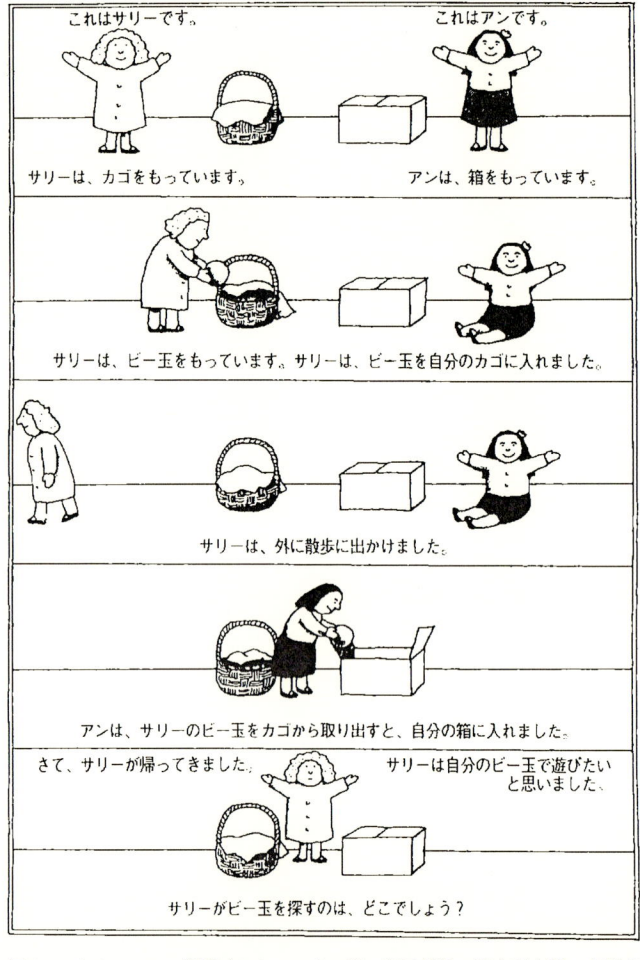

図2.4 サリー・アン課題（ウタ・フリス著，富田真紀，清水康夫訳：自閉症の謎を解き明かす，東京書籍，2005；p.271，図10-1．Copyright by Axel Scheffler）

他者と自分の心が異なることを理解できる．このことを「心の理論（theory of mind）」をもつという．「心の理論」を調べるために開発された方法の1つにサリー・アン課題（Sally-Anne test）がある（図2.4）[14]．この課題では，実験参加者はサリーとアンという2人の人形劇をみせられる．サリーはカゴをもっており，アンは箱をもっている．サリーが自分のビー玉をカゴのなかに入れて立ち去る．そして，サリーがいないあいだに，いたずらなアンはサリーのビー玉をカゴから箱に移し立ち去る．その後サリーが戻ってくる．さて，サリーはビー玉を取り出そうとして，どこを探すでしょうか，というものである．正解は「カゴのなか」．なぜなら，サリーはビー玉がカゴから箱に移されたのを知らないはずだからだ．私たちは，他者が誤った信念をもっているということを理解できる．通常，健常児であれば4歳以上でこの課題に正しく答えられるといわれている．このような「心の理論」をもつかどうかについて，ヒト以外では明確な証拠が得られていない．

2.3 公平感

共感とともに，利他行動の至近要因の1つと考えられているものに「公平さへの志向性」がある．人間社会で「平等社会」が尊重されるのも，この心理特性に根ざしている．旧来の経済学は，ヒトは自己の利益を少しでも追い求める合理的な存在であるという前提のもとに成り立っていた．しかし，このことが必ずしも正しくないことが簡明な経済ゲームから明らかとなった．

この経済ゲームは「最後通牒ゲーム（ultimatum game）」と呼ばれている．ペアになった参加者の片方（A）に1000円を渡す．Aはその1000円をどのような割合でBと分けるかを提案することができる．500円ずつ折半しても，あるいはBには1円だけ，残り999円を自分のものとしてもいい．ただし，これはあくまで提案であって，決定権はBにある．BがAの提案を受け入れれば，Aが提案した割合で1000円が分配される．しかしBが提案を拒否すると，どちらもお金を受け取れない．合理的なヒトという仮定に立つと，Aは自己利益を最大化させるA：B＝999円：1円の提案をするだろう．Bにとっても，拒否すれば0円なので，たとえ1円でも提案を受けると予測される．しかし，実際にはこのようにならないことは簡単に想像がつくだろう．実験の結果，Aの側になった人の多くが平等分配に近い提案をした．また，不公平な提案をされると，Bの側の人は自分の取り分を失ってでも提案を拒否することも示された．世界中さまざまな民族で，また使用する金額をいろいろ変えて実験しても，同様の傾向がみられたという[15]．

この結果は，ヒトがいわゆる完全合理主義な動物でないことを示している．むしろ，不公平忌避などの感情に大きく行動が左右されることがこれらの研究からわかってきた．

ヒトの特徴として，自分が相対的に損をする不公平状況を回避（disadvantageous inequity aversion）するだけでなく，自分が相対的に得をする不公平状況をも避けようとする（advantageous inequity aversion）ことが知られている．つまり，自分の取り分を少なくしてでも，他者と平等である状態を好む傾向がある．この傾向は，利他行動を促す方向に直接的に働くだろう．自分より相対的に低い立場にいる他者を助けるという行動がこの不公平忌避の傾向からは期待される．

ヒト以外の動物ではどうだろうか．フサオマキザルという種を対象にサラ・ブロスナンとドゥ・ヴァールが行った興味深い実験を紹介しよう．フサオマキザルとは，南米に生息する新世界ザルの一種で，石で殻を割ってナッツを食べるなどの道具使用もみせる知性の発達した種である．ブロスナンらは，飼育下のフサオマキザルのペアにトークン交換課題を行った[16]．実験者がトークンを渡し，そのトークンを返したら報酬として食べ物を与えるという課題である．2頭それぞれにこの課題を行うのだが，一方の個体には報酬としてブドウを，もう一方の個体には同じトークン交換の報酬としてキュウリを与えた．もちろんブドウのほうが格段に好まれる報酬である．すると，相手も同じキュウリをもらっているときには課題をこなしていた個体も，相手がブドウをもらうようになると課題を拒否する，あるいは報酬のキュウリを受け取らなくなってしまった．つまり，同じ課題をこなしているのに他者が自分よりもよい報酬を受け取っているという不公平な状況が許容できなかったようだ．このような不公平忌避の傾向はチンパンジーでも報告されている[17]．

このように，ヒト以外の動物でも，公平への志向性がある程度みられている．しかし，ここでみられているのはすべて，自分が相対的に損をする不公平状況の回避である．自分が相対的に得をする状況を忌避する傾向は今のところヒト以外では知られていない．つまり，ヒト以外の動物では，不公平忌避の傾向は，利他行動を直接促進させる方向には働いていない可能性が高い．

ただし，利他行動を直接促進はしなくても，継続・維持させる役割を担っている可能性はある．「共感」の項でも述べたように，ただ助けるばかりでは利他行動は進化しえず，利他行動をする個体は何らかの形で見返りを確保しなければならない．つまり，ただ乗りする個体（フリーライダー）を避け，相互協力の関係を築

ける相手を選んで社会交渉をもつ必要がある．このフリーライダー回避とパートナー選択に不公平忌避の傾向が役立っていると考えられる．共感が利他行動を促進させる役割を果たし，不公平忌避の傾向が双方向の利他行動を介した互恵関係の維持に役立っているのかもしれない．

2.4 規　　範

他者から搾取されるのを防ぐには，不公平忌避によるフリーライダー回避だけでなく，積極的にフリーライダーの行動を協力へと改めさせるという方法も考えられる．罰（punishment）と呼ばれる行動だ．ただ乗りする個体に対して不利益を与えることで，行動を改善させることができる場合がある．しかし，罰を下すには，その個体自身がコストを被らなければならない．コストを払って行った罰行動の結果フリーライダーが行動を改めれば，集団のみんなが利益を得ることができる．このような罰は「利他的罰（altruistic punishment）」と呼ばれている．このような罰はヒト以外ではいまだ実証されていない．

もう1つ，ヒトに特徴的な罰行動として，第三者罰（third-party punishment）が挙げられる．これはフリーライダーによって直接被害を被った個体ではなく，そのやりとりをみていた第三者がフリーライダーに罰を与えるというものである．被害者－加害者－警察の関係がこれに相当する．「目には目を」の報復関係だけでは，報復の連鎖につながり，協力関係が崩壊してしまう恐れがある．この第三者の目が協力関係の維持に大きく貢献していると考えられている．

第三者の目は，悪いことをする個体にばかり向けられているわけではない．利他的に振る舞った個体を良い個体として評価し，より選択的にその個体に対して利他的に振る舞うといったことが考えられる．このような社会では，たとえ直接やりとりをしていた個体に裏切られたとしても，周囲の個体から良い評価を受けるため，長い目でみると利他的な個体は利益を得ることができる．このように，第三者を介してお返しが行われる関係を間接互恵性（indirect reciprocity）と呼ぶ[18]．

これまでのところ，この間接互恵性はヒトでしか確認されていない．チンパンジーでも，自分が直接関わらない他者間のやり取りをみて評価することはできるようだ．しかし，良い個体には利他的に振る舞い，悪い個体には罰を与える，このフィードバックを第三者が行うという事実はチンパンジーでもみられていない．これには，他者評価における複雑な階層性が問題になっている可能性がある．

たとえば，同じ利他行動をした場合でも，その相手が良い個体か悪い個体かで評価は分かれるだろう．もっと明確なのは，罰行動の場合だ．悪い個体を罰したときには周囲から良い評価を得るが，良い個体を罰したときには周りから非難を浴びるだろう．このように，他者と関わる際には，関わる相手の評判（reputation）も重要になる．評判が安定して個体間で共有されるためには言語が必要不可欠であり，そのために評判を介した間接互恵性はヒトでしかみられないとも考えられている[19]．

ヒトの場合，他者への評価は個体間で伝達され，評判となって社会全体で共有される．このように「第三者の目」が「社会の目」になったものが社会規範（social norm）である．この社会規範に反することをすると村八分になるかもしれない．ごく近年の大規模集団を形成する以前，人類進化史の大半では，ヒトは特定の集団に属して暮らしてきた．そこでは，村八分になることは致命的に大きな問題だったはずだ．このような環境のもと，社会規範が個々人の行動を規定してきたと考えられる．

同時に，他者から良い評価を得ることに腐心する心理もこのとき進化してきたのだろう．近年の脳神経科学の研究から，ヒトが他者の評価を気にする神経基盤が明らかになりつつある．国立生理学研究所において，機能的磁気共鳴画像装置（fMRI）を用いた実験が行われた[20]．fMRIのなかで，自分への良い評判と金銭報酬を知覚させたところ，線条体の賦活が共通してみられたという．線条体は，報酬の知覚に関係している脳部位である．このことから，他者からの良い評判は報酬としての価値をもち，脳内において金銭報酬と同じように処理されていることが示された．また，大学生を実験参加者として，寄付をするときの神経活動も調べられた[21]．誰もみていない状況で寄付を行うときと，他者の目がある環境で寄付を行うときで神経活動を比較した結果，他者の目があるときには，寄付行動に伴う線条体の活動が有意に高かった．ヒトでは，他者の目を気にする心理が利他行動を促進させてきたと考えられる．

3. ヒトは特別か

かつては，ヒトと動物という二分法に基づき，ヒトは特別であるという考え方に支配されていた．これは，利他行動に対する見方にも表れている．はじめにも述べたとおり，利他行動は，自分には何ら即時的な利益がなく相手の利益にしか

ならない行動である．そのため，多くの社会で利他行動は「道徳的」な行動とみなされる．実際，世界中の多くの宗教では，食物分配をはじめとする利他行動が明示的に奨励されている．たとえば，東南アジアを中心とする小乗仏教（上座部仏教）では，出家者が信者から生活に必要最低限の食糧などを乞う托鉢という修行形態がみられる．信者に分配をさせることで功徳を積ませる意味があるという．

　このように利他行動はヒトの「良い」特性の中核として位置付けられてきた．そのためもあってか，道徳性の基盤をなす利他行動をヒト以外の動物もみせるという意見に対しては，一種の拒絶ともいえる反応がみられることもあった．ヒトだけが善悪を区別し，良心に従って行動を規制することができる．この道徳性こそがヒトとヒト以外の動物を決定的に分かつ能力だ，という主張だ．ここでは，包括適応度という生物学的利益から理解される利他行動ではなく，意図や感情を伴う倫理的な意味での利他行動が問題とされている．たとえヒト以外の動物が利他行動をみせたとしても，そこには道徳的な規範は存在しないという考え方だ．

　この考え方に異を唱え，ヒトの能力と他の動物の能力の連続性を説き，道徳の起源を進化の観点から論じたのがダーウィンだった．ヒトは多くの高度な能力をもっているが，これらの多くは少なくとも萌芽的な形で他の動物にも備わっている．ヒトと他の動物における能力の違いは，すべて程度あるいは量的な違いであり，決定的に断絶した質の違いではない．これは道徳能力にしても同様である，と考えた．この考え方を，豊富な観察事例や実験を通して検証しようとしているのが，すでに本書にたびたび登場しているドゥ・ヴァールであり，私たち近年の比較認知科学研究者である．

3.1　チンパンジーとの比較研究

　前節では，利他行動の進化について，究極要因・至近要因それぞれからの視点を概説してきた．とくに道徳性にも関係する利他の「こころ」を中心に扱った．少し概念的な説明に偏ってきたので，ここでいくつかの研究を詳しく取り上げてより具体的に説明したい．これまでも折に触れてヒトとヒト以外の動物を引き合いに出して利他行動を進化的視点から考察してきたが，この節ではチンパンジーの利他行動に関する実証的実験研究を紹介することで，ヒトとの共通点・相違点を明らかにしてみたい．

　なぜチンパンジーなのか．それはチンパンジーが現生霊長類のなかでは進化的に最もヒトに近縁な一種だからである．ヒトとチンパンジーが共通にもっている

図 2.5 野生チンパンジーの手助け(ギニア共和国ボッソウ村にて．撮影・提供：松沢哲郎)

形質は，700万年ほど前に存在していたであろう共通祖先(common ancestor)ももっていた可能性がある．ヒトには普遍的にみられてチンパンジーが示さない形質は，共通祖先から分かれたあとにヒトが独自に獲得してきたか，あるいはチンパンジーが喪失したものだと推定できる．これがヒトとチンパンジーを比較する基本的な考え方である．

　チンパンジーは，野生下でもさまざまな利他行動をみせることが知られている．たとえば，樹上を移動しているとき，枝と枝のあいだが広すぎて子どもには渡れないことがある．そのようなとき，子どもがフィンパーと呼ばれるフッフッと不安げな声を出すと，先を行っていたおとなの個体が戻り手を差し伸べてやる(図2.5)．食物分配も利他行動の典型例であると考えられている．自分の取り分を減らして他者に与える行為だからだ．野生のチンパンジーでは，おとなのオスが分配者となることが多い．食物分配をすることによって，他個体とのケンカのときにサポートしてもらえるよう同盟者を得ている，あるいはメスに与えることによって先々の性的交渉と交換しているといった互恵性による説明がなされている．しかし，これには批判も多い．そもそも，食物を積極的に「与える」ことは稀で，実際は相手が取っていくのを許している程度の消極的なものがほとんどである．このことから，相手からの圧力に屈してしかたなく取られるのを容認しているのだと主張する研究者もいる．いずれにせよ，野外ではさまざまな要因が絡むので，どのようなメカニズムが働いているかを明らかにするのは容易ではない．

　チンパンジーの知性は非常に高度で複雑だ．他者との関わりにおいて発揮され

る社会的知性や道具使用における技術的知性，さらには言語使用に関する知性なども，程度の差こそあれヒトと多くの共通点をもつといわれている．利他行動の認知メカニズムをヒトと比較するには最適な種だといえる．ヒトとの共通点・相違点を明らかにすることによって初めて，「道徳性」の進化を議論する基盤も整うだろう．しかし同時に，高度な知性を備えるチンパンジーの行動にはさまざまな要因が絡み合うため，実証的に1つのことを明らかにするのは非常に難しい．認知メカニズムを問う際には，利他行動を「する」・「しない」の二分法ではなく，どのような状況でどのように行うのかといった詳細な分析が必要となる．

　実験研究では，さまざまに絡み合う要因を丹念に1枚ずつ引きはがし，ターゲットを絞り込んでいく手法をとる．要素を削り取る視点である．それに対して，野外研究では，ターゲットとなる行動に影響するさまざまな要因をさまざまな角度から検討し，社会あるいは環境といったものまで含めて対象の行動を理解する．いわば，要素を取り込んでいく視点である．統制のとれた条件での実験研究と実際の生活の場における野外研究，対象の包括的な理解のためにはどちらも同等に重要で不可欠な研究である．ただ，メカニズムを調べるという点では，実験研究のほうが有利かもしれない．ここでは，ここ10年ほどで大きな盛り上がりをみせている利他に関する実験研究の一端を紹介しよう．

3.2　チンパンジーの手助け行動

　利他性や向社会性を調べる実験研究の1つに，自分と相手に食物が出る選択肢（相利的選択肢）と自分にだけ食物が出る選択肢（利己的選択肢）のどちらか一方を選択させるという手法がある．どちらを選択しても，選択した本人への報酬は変わらない．つまり，コストがまったくない状況で相手に報酬を出すかどうかを選択できるというのがこの実験のポイントだ．もう1つのポイントは，利己的選択肢と相利的選択肢の選択を，相手がいるときといないときで比較することにある．単に相利的選択肢をよく選ぶというだけでは，その個体が利他・向社会性をもっていることの証明にはならない．相利的選択肢を選ぶことが，「相手に報酬を出している」とは限らないからだ．よりたくさんの食物が提示されているなど，相利的選択肢の他の属性に影響を受けている可能性もある．相手がいないときに比べて相手がいるときで相利的選択肢の選択割合が大きくなっていれば，初めて「相手に報酬を出している」ことが示される．このように，実験研究では何を比較対象とするか（対照実験という）が非常に重要である．

チンパンジーの利他・向社会性を実証的に調べる火付け役となった2005年のジョーン・シルク（Joan Silk）らの研究では，相手がいるときでもいないときでも，チンパンジーが相利的選択肢を選択する割合に有意な差は認められなかった[22]．彼女らの論文タイトルを直訳すると，「チンパンジーは他者の福利に無関心である」ということになる．このパラダイムを使った実験はその後さまざまなバージョンで行われているが，多くの研究で同様の結果が得られている．

　チンパンジーは，自分の利益のことしか考えていないのだろうか．そうではないようだ．もう1つの実験パラダイムを紹介しよう．手助け課題とも呼ばれる実験である．私たちが行った研究では，チンパンジーに1個体ずつ隣接する2つのブースに入ってもらい，それぞれに道具使用場面を設定した（図2.6）[23]．ステッキを使って手の届かない場所にあるジュース容器を引き寄せる場面（ステッキ使用場面）か，ストローを使って壁の穴からジュースを飲む場面（ストロー使用場面）である．そして，それぞれ必要な道具は，隣のブースに供給した．つまり，自分のもっている道具を使うことはできない．ジュースを飲むためには，相手がもっている道具を手に入れなければならない．ブース間のパネルには穴が開いていたが，穴は地上1ｍの高さにあり，隣のブースの道具に直接は手が届かない．相手の手助けが必要となる．このような状況に置かれると，チンパンジーは相手に

図2.6　道具渡し手助け実験場面（京都大学霊長類研究所．撮影：山本真也）[23]

道具を渡してあげることがわかった．奪い取られたわけではない．ブースには十分なスペースがあり，相手と関わらないこともできた．それでも，相手が穴から手を伸ばして要求してくると道具を拾って渡してあげた（図2.7）．

しかし，自発的に渡すことは稀だった．隣の個体が手の届かない場所にあるジュース容器に向かって必死に手を伸ばしている様子をみても，自発的にもっているステッキを差しだすということはまず起こらない．相手が直接自分に要求をしてこない限り，なかなか道具を渡さないということがわかった．

もう1つ別の実験を紹介しよう．利他的コイン投入実験と呼んでいるものだ[24]．隣接する2つのブースにチンパンジーを入れ，それぞれに自動販売機を設置した．ポイントは，この自動販売機にコインを投入すると，隣のブースにリンゴ片が出るしくみになっていることだ．自分がコインを入れても相手が食べることしかできない．このような場面で2個体に交互にコインを供給すると，お互いにコインを投入する行動が継続した．しかし，2個体ともにコインを渡し，どちらの個体もいつでも何枚でも投入できるようにすると，不思議なことに両者ともコイン投入をやめてしまった．お互いに相手がコイン投入するのを待ってしまい，結局お互いに何も得ることができなかった．この場面では，お互いにリンゴを獲得するには，コイン投入の役割交代をチンパンジー同士で自発的に行わなければならない．つまり，チンパンジーは自発的には互恵的協力関係を継続させることができなかったといえる．

図2.7 要求に応じた道具渡し（京都大学霊長類研究所．撮影：山本真也）[23]

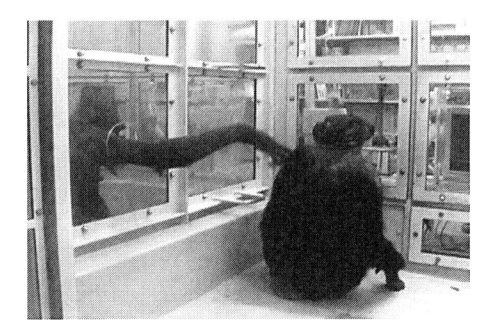

図2.8 コイン投入を要求（京都大学霊長類研究所．撮影：山本真也）[24]

しかし，この場面でも，要求に応じてコインを投入するという行動がみられた．お互いに自由にコインを投入できる場面では，片方の個体が連続してコインを投入し，もう一方の個体は食べるばかりという状況が生まれることがある．そのようなとき，コインを投入していた個体が隣の個体にコイン投入を催促するような行動がみられた（図2.8）．ブース間のパネルに開いた穴から相手に腕を伸ばして働きかけたのだ．すると，要求された個体は高頻度でコインを投入した．

3.3 自発的に助けるヒト，要求に応じるチンパンジー

これらチンパンジーを対象にした実験の結果をまとめると，①チンパンジーも利他的に相手を助けることがある，②しかし，自発性に欠け，相手の要求に応じる形で手助け行動が生起する，ということがわかる．

ヒトの場合はどうだろうか．東日本大震災のときを思いだしてみよう．1章でも取り上げられたように，自らの命を賭してまで赤の他人を助けるという行動が数多くみられた．また，国や宗教の垣根を越えて，世界中から膨大な額の義捐金が集まったことも記憶に新しい．その多くは，被災地の窮状を知って自発的に送られてきたものである．ヒトの利他行動の自発性には目を見張るものがある．

ヒトの発達段階でこの自発性がどのように変化するのかを調べた研究がある[25]．18ヵ月と30ヵ月の幼児の手助け行動が実験を通じて詳細に検討された．その結果，大人からの明示的な要求に応じて手助けすることが多かった18ヵ月児に対し，30ヵ月児ではより自発的に手助けするようになったという．他者の心的状態をより正確に理解できる社会的認知能力が発達するに従って，自発的な手助けもよりみられるようになる．しかし，自分の欲求を多少なりとも放棄しなければならない利他的な手助けは30ヵ月児でも難しいという．このような自己犠牲的な手助けは，さらに社会的・道義的な規範の理解が進むに従ってみられるようになると実験を行った研究者らは考察している．

自発的に助けるヒトと，要求に応じるチンパンジー．この違いが生まれる進化の道筋を考える前に，この問題はどちらが優れているかの問題ではないことを確認しておきたい．ヒトは自発的な利他行動をみせる．しかし，自発的に助けなければならないとは必ずしもいえない．ともすれば，とくに日本の社会では，自発的な利他行動を美徳とし重きを置く傾向がある．しかし，海外に目を向けると，そうではない場合もあるようだ．ある外国の研究者と話していたときのこと．その国では，求められてもいないのに手助けすることはあまり喜ばれないという．

むしろ，何か裏があるのではないかと疑われることさえあるとのことだ．少なくとも，自発的な利他行動をあまり評価しない人はいるようだ．自発的に助ける「べし」というのは，それぞれの文化に規定されているものなのかもしれない．異文化の規範を安易に批判するべきではない．

まして，チンパンジーに人間社会の価値観を押し付けてはいけない．自発的な利他行動をなかなかみせないからといって，チンパンジーが劣っていると考えるのは人間の傲慢だろう．むしろ，進化論に照らし合わせて考えると，チンパンジーのみせる要求に応じた利他行動は効率のよい利他行動だといえる．自発的な利他行動は，相手に評価されない可能性がある．場合によっては，「ありがた迷惑」にさえなる危険性もある．それに対し，要求に応じた利他行動は，少なくとも相手に必要とされていることは間違いない．また，つねに相手の状態に気を配る必要もない．非常に無駄のない利他行動である．このように認知的負荷が小さく効率のよい「要求に応じた手助け」が利他行動の進化的基盤となった可能性が考えられる．

3.4 「おせっかい」の進化

それでは，なぜ自発的な利他行動がヒトでは進化したのだろうか．なぜヒト以外の動物では，自発的な利他行動が稀なのだろうか．その至近要因を考えてみよう．これまでの主要な説明の1つは，ヒトは他者の欲求を容易に理解することができるが，ヒト以外の動物にはそれが難しいというものだった．ヒトの場合でも，18ヵ月児よりも30ヵ月児で自発的な利他行動が多くみられるのは，他者の欲求が理解できるようになるからだと示唆された．たしかに他者の欲求が理解できなければ，自発的な利他行動は起こりにくいだろう．しかし，チンパンジーは本当に他者の欲求を理解できていないのだろうか．

先ほどの道具を渡す手助け課題を用いて，チンパンジーの他者理解をより詳細に検討した[26]．前の実験では，ステッキあるいはストローのどちらか1つを供給していたが，今度はこの2つを含む7つの道具を片方に与えた．そして，道具を必要とする側には，ステッキ場面かストロー場面のどちらかが用意された．つまりこの実験では，相手が必要としている道具を7つのなかから1つ選びだして渡さなければ適切な利他行動として成立しない．さらにこの実験の重要な点は，相手の道具使用場面が「見える」条件と，仕切りパネルが不透明で相手側が「見えない」条件で比較したことにある．5個体でテストしたところ，相手の状況が「見

える」条件では正しい道具を選択して渡すが,「見えない」条件では適切な道具が選択できなくなるという結果が3個体で得られた．どちらの条件でも相手からの要求行動は同様にみられていた．つまり,相手の要求行動そのものからではなく,相手の置かれた状況を見ることによって相手の欲求内容を理解していたといえる．他の2個体のうち1個体ではどちらの条件でも適切な道具選択がみられなかったが,もう1個体では,どちらの条件でも正しい道具が選択され渡されていた．ただし,この個体の場合,「見えない」条件でも,道具渡し用の穴から相手の状況を覗き見してから道具を選択して渡していた．つまり彼にとっては,「見えない」条件も「見える」条件と同等だったのだろう．ここに,他者の置かれた状況を見て他者の欲求を理解することができるというチンパンジー利他行動の特徴がみてとれる．

　これらのことから,チンパンジーでは,「他者の欲求が理解できても自発的な手助けにはつながらない」ことが示唆される．相手が自分に対して要求をしているという明示的なシグナルが必要となる．さらに興味深いことに,相手の状況が「見えない」条件でも,相手に要求されれば,たとえ適切な道具を選択できなくても,何かしら物を渡す行動がみられた．つまり,他者が何を求めているのかを正確に理解できていなくても,要求されれば相手を助けようとしたことになる．チンパンジーでは,相手の欲求の理解と相手からの要求の理解が別々に相補的に働いているのかもしれない．前者は利他行動の正確さに関わり,後者は利他の発現そのものを決定する．他者の欲求さえ理解できれば自発的に利他行動をみせるようになるヒトとは,やはり利他のメカニズムが違うのかもしれない．

　もう一度先ほどの問いに戻ろう．なぜヒトはこれほどまでに自発的な利他行動をみせるのだろうか．これには,2個体間関係だけでなく,第三者,さらには社会が深く関わっていると考えられる．先に述べたように,ヒトの社会では,他者とのやり取りを第三者が評価して報酬や罰を与えるという間接互恵システムが働いている．そして,その評価が人から人へと伝わり,評判として社会全体で共有されることも多い．このような環境では,利他行動をした直接の相手に評価されなくても,つまり「おせっかい」だと相手にとらえられても,周囲の人からは「利他的な良い人だ」という評価を得る可能性がある．「おせっかい」が無駄にはならない．このようにして「おせっかい」はヒトで進化してきたのではないだろうか．今後,ヒト社会での文化差なども検討していくことにより,「おせっかいな動物」としてのヒトの特徴が浮かび上がってくるのではないかと期待される．

4. 助け合う社会

　ここでもう少し，社会そのものに焦点を当てて助け合いをみてみることにしよう．社会というものは，網目状につながった個体間の結合に要素分解することもできるが，社会全体を1つのまとまりとしてみなすこともできる．上に挙げた間接互恵のシステムは前者に当てはまる．あくまで個と個の結びつきで成り立っている．しかし，社会全体で対処しなければならない問題というものもある．たとえば，ごみ捨ての問題を考えてみよう．ほとんどの自治体では，燃えるごみ・燃えないごみ・資源ごみなど種別ごとにごみの収集日が決められている．地区の住民全員がこの規則を守れば街はきれいに保たれるが，1人でも自分勝手なことをすると，地区の住民全体に迷惑が及ぶことになる．

　さらに規模が大きくなったものが現在の地球環境問題である．現代生活に伴う二酸化炭素の過剰排出が地球温暖化の主要因として問題視されていることは皆さんもご存じだろう．排出された二酸化炭素は大気圏にとどまり，地表からの放射（エネルギー）を吸収する．これまで宇宙空間に放出されていたエネルギーが大気圏内にとどまることによって，地球の温度が上昇していると考えられている．ここで1つ問題となるのは，二酸化炭素は排出された地域だけにとどまるわけではないことだ．また，二酸化炭素増大による温暖化の影響は，世界のあらゆる地域に及ぼされる．先進国で大量に放出される二酸化炭素が地球全体を暖め，その熱が南極の氷を溶かし，海面上昇によって，太平洋に浮かぶ小さな島国を存続の危機に陥れる．地球環境問題は，文字通り地球規模で解決されなければならない問題である．

　このような社会全体で対処しなければならない問題に対して，私たちはいかにして助け合い協力することができるのだろうか．この問題について考えてみたい．

4.1　社会的ジレンマ

　社会全体での助け合いの難しさは「共有地の悲劇 (the tragedy of the commons)」として知られている[27]．共有の資源を多数者が利用するときには，何らかの管理・規制システムがないと，乱獲・乱用によって資源が枯渇してしまう．例えとして出されたのが，共同牧草地での放牧である．共有地としての牧草地に複数の牛飼いが牛を放牧する．自身の所有地であれば，牧草が食いつくされてし

まわないように牛の数を調整するのが当然だ．しかし，共有地の場合，自分が増やさなくても他の牛飼いが牛を増やしてしまうかもしれない．すると，自分の取り分が減ってしまう．共有地での個人の戦略としては，より多くの牛を放牧することが利益の最大化につながるかにみえる．しかし，こうして自由に共有牧草地を利用する限り，牛は無尽蔵に増えてしまい，牧草地は荒れ果ててしまう．結果，すべての牛飼いが不利益を被ることとなる．

　社会全体での助け合いにおいては，「私1人だけなら好き勝手ふるまっても大丈夫だろう」という身勝手な誘惑（誘因という）がつねにつきまとう．1対1であれば，因果応報のしくみは明快だ．相手に悪いことをすれば，相手も自分にお返しをする．しかし，社会全体での取り組みとなると，個人が自分勝手な行動をとってもその酬いがすぐに表面化しないことも多い．むしろ，短期的には自分の利益を最大化させることにつながる．また，他の多数が協力的でないときに自分1人利他的に振る舞っても，ほとんど意味をなさない．多くの住民が好き勝手にごみを出している状況で，1人だけ分別・曜日を守っていてもシステムが成り立たないことは明らかだ．ここに社会全体での助け合いの難しさがみてとれる．

　この問題を明確に示し，このような社会的な場面での人々の行動を調べる方法として開発されたのが，公共財ゲーム（public goods game）と呼ばれるものだ[28]．ゲームの一例を挙げてみよう．4人が1つのグループをつくっているとする．それぞれが1000円ずつもっていて，グループのためにいくら支出するかを各人が決めることができる．支出された合計額は2倍に増やされ，4人全員に均等に配分される．4人ともが全額を支出した場合を考えてみよう．支出総額は4000円となり，これが2倍に増やされる．増やされた8000円がグループ全体の保有額となる．この8000円が4人に均等配分されるので，各人の取り分は2000円となる．誰1人まったく支出しなかった場合には，グループ全体の保有額は4000円で，各人の取り分は1000円のままなので，グループのために協力したほうがよいことは明らかだ．

　しかし，これは4人全員が同じ決定をしたときの場合である．3人が全額支出して，1人がまったく支出しなかった場合を考えてみよう．この場合，支出総額は3000円となり，2倍に増やされた6000円が4人に分配される．支出しても支出しなくても，この6000円が4人に均等に配分されるのがポイントだ．すると，全額支出した協力者の最終的な取り分は1人当たり1500円となる．一方，まったく支出しなかった非協力者は，もともとの1000円に1500円をプラスした2500円

を獲得することになる．フリーライダーが生まれやすい環境なのだ．次に，3人がまったく支出せず，1人だけが全額支出した場合を考えよう．支出総額1000円が2000円に増やされ，各人に500円ずつ配分される．すると，協力しなかった3人はそれぞれ1500円を確保することができるが，協力した1人には500円しか残らないことになる．多数が非協力的な環境では，協力者は生まれにくい．

社会全体の保有額でみると，全員が1000円を支出した場合の8000円が最高になる．しかし，個人の取り分でみると，他の3人が1000円を支出するなか1人だけが抜け駆けをする場合の2500円が最高になる．このように，個人利益追求の選択と社会全体としての最適な選択が一致しない場合の葛藤を社会的ジレンマ (social dilemma) という[29]．

このような社会的ジレンマの状況がいかにして解決され集団での助け合いが維持されるかについては，今も活発な議論が続いている．公平感が役に立っている，罰の導入が有効である，あるいは評判による間接互恵システムと組み合わせるとうまくいくなど，さまざまな可能性が議論されている．ここでは，どれが最も有効か結論を下すことはせず，最新の研究成果に注目し続けることをお勧めする．そのうえで，協力的な集団の生き残りを説明する1つの仮説，集団が他集団との競合を勝ち抜くうえで集団での助け合いが有利に働いた可能性について次に触れてみたい．

4.2 集団にかかる淘汰圧

集団に淘汰圧がかかるという考え方が近年注目を浴びている．これは旧来の「集団淘汰 (group selection)」とは基本的に考え方が違うので注意が必要だ．旧来の集団淘汰説では，「個体は種の保存のために存在している」という考え方が基盤となっていた．たとえば利他行動は，個体にとっては不利益な行動であるが，種を繁栄させるためにとられている行動だとの説明である．例として，レミング (タビネズミ) の「集団自殺」が挙げられることが多い．レミングは集団の個体数が増えすぎると，一部の個体が集団を離れ移住する．そのときに，集団で崖から海に飛び込んで自殺するといわれてきた．この行動が個体数を調節する役割を果たし，個体数激増からくる資源の枯渇，ひいては絶滅を防ぐための種保存行動であると解釈されたのだ．しかし，これはまったくの誤解であることがわかっている．そもそも，レミングが「集団自殺」するというのが誤りだ．集団移動中に一部の個体が海に落ちて溺れ死ぬことはあるようだが，これは単なる不運な個体のよう

だ．自殺というより事故ととらえるのが自然だろう．また，理論からみても，「種の保存のため」という行動は進化しえない．種の保存のために自己を犠牲とする形質があったとしよう．このような形質をもった個体は子孫を残すことができないため（少なくとも，このような形質をもたない個体に比べると子孫の数が少なくなる），自己犠牲の形質は後世に受け継がれていかない．1960年代以降，血縁淘汰理論や互恵的利他主義理論が発表されると，集団淘汰の例とされた利他的行動の多くは遺伝子や個体自身の利益という視点から説明可能であることが証明された．

それでは，近年注目されている集団にかかる淘汰圧というのはどのようなものだろうか．これは，競合関係を集団内と集団間という多階層で考えることからはじまる．集団の内部にのみ目を向けると，個体間の競合が淘汰圧として最も大きく作用する．ここでは，集団に対して利他的な個体が利己的な個体との競合に勝つのは容易ではない．しかし，資源をめぐって集団と集団が競合する以上，集団間の競合も無視するわけにはいかない．個体は「集団のため」に存在しているわけではないが，集団が他集団に滅ぼされてしまっては個体が存在しえないので，集団を守るような利他行動は進化的に有利に働くはずである．つまり，集団に対する利他主義が利己主義より有利になるのは，集団間の敵対関係がきつく，集団内の競争が少ないときである．

このような状況はヒトでとくに生まれやすいと考えられている．ヒトがもつ文化，あるいは文化の存在を可能にする模倣能力がカギとなるからだ．協力の文化というものを考えてみよう．集団内の協力を促すような規範が根付いた集団とそうでない集団を比べると，前者のほうがより発展し，他の集団を戦争で滅ぼしたり同化を進めたりすることで人口が増加しやすい．こうした集団間に働く淘汰圧によって，協力規範を文化としてもつ集団が発展していく．これが文化的集団淘汰（cultural group selection）と呼ばれるプロセスである[30]．集団内では利己性が勝ったとしても，集団間では利他的集団が利己的集団を駆逐するということが起こりうる．このようにして助け合う社会が進化してきた可能性が近年活発に議論されている．

4.3 ヒト以外での集団協力

社会全体がまとまって助け合うということがヒト以外でみられるだろうか．実のところ，このテーマに関する研究自体が十分に行われていないというのが現状

である．

　1つ例として挙げられているのが，チンパンジーの集団狩猟行動である[31]．チンパンジーはコロブスなど他の小型霊長類を捕まえて食べることがある．このとき，集団で，とくにオスが中心となって獲物を狩るといわれている．興味深いことに，勢子(せこ)と搦(から)め手のように，個体によって役割が分かれている可能性がある．ある個体は樹上で獲物を追いかける．追いつめられたコロブスは，次に跳び移る木を見つけられず，地上に落ちてしまう．そこを，先回りして地上で待ち構えていたチンパンジーが捕まえるというものだ．そして，捕えられた獲物は狩りに参加した個体を中心に分配されるという．

　しかし，これを集団協力の例として挙げることには疑問も呈されている．まず，チンパンジーはお互いの役割を理解したうえで役割分担して狩猟に参加していたのだろうか．個々が獲物の動きを予測し，自分自身が捕まるためにそれぞれ最適の戦略で獲物に向かったとも考えられる．実際，タンザニアのゴンベのチンパンジー集団では，協力的な狩猟はあまりみられないという[32]．また，獲得した肉が個体間で分配されるとき，積極的に与えるということはまず起こらない．周りに集まってきた個体が興奮して肉に手を伸ばす．所有者はその手を払い切れず，取っていくのを仕方なく許容しているというのが実際のようだ．狩猟に参加した個体により多く渡しているということであれば，協力者とフリーライダーを見分けている可能性はある．ただしこの場合も，狩猟に参加した個体が参加しなかった個体よりも肉に対する欲求が強く，所有者への要求が激しくなる可能性を考えなければならない．このように，ヒト社会での集団協力と比較するにはまだまだ検討しなければいけないことは多い．ただ，チンパンジーが集団で行動を起こすことがあることは間違いない．

　もう1つチンパンジー集団での興味深い行動を紹介しよう．ギニア共和国ボッソウ村のチンパンジー集団は，村に隣接した森に生息している．ここでは森を分断する形で村道が走っており，チンパンジーは2つの森を行き来するために道を渡ることが知られている（図2.9）．車やバイクも通るような危険な道である．このような危険な道を渡る際，チンパンジーのオスは集団を守るような行動をみせる[33]．集団の先頭を切って最初に道に出てくるのは，たいていおとなのオスだ．おもしろいことに，このオスは，道を渡り切らずに途中で立ち止まることがある．オスが途中で振り返ったり周りを警戒していたりするあいだに，メスや若い個体が足早に渡っていく．そしてしんがりを務めるのも元気なおとなのオスであるこ

図 2.9 チンパンジーの道渡り（ギニア共和国ボッソウ村にて．撮影：山本真也）

とが多い．このように，チンパンジーは集団で利益を求める，あるいは危険を回避するという行動をみせる．

チンパンジーの集団行動にも集団間の淘汰圧が働いているのだろうか．チンパンジーの集団間関係は非常に敵対的であることが知られている．時には集団間で殺し合いの戦争に発展することもある[34]．このようなチンパンジーにとって，集団で協力する能力は重要な意味をもつ．この集団間競合関係がチンパンジーの集団行動を促進させる基盤となった可能性がある．

これはまだまだこれからの発展が期待される研究分野の1つである．その際，チンパンジーと同じパン属に属し，チンパンジー同様ヒトに最も近縁な種であるボノボとの比較が重要になってくるだろう．チンパンジーと異なり，ボノボの集団間関係は非常に平和的だ[35]．2つの集団が出会ったときにも，違う集団の個体同士で毛づくろいをするなど，友好的に行動をともにすることが知られている．このようなボノボにとって，集団で協力する能力はチンパンジーほど発達しなかったかもしれない．集団にかかる淘汰圧によってパン属の集団協力行動が形づくられてきた可能性がある．この仮説を検証することは，助け合いと社会の関係を紐解くカギともなるだろう．

4.4　人類進化の環境と助け合いの進化

助け合いの社会が発展する環境についても最後に考察しておきたい．助け合いは，助け合わねば生きていけない厳しい環境で進化してきたのだろうか．それとも，「衣食足りて礼節を知る」ということわざのように生活のゆとりがもたらした

結果なのだろうか．

　一説によると，人類は森からサバンナへと出て進化を遂げたといわれている．気候変動によって森林が後退し，豊富な果実のなる森での競争に負け，厳しい環境のサバンナに適応していったのが人類であるという仮説である．サバンナでは，十分な果実・草本を採取することができない．そこで栄養価の高い肉に頼らざるを得なくなった．しかし，肉はなかなか個人では手に入れることができない．そこで集団で狩りを行い，得られた肉を分配するという協力行動が進化した．このように集団狩猟の必要性に迫られて助け合いが進化したとする説明が，狩猟仮説と呼ばれるものだ．

　この仮説は，チンパンジーの集団狩猟とそれに続く食物分配の事例に支持されている．チンパンジーが肉食に頼る割合は小さいとはいえ，嗜好性の高い肉がなかなか手に入らないことに変わりはない．集団狩猟によって獲得される貴重な食物資源が分配されるというのが，この仮説の重要な点である．

　しかし，ボノボの場合はどうだろうか．ボノボも肉食をすることは知られているが，集団で狩りをすることを示す報告はない．分配もみられるが，ボノボでは肉よりもむしろ植物性食物が頻繁に分配されることが知られている（図2.10）[36]．美味しい果実に個体が集まるのはたしかだが，植物性食物は協力しないと手に入らないものではない．各自が探しだして食べることのできる食物資源である．さらに，同種の食べ物が周りで手に入るに

図2.10　ボノボの食物分配（コンゴ民主共和国ワンバ村にて．撮影：山本真也）

図2.11　ブータン仏画における食物分配（ブータン王国にて．撮影：山本真也）

もかかわらず，他の個体のもっているものをねだり分けてもらうという行動も観察されている．食べ物の必要に迫られて分配を行っているだけではなさそうだ．とくに，食べ物を分けてもらう側からの視点でみると，食べ物以上に，食べ物をねだる相手との社会関係構築が目的となっている可能性もある．食物資源が豊富な熱帯雨林の「ゆとり」が，ボノボの食物分配を支えているのかもしれない．

ヒトはチンパンジー的な分配もボノボ的な分配もみせる．環境によって助け合いの性質も変わるということなのだろう．興味深いのは，食物分配を重要視する社会や文化が世界中いたるところでみられていることだ．これは多くの宗教によって説かれていることからもわかる（図2.11）．仏教では托鉢僧への食糧提供が功徳となることは先に述べたとおりである．貧しい者へ食糧を提供する喜捨という行為がイスラム教徒やヒンドゥー教徒のあいだで奨励されている．またキリスト教においても，共に食べるという行為は重要な意味をもつ．宗教に限らず，食物分配をルールとして定めている民族・社会は多い[37]．いかに食物分配という助け合いが人類にとって大切であるかを示している．

同時に，これほど社会のルールとして教示しなければいけないということは，それだけ助け合いが難しいことを逆説的に示しているのかもしれない．これからの将来，人類はどのような助け合い社会を築いていくべきなのだろうか．南北格差や環境問題をはじめ，助け合いが必要とされる待ったなしの問題を我々は抱え込んでいる．1章でも指摘されたとおり，自然科学研究からわかる「である」の事実から「べし」を導くべきではない．しかし，助け合いという行動が内包する利点・問題点・メカニズムを明らかにすることは，今後の社会を考えるうえでも必ず役に立つだろう．その一翼を人間行動進化学は担っている．

設問

1. なぜ血縁関係のない者同士の助け合いは進化しにくいのだろうか？
2. 私たちはどのようにして他者の欲求を理解しているのだろうか？
3. 私たちは不公平を嫌う．このことは助け合いの関係にどのような役割を果たすだろうか？
4. ヒト以外の動物はどのような利他行動をみせるのだろうか？
5. なぜ環境問題の解決は難しいのだろうか？

第3章
人はなぜ違うのか

　心理学における主要な研究テーマの1つとして個人差を挙げることができる．人々は，パーソナリティや知的能力，価値観，思想信条などさまざまなことについて異なる．こうした個人差はなぜ生じるのだろうか．本章では「遺伝」と「進化」という2つの側面から個人差の問題にアプローチする．遺伝からのアプローチは，個人差を産む至近要因を明らかにするものである．双生児法などを用いた行動遺伝学研究について，その手法の説明，実証研究例の紹介を通じ，まず個人差には遺伝と環境の双方の影響があることをみていく．そのうえで，なぜそもそも個人差が生じるのか，その究極要因を進化の視点から論じる．とくに個人差に遺伝の影響がみられること，いいかえれば人間の集団内に遺伝的多様性が維持されていることを説明するいくつかの仮説について紹介する．

1.　個人差が生じるしくみ

　世の中にはいろいろな人がいると感じることは多い．同じ時に，同じ場所にいて，同じ経験をしても，そこでの反応や行動は人によりさまざまに異なる．電車に乗って優先席だけが空いているのをみたとき，迷うことなく座る人もいれば，座ることをためらう人，そもそも優先席に座ろうなどとはまったく思わない人もいるだろう．このような個人差 (individual difference) は「なぜ」生じるのだろうか．この問いに対しても，1章で紹介した4つの視点からアプローチすることができる．すなわち，進化的な機能，メカニズム，発達，そして進化的な歴史である．本章ではこれらのなかでもとくに，メカニズムと発達，そして進化的な機能についての議論を紹介したいと思う．

1.1　状況と文脈による個人差

　はじめに，個人差が生じるメカニズムについて考えてみる．上述の電車での優先席の場面を例にしてみよう．迷わず座った人，迷って座った人，迷わず座らな

かった人といった違いは「どのように」生じえただろうか．3人の性格の違い，倫理観の違いなどによって説明できるだろうか．だが少し待ってほしい．そもそも3人の性別や年齢，健康状態はどのようなものなのだろうか．たとえば，迷わずに座った人が足を骨折していたとしたらどうだろう．または，幼くて「優先席」という概念が理解できなかったのかもしれない．3歳児に「優先席」を理解することは，おそらく困難であろう．同じことを他の2人についても考えることができる．迷って座った人は，実は外見からはわからない持病があり，長時間立ち続けていることが健康に重大な影響を及ぼす人だったかもしれない．しかしみるからに高齢の人が立っていたので躊躇した可能性もある．迷わずに座らなかった人は，電車が大好きな男の子で，先頭車両に乗れたことが嬉しくて，運転席を覗き込むことに夢中で，席になど何も関心がなかったのかもしれない．

　これらの例からわかることは，まったく同一の場面が，人によって異なった意味をもちうるということである．こうした「意味」を，本章では文脈（context）と呼ぶことにしよう[1]．それに対して，その場面そのものは，状況（situation）と呼ぶことにする．つまり「先頭車両に乗ったら，優先席だけが空いていた」という状況が，ある人にとっては「骨折した足で無理して立っていると，むしろ倒れたりして，周囲に迷惑をかけるかもしれず，座るべき」という文脈となり，別の人にとっては「先頭車両で，運転席の様子をつぶさにみるまたとないチャンス」という文脈になりうる，ということである．

　進化の視点から考えると，生物にとって重要となるであろう文脈が何か，分類することができる．すなわち「採餌（feeding）」「捕食回避（predation avoidance）」「配偶（mating）」「子育て（parenting）」「他個体との協力（cooperation）」などである．食べなければ死んでしまうし，食べられても死んでしまうから，採餌と捕食回避はきわめて重要な問題である．そして子孫を残さないと進化的には死と同じことであるので，配偶と子育ても重要であろう．加えて「人は社会的動物である」というアリストテレスの言葉が語るように，人間にとっては他者と競争したり協力したりすることもまた，生存や繁殖にとって重要な課題となってくる．

　目前の状況がどの文脈となるかは，人によって違いうる．そのため，一人ひとりが，その人にとっての文脈において適切な行動（適応的な行動）をした結果として，個人差が生じてくることがある．このような，適応的な行動としての個人差がどのように生じるのかは，性淘汰理論，血縁淘汰理論，互恵的利他主義の理論など，本書で触れられているさまざまな理論から説明することが可能である．

たとえば性淘汰の理論からは，異性と2人きりという状況において，男性は相手にアプローチしようとし，逆に女性は相手への警戒心を高めるという異なった反応をすると予測できる[2]．ただしこれは，その2人ともが性的に成熟した年齢である場合に限られる．一方が幼児で他方が成人であれば，その状況はまた異なったもの，たとえば「保育」といった文脈になりうる．なぜなら性淘汰の理論は，配偶に向けた行動について予測するものだからである．このように，ある状況がある個人にとってどのような文脈となり，その結果，どのような行動上の個人差が生じるか，進化理論からある程度の予測が可能である．この種の個人差については，本書の他の章で紹介されている知見から十分に説明が可能である．それに対して，状況や文脈によることなく，個人のなかで比較的安定してみられる行動傾向もある．「あの人はいつも～だ」といった個人差である．次節では，そうした個人差について進化の視点から考えてみよう．

1.2 個人内で安定した個人差

心理学において代表的な，個人差を記述する概念の1つに外向性 (extraversion) と内向性 (introversion) という軸がある．これが意味することは，外向的な人は，さまざまな状況や文脈を越えて積極的に行動する傾向をもつということである．それに対してつねに消極的に行動する内向的な人もいる[3]．仕事においても，対人関係においても，余暇での遊びにおいても，とても活動的に関わる人と，どちらかといえば控えめな参加をみせる人がいるということである．もちろんこれは世の中に「外向タイプ」と「内向タイプ」という2種類しかないということではない．外向性-内向性の軸のなかで，さまざまなレベルの人がいるということである．自分の周囲の人々を思い浮かべれば，このことは納得できるだろう．状況や文脈によらないということを領域一般的 (domain general) という．本書で扱われる内容の多くは，配偶や協力といった特定の文脈における行動を説明するものであり，こちらは領域固有 (domain specific) と表現される．たとえば恋愛においてだけ積極的な人がいたとすれば，この人は領域固有に外向的といえるだろう．それに対して，どのような場面でも積極的な人は領域一般に外向的ということになる．状況や文脈に依存しない領域一般的な行動傾向のことを，心理学ではパーソナリティ（人格，性格）と呼ぶ．

パーソナリティ (personality) は多くの場合，質問紙尺度によって測定される (図3.1)．たとえばパーソナリティ心理学において1つの主流的な見方に，人

○1から10までのことばがあなた自身にどのくらい当てはまるかについて，下の枠内の1から7までの数字のうちもっとも適切なものを括弧内に入れてください．文章全体を総合的に見て，自分にどれだけ当てはまるかを評価してください．

全く違うと思う	おおよそ違うと思う	少し違うと思う	どちらでもない	少しそう思う	まあまあそう思う	強くそう思う
1	2	3	4	5	6	7

私は自分自身のことを……

1. (　　) 活発で，外向的だと思う
2. (　　) 他人に不満をもち，もめごとを起こしやすいと思う
3. (　　) しっかりしていて，自分に厳しいと思う
4. (　　) 心配性で，うろたえやすいと思う
5. (　　) 新しいことが好きで，変わった考えをもつと思う
6. (　　) ひかえめで，おとなしいと思う
7. (　　) 人に気をつかう，やさしい人間だと思う
8. (　　) だらしなく，うっかりしていると思う
9. (　　) 冷静で，気分が安定していると思う
10. (　　) 発想力に欠けた，平凡な人間だと思う

図 3.1　パーソナリティ質問紙の例（TIPI 日本語版）
Ten Item Personality Inventory 日本語版．5つの性格次元について，それぞれ2つの質問文への回答から得点化する．たとえば神経質さについては，「活発で，外向的だと思う」と「ひかえめで，おとなしいと思う（逆転項目）」への回答から計算する．TIPI はパーソナリティ質問紙としては例外的に短く，NEO-PI-R や TCI-R など，100問以上の質問項目をもつものも少なくない．

　間のパーソナリティは，神経質さ（neuroticism），外向性（extraversion），経験への開放性（openness），協調性（agreeableness），そして誠実性（conscientiousness）という5つの次元によって記述できるとする5大因子理論（Five Factor Model）がある．そしてそれぞれの人の5次元での"得点"を計算するために，さまざまな質問項目について，自身がどの程度当てはまるかを「非常によく当てはまる」「当てはまる」「やや当てはまる」「どちらともいえない」「やや当てはまらない」「当てはまらない」「まったく当てはまらない」などの選択肢から選んで回答してもらう．「非常によく当てはまる」に丸をつけたら7点，「当てはまる」だったら6点といった具合に得点化し，合計得点を求めることで，一人ひとりの「神経質さ得点」「外向性得点」などを計算できると考えるのである[4]．

　個人内で安定した領域一般的な傾向には，パーソナリティ以外のものもある．

最も代表的かつ社会的にも大きな意味をもつものとして，一般認知能力（general cognitive ability）または一般知能（general intelligence）が挙げられる．

　一口に知的能力といっても，論理的思考力や記憶力，数的推論や空間的操作などさまざまなものがある．いわゆる「知能テスト」での課題を思いだしていれば，認知能力という言葉で何が意味されているのか，おおよそのイメージがつかめるだろう．認知能力に個人差があることは日常の経験からも容易に予測できるし，研究によっても個人差の存在が示されてきた．むしろ知能研究においてより重要な発見は，個人差の有無そのものではなく，その個人差の構造に関するものであった．すなわち，論理的思考力と，記憶力，数的推論（数学的能力）などは互いに独立な能力なのか，それとも互いに関連するのかという問いである．もし認知能力が互いに独立ならば，論理的思考力が高いからといって，記憶力が高いとは限らないことになる．互いに関連するならば，論理的思考力が高い人は，記憶力や数的推論能力にも優れるであろうと（ある程度は）予測できる．

　認知能力は互いに独立なのか，関連するのか．この問題を巡って多くの研究者が論争を繰り広げてきたが，現在では，一般認知能力と呼ばれるものが存在することが，ほぼ支持されてきている[5,6]．つまり，さまざまな認知能力について，全般的に高いパフォーマンスを示す人と，全般的にパフォーマンスの低い人がいるということである．言いかえれば，領域一般的な知的能力があるということになる．もちろん，それぞれの認知能力ごとの個人差もあるので，「できる人は必ず何でもできる」という話ではない．認知能力一般に優れるが，そのなかでもとくに記憶力に優れる人，とくに言語能力に優れる人といった個人差も存在する．全般的なパフォーマンスは低いのだが，記憶力だけは特異的に高い人がいることもあるだろう．しかし個々の例外を認めたうえで，人間集団全体のパターンをみると，認知能力一般に関する個人差が存在するということである．

　このように個人差の心理学は，パーソナリティや一般認知能力など，状況や文脈によらずみられる個人差が人間社会に存在することを明らかにしてきた．そこで次なる疑問として，こうした個人差が「どのように」生じるか，というものが立ち上がってくる．次節では，そのメカニズムについて考えてみよう．

2. 領域一般の個人差への遺伝と環境

　領域一般的な個人差は，その時々の状況や文脈の違いによっては説明すること

はできない．そこで，こうした個人差が生じる理由として，「遺伝要因（genetic factor）」と「環境要因（environmental factor）」という2つの要因が考えられてきた．遺伝要因とは個々人が親から引き継いだ遺伝子による影響のことである．環境要因は，その個人が誕生（もしくは受精の瞬間，さらにいえば卵子と精子という配偶子が生産された瞬間）以降に経験してきた環境の影響のすべてを含む．つまりここでいう環境には，上述の状況や文脈も含まれていることに注意が必要である．

遺伝と環境によってパーソナリティや一般認知能力の個人差を説明しようとすることは，すなわち，ある個人のそれまでの来歴をもって，その人となりが形成されると考えることを意味する．この点について異論は少ないだろう．そのうえで，まず大きな問題となるのは，果たして遺伝と環境，どちらがより大きな影響力をもっているのかという問題である．この疑問に客観科学の方法論によりアプローチするのが行動遺伝学（behavior genetics）と呼ばれる領域であり，その祖はチャールズ・ダーウィンの又従兄弟であるフランシス・ゴールトン（Francis Galton）まで遡ることができる[7]．以下では，現代の行動遺伝学で最もよく用いられる標準的な手法である双生児研究について，その方法と，代表的な知見を紹介する．

2.1 双生児研究

双生児法（twin method）はその名の通り，双生児の研究協力者を調べることによって，個人差への遺伝と環境の影響力を知ろうとする方法である．双生児法は「遺伝」の影響力だけをみるのではなく，「環境」の影響力をも同時にみようとする手法であるという点に気を付けてほしい．つまり双生児法は，決して遺伝決定論を目指したものではなく，遺伝要因と環境要因のバランスをみようとするものである．具体的にはどのような研究方法によって，それを明らかにしようとするのだろうか．

最も古典的な方法は「別々に育てられた双生児研究」である．双生児には一卵性双生児（monozygotic twin）と二卵性双生児（dizygotic twin）がある．前者は1つの受精卵が発生の初期段階で分かれることで2人の子として産まれるものであり，双生児の2人は遺伝的にまったく同じクローンであるといえる．後者は，複数の卵子が同時に排卵され，それぞれが同時期に受精，着床したことで生まれてくる双生児であり，誕生が同時であることを除けば通常のきょうだいと変わるこ

とはない．二卵性双生児では，互いが同じ遺伝子を引き継いでいる割合は，平均すると，一卵性双生児の場合の半分である（2章も参照）．

別々に育てられた双生児研究においてより興味深いのは，前者，すなわち遺伝的クローンである一卵性双生児のケースである．養子縁組などによって，一卵性双生児の2人が別々の家庭で育てられたとしたら，遺伝的に同じ2人が異なった環境を経験して成長したことになる．それにもかかわらず2人が似ているとしたら，それは2人に共通する要因，すなわち遺伝によるものと説明できる．もし2人が似ていなかったとすれば，遺伝の影響は小さいことになるだろう．そこで，別々に育てられた一卵性双生児きょうだいのパーソナリティや認知能力などの類似度を探る研究が，米国を中心に行われてきた．その結果，生育環境の違いにもかかわらず，一卵性双生児の2人が時として驚くべき類似性をみせることが明らかにされてきた[8]．

2.2 古典的双生児法

別々に育てられた双生児研究は，「遺伝」と「環境」について明らかにするうえで，理論的にはきわめて強力な手法であるが，欠点もある．その最大のものは，研究対象となるケースが限定されてしまうということである．一卵性双生児の出生数は地域や時代によらずほぼ一定であり，1000出産中4出産ほどである[9]．もともとそれだけ少ない一卵性双生児のなかから，2人が別々の環境で育つということはさらに少なく，そのなかで，研究者が見つけだすことができ，研究への協力の求めに応じてもらえる確率となると，きわめて小さいことがわかる．研究参加者が少ないことの最大の難点は，得られたデータの普遍性が担保できなくなることにある．

少し違う例から考えてみよう．たとえば学生数10000人の大学から，ある基準を満たした4人について1週間の読書量を調べたとしよう．その4人の結果から，この大学の全学生の読書量について語ることは妥当だろうか．さらに4人を選んだ基準が「夜遅くに図書館に残っていた4人」など，読書量と密接に関連しうるものであったとしたら，データの一般性には大きな疑問符がつくことがわかる．同じように，そもそも稀な一卵性双生児のなかの，さらに稀な別々に育てられた双生児で，そのうえに2人ともが揃って研究協力に応じたペアというごく稀なケースを調べた結果から，人類一般における個人差への遺伝と環境の影響力について語ることが，果たして妥当なのかという疑問が出てきてしまうのである．この

問題への改善策の1つとして出てきたのが，一卵性双生児と二卵性双生児を比較するという，古典的双生児法（classical twin method）である．

　古典的双生児法は，一卵性双生児と二卵性双生児ではペア同士の遺伝的類似性が異なることを利用して，遺伝と環境の影響力を調べる手法である．繰り返し述べているように，一卵性双生児は遺伝的には同一の存在である．それに対して二卵性双生児の2人は，平均して半分の遺伝子を共有している．ここで，たとえば一卵性双生児の2人は身長がほとんど同じである一方，二卵性双生児の2人は身長差があったとしたら，どのようなことがいえるだろうか．どちらの双生児も同一家庭で成長したのであれば，いずれのペアも，家庭環境が似ている程度については同じくらいであったと考えられる．それにもかかわらず一卵性ペアのほうがよく似ていたのだとしたら，その原因は，一卵性ペアのほうが互いの遺伝的背景が似ているからと説明することができるだろう．

　もし一卵性ペアも二卵性ペアも身長の類似度がまったく同じであったならば，遺伝よりも家庭環境のほうが大きな影響力をもっていたことになる．なぜなら，遺伝の影響が大きかったのならば，上述のように一卵性ペアと二卵性ペアの類似度には差が出るはずだからである．そして一卵性ペアであろうと二卵性ペアであろうと，身長は互いにまったく似ていないのだとしたら，遺伝も家庭環境も重要ではなく，それ以外の環境要因のほうが，身長に影響していると推測できる．遺伝や家庭環境の影響が大きいのならば，双生児ペアの身長は互いに似るはずだからである．以上が古典的双生児法の基本的な考え方である．

　もちろん一卵性ペアと二卵性ペアをそれぞれ1組ずつだけ調べたのであれば，別々に育った双生児研究のときと同じ問題が生じてしまう．そこで古典的双生児法では，それぞれ数百組から多いときには数千組の双生児ペアに研究協力を依頼し，一卵性ペアでの全体的な類似度，二卵性ペアでの全体的な類似度について，共分散や相関係数といった統計的数値を求めることによって，いわゆる遺伝率（heritability）を求める．現代の双生児研究では得られた分散共分散行列に対して構造方程式モデリング（structural equation modeling）によって遺伝率および環境の影響を推定するのが一般的であるが，ここでは簡便かつ直感的に把握しやすいファルコナーの公式（Falconer's formula）による遺伝率の計算方法を紹介してみよう（遺伝率推定の詳細は専門書を参照してほしい）[10]．

　いま，一卵性双生児ペアにおける類似度（相関係数）を r_{MZ}，二卵性ペアにおける類似度を r_{DZ} と表すことにしよう．r は相関係数のことであり，MZ は一卵性双

生児 (Monozygotic Twin), DZ は二卵性双生児 (Dizygotic Twin) を略した記述である. 双生児ペアを似させる要因としては, 遺伝要因 A (Additive genetic factor) と, 両者が共有してきた環境要因 C (Common environment factor) を考えることができる. 一卵性ペアは遺伝的に 100%同一で, 二卵性ペアは平均 50%同一であることから, A の大きさは, 二卵性ペアでは一卵性ペアの半分になると考えられる. 対して C の大きさはどちらの双生児タイプでも同じと考えられる. それゆえ下の式を立てることができる.

$r_{MZ} = A + C$
$r_{DZ} = 0.5A + C$

つまり一卵性ペアの類似度 (r_{MZ}) は, 遺伝要因と共有環境要因の単純な和として計算できる. 二卵性ペアでは, 一卵性ペアと比べて遺伝要因の大きさが半分になるので, そこを 0.5 倍するというのである. この 2 つの式を連立方程式として解くと, 下の式が得られる.

$A = 2(r_{MZ} - r_{DZ})$

つまり一卵性ペアの類似度から, 二卵性ペアの類似度を引いて, それを 2 倍すると, 遺伝要因 A の大きさがわかるというのである. A がわかってしまえば,

$C = r_{MZ} - A$

となるので, 共有環境の影響力もわかるという理屈である. さらに, ある個人の形質 (一般認知能力, パーソナリティなど) に寄与する遺伝 A と共有環境 C の影響がわかれば, 残りの部分は双生児が共有していない環境 E によるものと, 計算することができる.

2.3 行動遺伝学の 3 原則

行動遺伝学では, 古典的双生児法などを用いることで, パーソナリティや一般認知能力について, 遺伝と共有環境, さらには双生児ペアが共有していない環境要因 (非共有環境) の影響力を調べてきた. それらの研究成果をまとめたものが「行動遺伝学の 3 原則」として知られている (表 3.1) [11].

第 1 原則を支持する知見は数多く存在する. たとえばパーソナリティについての行動遺伝学の研究からは, 先述した 5 つのパーソナリティ次元, すなわち神経質さ, 外向性, 協調性, 開放性, そして誠実性のすべてに 30 〜 50%程度の遺伝の影響がみられることが報告されている [12]. しかも, そのような報告が, 複数の国で, 別々の研究グループによって行われた双生児研究から, 繰り返し報告され

表 3.1 Turkheimer (2005) の行動遺伝学の 3 原則 [11)]

原則 1 遺伝の影響	人間の行動形質はすべて，遺伝の影響を受ける． All human behavioral traits are heritable.
原則 2 家庭環境の影響	同じ家庭で育ったことの影響は，遺伝の影響よりも小さい． The effects of being raised in the same family is smaller than the effect of genes.
原則 3 家族に共有され ない環境の影響	人間の複雑な行動形質にみられる分散のうち，相当な部分が，遺伝でも家族環境でも説明できない． A substantial portion of the variation in complex human behavioral traits is not accounted for by the effects of genes or families.

表 3.2 パーソナリティの 5 大因子の遺伝率 [13, 14)]

	カナダ	米国	米国	ドイツ	日本
外向性	.53	.49	.57	.56	.43
協調性	.41	.33	.51	.42	.40
誠実さ	.44	.48	.52	.53	.53
神経質さ	.41	.42	.58	.52	.43
開放性	.61	.58	.56	.53	.62

Bouchard & Loehlin (2001) がまとめた欧米各国のデータに，日本のデータ (Ono et al., 2000) を追記したもの．

ているのである（表 3.2）[13, 14)]．加えて，パーソナリティへの遺伝の影響の働き方（遺伝環境構造）についても，日本，カナダ，ドイツなどできわめて類似したパターンが存在することも明らかとなっている [15)]．

同様に，一般認知能力すなわち知能についても，遺伝の影響がみられること，遺伝率は 30 ～ 80％と見積られることが報告されている [16, 17)]．その他にも，数多くの行動傾向，心理形質について遺伝の影響があることが報告されている．筆者の関わる慶應義塾双生児研究グループで報告したものだけでも，他者への信頼感，共感性，権威主義，利き手，性的アイデンティ，学業成績，保守主義などに，遺伝の影響が認められてきた [18)]．

第 2 原則と第 3 原則は，環境の影響に関するものである．その意味するところは多くの人の日常感覚とは大きく異なるかもしれない．先に述べたように，行動遺伝学は遺伝と環境の相対的な影響力を明らかにする分野である．加えて双生児研究の場合には，双子のきょうだいが共有する環境（例：住居，コミュニティ，食事，親の教育方針など）と，きょうだいであっても共有していない環境（例：異なる教師や友人，一方だけが経験した事故など）の影響を切り分けることができる．

それでは，パーソナリティや知能に遺伝の影響があることを認めたとして，環境の影響は，家族（双子）が共有する環境と，共有しない環境（非共有環境）いずれが大きいのだろうか．日常的な感覚では，パーソナリティなど「その人となり」や「個性」をつくりあげるうえでは，家庭環境，すなわち共有環境の影響が大きいというものかもしれない．実際，筆者が大学の講義で「今の自分をつくったものは何だと思うか」と質問をすると，「家庭環境」といった反応が多くを占める．しかし行動遺伝学が繰り返し明らかにしてきたことは，その逆である．個人差に影響する環境は，圧倒的に非共有環境であり，共有環境の影響はきわめて小さく，時として統計的には存在がほぼゼロとされる．それが，行動遺伝学の第2原則ならびに第3原則の述べていることである．

たとえばパーソナリティの遺伝率は30〜50%であると先に述べたが，それらを引いた残りの割合（すなわち70〜50%）は，いずれの研究においても非共有環境によるものとされている．同様のことが一般知能にも当てはまる．実際，双生児データを分析するなかで，共有環境の影響が現れてくることはきわめて稀であり．共有環境の影響が出てきたときには，大きな発見の可能性を期待しつつも，データ収集または分析における手違いの可能性を疑うのが研究者の常道である．

2.4 遺伝率の意味すること

行動遺伝学の3原則については理解したとして，上述の説明に疑問を感じた方はいないだろうか．たとえば知能については，遺伝率が30〜80%と書いてあったが，あまりに幅がありすぎないだろうか．その疑問はもっともなものである．このように幅のある数字が出てくる原因の1つに，「遺伝率」という数字の性質がある．遺伝率へのよくある誤解の1つが，それが個性の「絶対値」のうち遺伝が占める割合を示すというものである．たとえば知能指数（IQ）の遺伝率が70%であり，ある人物のIQが100だったとする．するとIQのうち70は遺伝的に決まった生まれつきのものであり，残り30が環境や本人の努力によって獲得されたものととらえられることが少なくない．しかしこれは誤りである．なぜなら遺伝率は，個人差のうち，何割が遺伝的なものとして説明できるかを表した数値だからである．

このことを理解するために，少し「個性とは何か」という問題を考えてみたい．ある教室のある生徒のIQが100であるということは，その生徒の「個性」といえるだろうか．仮にその教室のすべての生徒のIQが100だったとしたら，もは

やそれは個性ということはできないだろう．全員のIQが等しいという状況が想像しにくかったら，鼻の穴の数でも，手の指の数でも構わない．あなたの鼻の穴が2つあり，指が10本あることは，あなたの個性だろうか．もし読者のなかに，鼻の穴が1つもしくは3つという人や，指が片手に6本ずつ12本あるという人がいたら，それは間違いなく"個性"と呼べるだろう．ここからわかることは，個性とは「他者との違い」から生じるものだ，ということである．指が10本という"無個性"も，指の数がさまざまな人々の間（たとえばさまざまな宇宙人が交流する『スター・ウォーズ』の世界）ならば，十分に個性となるかもしれない．事実，茶色い瞳は，日本で住んでいる限り大した個性とはならないが，多民族の暮らす社会に行けば1つの個性となる．

　行動遺伝学は，個性のどれくらいが遺伝の影響によってつくられたものであり，どれだけが環境（共有環境と非共有環境）によってつくられたものかを明らかにする学問である．ある人のIQが100であるだけでは無意味であり，IQが100の人もいれば，IQが140の人もいるという個人差があって初めて，行動遺伝学的の研究対象となりうる．個人差があって初めて「なぜIQが違う人がいるのだろう，なぜ個性が生じるのだろう」という問いが可能となるからである．そしてIQの差40のうち，70％ほどが2人の遺伝的な違い，残りの30％ほどが，2人の経験してきた環境の違いによるものと考えられるということになる．遺伝率とは，個人差の何割が遺伝の影響によるものかを表した数字なのである．専門的には，表現型分散に占める遺伝分散の割合を示したものといえる．

　ここで1つ思考実験をしてみよう．もしある国で完璧な子どもの養育・教育システムが整えられ，すべての子が，生まれた瞬間から完全に同じ環境で育てられることになったとしよう．子どもは「実の親」から離され，特別な訓練を受けた養育者（または養育ロボット）に育てられる．環境が完全にコントロールされたこの世界で，パーソナリティや知能，学業成績の個人差における遺伝の影響は，果たして大きくなるだろうか．それとも小さくなるだろうか．

　答えは「大きくなる」である．なぜならこの国で，子どもたちのパーソナリティや知能に差がみられたときに，その原因を環境の違いに求めることはできないからである．全員に等しい環境を与えると，かえって遺伝的な違いを炙りだすことになるというパラドクスが，ここに存在する．逆に，クローン人間だけでつくられた国では，遺伝率は限りなく小さくなり，環境の影響がきわめて大きくなると推測できる．先に遺伝率の見積が30～70％と大きな幅をもったことの原因の

1つが,ここにあるかもしれない.子どもの生育環境が比較的似ている社会で調査をすれば遺伝率は大きくなるし,生育環境の違いが大きい社会で調査をすれば,遺伝率は小さくなるからである.日本を含む先進工業社会では,極端に貧しい環境で成長する子の数は,発展途上国と比べれば少ない.つまり生育環境の違いは小さく,それゆえに遺伝率が高くなっている可能性が考えられる[19].

読者のなかには,完全に等しい養育環境を用意したならば,子どもたちのパーソナリティや知能の個人差がなくなるのではないか,と考えた方もあるかもしれない.しかし,行動遺伝学の第1原則が述べることは,人間集団のなかには,確実に遺伝的な個人差が存在するということである.環境を等しくしても,すべての人間を「等しく」はできないというのが,数多くの行動遺伝学研究から得られたメッセージである.その知見を前提として,等しい環境を用意しても現れてくる違いを受け入れるのか,それとも全員が等しい能力を獲得できるように,一人ひとりに異なった環境を用意するのかという問題は,個々人や社会が考え,判断しなければならないものである.行動遺伝学は,そうした判断のための基礎データを提供するものであるともいえるだろう.

2.5 遺伝子を特定するアプローチ

行動遺伝学は,パーソナリティや知能など,人間心理や人間行動の個人差に遺伝と環境の影響する割合を明らかにした.こうした研究成果を受けて,次に,具体的にどのような遺伝子が,個人差を生みだしているのかという疑問が現れる.心理や行動の個人差は,表現型(phenotype)の個人差と呼ばれる.それに対応した遺伝型(genotype)の個人差ということである.

遺伝情報を貯蔵,伝達するDNA(デオキシリボ核酸)はグアニン(G),チミン(T),シトシン(C),アデニン(A)という4種類のパーツ(塩基)が並んでできている.この塩基はいわば「文字」に該当するものであり,それが並ぶことで,アミノ酸を表す「単語」や,アミノ酸を並べたタンパク質を表す「文」が表現されている(1章参照).1人の人がもつ全遺伝情報をゲノム(genome)と呼ぶが,これは文が集まってできた1つの「レシピ」ともいえる.このレシピには,さまざまなタンパク質のつくり方を書いた「文」に加え,どのタンパク質をどのタイミングでつくるかといった情報も載っている.そのうえ,まったく無意味な部分も多く含まれていることや,一見したところ無意味そうなところにも重要な意味があることなどが,近年明らかになってきている.

人間同士であれば，レシピの中身はかなり似ている．正しくいえば，かなり似たレシピであるから，かなり似た「料理」(人間) がつくられるともいえる．近縁種，たとえばヒトとチンパンジーの「レシピ」もやはり似ている．しかし，同じ人間同士でもレシピにはわずかながら違いがある．たとえば，多くの人では「GG<u>T</u>TACCTA」となっている「文」が，ある人では「GG<u>A</u>TACCTA」と，1文字だけ違っていることもあるだろう．遺伝子のなかには，同じ文字の並びが繰り返す場所のあることが知られているが，その繰り返し回数が，人によって違うこともある．

　レシピに書かれた文字が遺伝型だとすれば，そのレシピからつくられた「料理」が表現型といえる．レシピと料理の関係は密接だが，まったく同じものでないことは，一度でもレシピをみつつ料理をつくったことがある人ならば，よくわかるだろう．同じレシピでつくった料理が，完全に同じものになるわけではない．そうしたなかで表現型 (料理) の違いに，遺伝型 (レシピ) の違いがどれほど影響しているのか明らかにするのが，行動遺伝学ということになる．あるレシピでつくったケーキは頭痛がするほど甘く，別のレシピでつくったケーキは程よい甘さであったとする．2つのケーキの表現型 (甘さ) の違いは，どこから来たのか．レシピに書かれている情報そのもの (砂糖の量の指示：遺伝) が違うこともあるだろうし，作り手が砂糖の量を勘違いした可能性 (環境) もある．使った砂糖の量は同じであったにもかかわらず，食べる人の好み (環境) で「頭痛がするほどの甘い」といわれてしまったのかもしれない．それぞれの要因がどれくらいの影響しているものなのか，明らかにしてきたのが行動遺伝学である．古典的双生児法などは，同じ料理人がまったく同じレシピを使ったときと，少し異なったレシピを使ったときで，ケーキにどれくらいの違いが現れるのが研究するものといえるだろう．

　それに対して特定の遺伝子を明らかにしようとする研究は，違ったケーキができた原因にレシピがあるとわかったときに，元となったレシピを比べてみて，どこの文字，単語，文が異なっていたのかを探るものである．ケーキの甘さが異なる原因となった「砂糖の量の指示の違い」のような，パーソナリティや知能が異なる原因となる，遺伝子の違いについて，どの程度のことが明らかになっているのであろうか．

　この分野における初期の研究では，主として技術面，費用面の問題から，候補となりそうな遺伝子のみを比べる研究が中心であった．レシピの比喩でいえば，あまりにレシピが長大なため，「砂糖の量」のような，「ケーキの甘さ」に関わりが

深そうな記述部分だけを選んで比較していたのである．この方法では，研究者が調べなかった場所に重要な違いが隠れていた可能性を否定できない．それに対して 2000 年代から，GWAS (genome wide association study) といい，レシピ全体，すなわちゲノム全体を比べる研究が行われるようになってきた．この手法には大きな期待がもたれ，事実，一般認知能力に関連すると思われるいくつかの遺伝子が見つかったと報告されている[20, 21]．しかし，見つかった遺伝子の数は少なく，加えてそれぞれの効果は小さなものであった．双生児研究などからは，一般認知能力の遺伝率は 30 〜 80％とされているが，そのほんの一部分に関わる遺伝子しか見つかっていないことになる．レシピがケーキの味に少なくとも 3 割，大きければ 8 割は影響すると考えられているのに，レシピ同士を比べても，小さな違いしか見つからないという状況である．

　パーソナリティについては，状況はさらに悪い．表 3.2 で示した 5 つの主要パーソナリティ因子のように，遺伝の影響が繰り返し報告されてきたようなものについてすら，関係する遺伝子の特定は，後述するいくつかの例外を除いて，必ずしも成功していない[22]．パーソナリティ研究分野では，人間の性格をどのように記述するのが適切かについて，主要 5 因子モデルの他にも，さまざまなパーソナリティ理論が提唱されている．遺伝子が見つからないのは，そもそものパーソナリティの分類方法が間違っているのかもしれない．そこで，異なるパーソナリティ理論，たとえばクローニンジャーの理論に基づいた GWAS なども行われているが，そこでも，遺伝子の特定には成功していない[23]．

　他方で，パーソナリティに関連すると思われる形質の個人差について，特定の遺伝子の関連が論じられているものもある．最も代表的なものが，セロトニン・トランスポーター遺伝子 (5-HTTLPR) と，ストレス耐性の関係であろう．この遺伝子では，遺伝子の「文字」にあたる塩基の並び方 (塩基配列) に，特定の繰り返しがあることが知られている．繰り返し回数が多い Long 型と，繰り返し回数が短い Short 型という遺伝子型の違い (遺伝子多型) があり，Short 型のほうがストレス経験への脆弱性が高いといわれている．ストレス経験に弱いことは，抑うつ的なパーソナリティや神経質なパーソナリティにつながると推測できる．実際，主要 5 因子モデルに含まれる「神経質さ」というパーソナリティ因子と 5-HTTLPR のあいだには関連があると示唆されている．しかしクローニンジャーの理論のなかで，ストレス耐性に関連すると思われる「損害回避」の次元については，5-HTTLPR との関係があるという強い証拠は得られていない[24]．

2.6 遺伝的アプローチ間のギャップ

　ここまで紹介してきた遺伝についての研究をまとめると以下のようになる．第一に，知能やパーソナリティといった領域一般的な個人差には遺伝の影響がある．第二に，そうした個人差に関わる特定の遺伝子は，遺伝子分析技術の向上にもかかわらず，いまだはっきりしたものは見つかっていない．第三に，ストレス耐性といった，より狭い領域に関する個人差については，関連すると思われる遺伝子の特定が進みつつある．これら3つの知見のあいだにみられるギャップは，なぜ生じるのだろうか．考えられる理由をいくつか挙げてみよう．

　まず，第一の知見と第二の知見のあいだのギャップ，すなわち遺伝の影響は明らかであるにもかかわらず，遺伝子が見つからないというギャップは，なぜ生じるのだろうか．「失われた遺伝率問題」（The missing heritability problem）と呼ばれるこの現象が生じている理由については，いくつかの可能性がある[25]．1つには，遺伝の影響は，一つひとつは影響力の小さい遺伝子の効果が数百数千と集まって生じているために，個々の遺伝子が見つかりにくい可能性である．レシピとケーキの甘さの喩えを使えば，砂糖について指示している箇所が数百数千に渡り，それぞれでごく少量ずつの砂糖を使うように指示されているといった状況である．ある1ヵ所での砂糖の量の指示は数mgずつしか異なっておらず，ケーキ全体の甘さへの影響力は小さく，そのような小さな差を見つけることが，まだできていないだけかもしれない．また，それなりの大きさの効果をもつものの非常に稀な違いのために，レシピによる差が生じている可能性もある．あまりに稀な違いのために，GWASという手法で見つけ損なっているのかもしれない．

　加えて，上述のセロトニン・トランスポーター遺伝子の場合のような，繰り返し回数といった構造上の違いについては，GWASで見つけるのは難しいという研究手法上の問題もある．さらに，複数の遺伝子の効果が，単なる足し算ではなく，相互作用的に働く場合（エピスタシス epistasis）もある．たとえばAという遺伝子もBという遺伝子も，どちらも一般認知能力を0.1高くする効果があるが，2つが揃うと0.5高くする効果をもつといった場合である．このようなケースにもGWASで見つけだすのは難しい．これらに加えて，遺伝的修飾（genomic imprinting）という，遺伝型が変わらないまま遺伝子発現だけが変化する現象までが存在する．これらの問題ゆえに遺伝率が行方不明になっている可能性がある．

　次に，第二の知見と第三の知見のギャップ，すなわち領域一般な個人差では遺伝子が特定できていない一方で，領域固有な個人差では遺伝子の特定が進みつつ

あることについては，どのように説明できるだろうか．1つの可能性は，パーソナリティや一般知能といった領域一般の個人差は，個々の遺伝子と対応付けようとするのには枠が大きすぎるということである．たとえば「神経質さ」というパーソナリティ次元を考えたときに，パーソナリティ質問紙での神経質得点が同じ2人であったとしても，一方の人は不安が高いために神経質とされ，他方の人は他者への敵対心が強いために神経質と評定されているのかもしれない．ケーキの例でいえば，領域一般的な個人差は「美味しさ」や「人気度」といった，より広い概念に相当するということである．ケーキの人気度には，甘さや酸味など味だけでなく，見た目，店の雰囲気，販売戦略など，さまざまな要因が含まれ，同じ人気度のケーキだからといって，同じ味，同じ甘さであるとは限らない．そこで領域一般な「人気度」に影響するレシピの特徴を探そうとすると，うまく見つからないことなのかもしれない．

心理形質に関わる遺伝子の特定というアプローチは，まだ知見が確定していない状況であり，今後，さまざまな遺伝子が特定されてくる可能性もある．今後5年，10年の研究成果を注意深く見つめる必要がある領域といえよう．

2.7 個人差を生む環境

行動遺伝学によって明らかにされたのは，個人差に遺伝の影響があるということだけではなく，個人差には環境もまた間違いなく影響しているということであった．それでは，認知能力やパーソナリティに関わる具体的な環境とは何であろうか．どのような環境がどのような個性を生みだすのかという視点ではきわめて多くの研究が行われている．ただし環境の影響を検討する研究において，しばしば，環境と遺伝が入り交じってしまう危険性がある．その点について，いくつか指摘しておこう．

第一に，家庭環境，とくに親の育て方に関する議論である．親の人付き合いがよく，しばしば他人が出入りする家で育ったために外向的なパーソナリティになったというような話は，直感的には理解しやすい．一見すると，親のつくった環境が重要であったかのように思えるが，ここには，遺伝と環境の影響が交じり合っている．「他人が出入りする家」という環境は，親の外向的なパーソナリティによってつくられたものであり，そこには，親のパーソナリティを形成した遺伝要因と環境要因が反映されている．そして親の遺伝要因の半分を子は共有している．それゆえ，子の外向性が「他人が出入りする家」によってもたらされたのか，そ

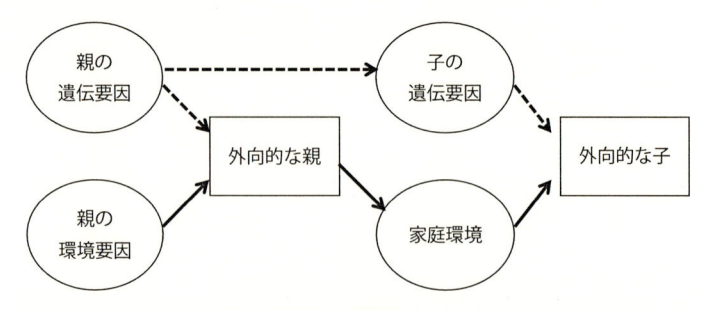

図3.2 親が子に影響を与える過程
しばしば実線で表された「親のつくった家庭環境のゆえに，自分の個性が育った」というとらえ方がなされるが，点線の過程が働いている可能性を考えねばならない．

うした家をつくった親の遺伝要因を引き継いだためなのかは，はっきりしない（図3.2）．

第二に，子がどのような環境を経験するかに，子の遺伝要因が反映されることもある．ある小説家が子どもの頃から大量の本に触れていたという．それならば，わが子を小説家にしたい親は，本を多く読ませればよいのだろうか．ここでも遺伝と環境が入り交じっている（交絡している）可能性がある．そもそも，文字や文章というものに興味をもつ遺伝的な背景をもっていたからこそ，幼い頃から大量の本を読んだのかもしれない．そうした様子の子どもをみて，周囲が事あるごとに書籍を買い与えたのかもあるかもしれない．このように，一見したところ環境と見えるもののなかにも，遺伝の要素が紛れ込んでくるため，何が純粋な意味での「環境」なのかを知ることは難しい．それを知ろうとしたら，遺伝的な類似度が明確になっている双生児ペアが異なった個性を成長させるに至った要因を検討する方法などが必要となる．

遺伝的類似度（遺伝子の共有程度）が明確という点は，双生児でないきょうだいにも当てはまる．それゆえ，きょうだいが異なった個性を成長させる要因を検討することも有効な方法となる．こうした視点に進化的アプローチが加わることで研究されているテーマの1つが，出生順（birth order）の効果である．出生順は親から得られる資源に大きな影響を与える．ここでいう資源とは，親が子のために費やす時間や食料，経済的負担などの総体である．長子（first born child）は，次子（later born child）が生まれるまでのあいだ，親の資源を独占できる．加えて，次子が生まれた時点で長子はすでにある程度の成長をしていることが，長子をさ

らに有利な条件に置く．乳幼児期の死亡率は年齢の上昇とともに低下するため，ある程度の年齢まで育った長子は，繁殖可能年齢まで生存する確率が，生まれたばかりの次子よりも高い．自然淘汰とは子孫の数をめぐる競争という側面をもつので，生き残る確率の高い長子は，親にとってより「価値のある」資源の投資先となる．そのうえ，長子は体力および認知能力の発達においてもきょうだい間の競争において有利である．以上の考察から，出生順のために，きょうだいは異なった家庭環境を経験することが予測される．こうした環境がパーソナリティに影響することはあるだろうか．

　出生順とパーソナリティについての進化的視点からの研究として，保守性と新奇性追求についてのものがある[26]．親の資源を独占する環境を経験した長子はより保守的になる一方，年長のきょうだいと争って親の資源を得ねばならない第二子以降は，既存の家庭内の力学を壊す必要があり，より革新的で新奇なものを好むパーソナリティを発達させるというのが，その予測である．19世紀後半から20世紀初頭における科学界における学者の態度は，この仮説を支持するようである．ダーウィンの進化理論とアインシュタインの相対性理論という革新的な理論への支持傾向をみると，第二子以降の学者はこれらの理論を初期から支持する傾向が高く，他方，長子の学者は決定的な証拠があって初めて態度を改める傾向がみられた．これは第二子以降の学者が，科学的により正しい視点をもっていたためではなく，その証拠に，彼らはガルの骨相学といった，後世において否定された理論についても，早くから支持する傾向が高かった．

　しかし出生順とパーソナリティの関係についての研究は，必ずしも明確な結果だけをもたらしているわけではない．過去の科学者の態度といった歴史データではなく，現代の大学生等を対象にしたパーソナリティ調査では，出生順の効果はみられないとする報告もある[27]．その原因の1つは，家族間での違いが，家族内での違いよりも大きいことがあるかもしれない．家族Aは皆が（遺伝と環境の類似性ゆえに）革新的であり，家族Bでは皆が保守的であったとする．ここで保守性のA家平均とB家平均の差が10であり，A家内での最大値と最小値の差が1しかなかったとすれば，A家内での違いは見つけにくくなることがわかるだろう．実際，家族の他のメンバーと比べて自分のパーソナリティはどのようであるか問う形で調査を行うと，出生順の効果がみられるとする報告もある．

　認知能力の個人差への出生順の影響については，第二子以降のほうが不利であるという明確な知見が得られている．これは上述のように親から得られる資源に

差があるためと考えられる．たとえばノルウェーの大規模データを調べると，単に長子のIQが高いだけではなかった．長子が死去している第二子は，長子が生存している第二子よりもIQが高く，長子と同程度であった．さらに，上2人が死去している第三子のIQも，長子と同程度であった．すなわち，年長のきょうだいが死去することで親の資源が得られるようになると，第二子，第三子の認知能力がより高く発達したと考えられる[28]．

3. 遺伝的個人差の進化理論

ここまでパーソナリティや一般認知能力など，領域一般的な個人差が生じるしくみ，すなわち遺伝と環境の働きについて概観してきた．それでは，こうした個人差はなぜ生じるのか，すなわち個人差の究極要因は何であろうか．自然淘汰による進化の視点からすると，パーソナリティや一般認知能力が遺伝するという知見は，非常に興味深いものである．まずこの点について検討しよう．

パーソナリティや一般認知能力が遺伝するということは，それに関わる遺伝的な差が人間集団のなかに存在することを意味する．たとえば外向性が遺伝するということは，外向性を高くする遺伝子をより多くもっている人，あまり多くもっていない人など，遺伝的な個人差が存在することを意味する．このような状況で自然淘汰が働くと何が起きるか，思考実験をしてみよう．

外向的であり，活動的で人付き合いがよいことは，一般にポジティブなパーソナリティとしてとらえられることが多いだろう．それゆえ外向的な人は，周囲から好感をもって受け入れられやすく，そのため社会的な成功を得る確率が高く，ひいては進化的な意味の適応度が高いと考えることもできる（あくまで思考実験である）．さて，自然淘汰による進化は，ごく小さな適応度の違いしか存在しない場合であっても，適応度の高い形質が集団を支配するよう導くことがわかっている．つまり外向的であることが適応度を上げるのであれば，何十何百世代を経るにつれ，外向性を高める遺伝子が繁栄し，逆に外向性を下げる遺伝型は淘汰されて姿を消すであろう．そのような自然淘汰の結果として，すべての人が外向性の高い遺伝子をもった，遺伝的に均質な集団が生じることが予測される．これは何も突拍子のないことをいっているのではない．たとえば鼻の穴の数，手の指の数などにおいては，地球上の人のほとんどが遺伝的に均質であり，それは自然淘汰が働いたからと考えることができる（図3.3）．

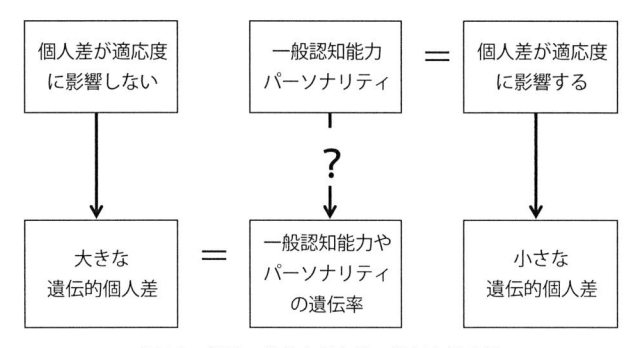

図3.3 領域一般的な個人差の遺伝を巡る謎
一般認知能力やパーソナリティの個人差が適応度に影響するならば（右上），遺伝的個人差は小さくなることが予測される．しかし行動遺伝学は一貫して，比較的大きな遺伝率（大きな遺伝的個人差）が存在することを示してきた（左下）．

ところがパーソナリティや一般認知能力については，遺伝的な個人差が維持されている．つまり一見したところ，自然淘汰が働いていないように考えられる．しかし一方で，思考実験の初めに述べたように，特定のパーソナリティがより好意的に捉えられることは少なくない．たとえば誠実性というパーソナリティ因子が，身体的健康，学業達成，キャリアなどにプラスの効果をもつことが報告されている[29]．また一般認知能力が収入やキャリアと正に関係することもよく知られている．そして収入やキャリアは，少なくとも男性において子どもの数と正に相関する可能性が高い[30]．つまりこれらの領域一般の個人差については，適応度に影響し自然淘汰が働く対象となりそうなものであるにもかかわらず，あたかも自然淘汰が働いていないかのように遺伝的個人差が維持されているという謎が存在するのである．この現象を，どのように説明することができるだろうか．いくつかの仮説を紹介しよう．

3.1 中立仮説

第一の仮説は，パーソナリティや知能の個人差は，一見したところ，適応度に影響しているように見えるが，実際には中立 (neutral) であるとするものである．たとえばほとんどの人間は遺伝的に指が10本であるが，指の長さについては人によりさまざまである．しかし指の長さがある程度の範囲に収まっていて，極端に短かったり長かったりしなければ，生活上において大きな差はないであろう．同

じように，パーソナリティや一般認知能力についても，ある程度の範囲内に収まっていれば，適応度上の違いはないとするのが中立仮説である[31]．しかし，パーソナリティや一般認知能力が身体的健康や収入と関係するという報告は，この仮説に対して否定的なものである．

3.2 トレードオフ仮説

あるパーソナリティをもつことは，ある側面では有利に見えるが，別の面で不利なのかもしれない．たとえば外向性が高いことは，周囲から好意的に捉えられるという面をもつ．しかし外向的な人は，行動のあらゆる側面において活動的であるために，危険な行為などにも積極的に取り組むという，適応度を下げてしまう側面をも併せもつことが考えられる．そのためプラスとマイナスを合わせると，適応度上は中立である可能性が考えられる．何事も一長一短というこの考え方をトレードオフ（trade-off）仮説という．

この理論は直感的には理解が容易であるが，その検証は必ずしも成功していない．たとえばダニエル・ネトルらは外向性の高い人がより多くの性的な交際相手を得ていることを報告しているが，その一方のデメリット——子育てへの参加度の低下や無謀な行為に参加することによる健康度の低下——を見出すことには失敗している[32]．

もっとも統合失調症傾向（シゾタイピー）は，創造性を高めることで間接的に配偶成功度を高め，適応度を上げている可能性がある．統合失調症そのものは適応度を大きく下げる病気であり，そこには遺伝の影響もみられる．しかし病気に至らない程度の遺伝的要因であれば，適応度にプラスとなるために，人間集団のなかに維持されているのかもしれない[33]．

3.3 負の頻度依存淘汰

トレードオフ仮説と似ているが，厳密には区別されるものとして，負の頻度依存淘汰仮説（negative frequency dependent hypothesis）がある．社会では，他者が何をしているかによって自分にとっての最適な行動が変化することがある．このような場面をゲームと呼ぶ．例を挙げれば，自動車で道の左右どちらを走るのかという問題はゲームである．日本や英国のような左側通行の国では左側を走るのが最適であるが，米国などでは右側を走るのが最適となる．他に誰もいない無人島なら道のどちらを走ろうと同じだが，他者が存在する場合には，他者の行動

3. 遺伝的個人差の進化理論　91

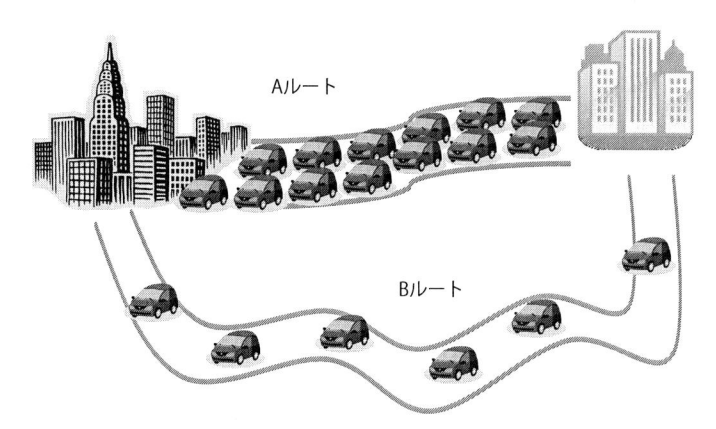

図 3.4　ゲームとしてのルート選択
より短時間で移動しようとするドライバーは，混雑するが距離の短いAルートと，空いているが距離の長いBルートのいずれかを選ばねばならない．すべてのドライバーが合理的により有利なルートを選んでいった場合，結局はどちらのルートを通っても必要時間は同じになる（均衡状態）．

によって最適な行動が変化する．

　左右通行の問題は，多数派に従うのが最適なゲームであるが，少数派が，少数派である限りにおいて有利となるようなゲームも考えられる．たとえば2つの都市間を移動する際のルート選択は，そのようなゲームになりうる（図3.4）．移動時間を最短にするためには，単純に距離が最短となるルート（仮にAルートとする）をとるのがよいように思われる．しかしAルートをとる人が多いために渋滞するようになると，距離的には次善のBルートのほうが通勤時間を短縮できるだろう．ところがBルートの存在が広く知られるようになると，こちらに移ってくる人が増え，Bルートも混雑し始める．つまりBルート選択者は，それが多数派でない限りにおいて有利でありえたのである．最終的には，どちらのルートを選んでも同じくらいの時間がかかるところで，自動車数の比率は安定するだろう．このような状態を均衡状態とよび，均衡状態へと導く自然淘汰のプロセスを，頻度依存淘汰と呼ぶ．

　パーソナリティにおいても同様に，少数派である限りにおいて有利なパーソナリティ形質というものが存在するのであれば，頻度依存淘汰によって維持される可能性がある．たとえば反社会的なパーソナリティ傾向（ソシオパス, sociopath）は，頻度依存淘汰によって維持されている側面があるのではないかという指摘が

なされている[34]．反社会的行動は，それが少数派である限りにおいては，社会がもたらす果実を利己的に獲得することができ，有利であろう．しかしそれが多数派となると社会を破壊してしまい，結局は本人たちの適応度も低下すると推測できる．ただしこの議論は，あくまで仮説段階に留まっており，十分な実証的検証を受けてはいない．

その他にも，内気さ（shyness）と大胆さ（boldness）が頻度依存的に均衡しているとする議論もあるが，これも十分な実証検証を経ているとはいいがたい[35]．パーソナリティとは少し異なるが，同じように領域一般的な個人差として，利き手が頻度依存淘汰によって進化したとする仮説も提唱されている[36]．多数派は右利きであるが，少数ながら左利きもいるという個人差が，後期旧石器時代（3万～1万年前）の遺跡からも推定されている．加えて利き手には遺伝の影響もある．少数の左利きがヒト集団内に維持されてきたことになるが，それは負の頻度依存淘汰の産物であるかもしれない．なぜなら左利きは，対面での闘争において，少数派であるがゆえに有利と考えられるからである．多くの右利きの闘争参加者は，慣れていない左利きの対戦相手の動きに戸惑うことであろう．現代社会における闘争の代替物ともいえるスポーツにおいて，対戦相手同士が向き合う形式のもの（たとえば野球，テニス，剣道など）においては，ランキング上位者のなかの左利き比率が高いが，対面式でないスポーツ（たとえば短距離走，水泳など）では，左利き比率は一般集団と変わらないという．

3.4 環境多様性仮説

トレードオフ仮説と似ているもう1つの仮説として環境多様性仮説（environmental heterogeneity hypothesis）がある．人間が暮らす生態学的環境，社会的環境は多様である．それゆえ，ある場面ではあるパーソナリティ傾向が，別の場面では別のパーソナリティ傾向が有利といったことがあれば，異なるパーソナリティの適応度が等しくなることが考えられる．外向的な人が有利な職種と，内向的な人が有利な職種といったものが存在するかもしれない．「人それぞれ」ということであり，この仮説もまた直感的には理解しやすいが，異なるパーソナリティのもち主が，異なる環境で同程度の適応度を得ているか，検証された例はない．また，人間について実際に適応度を測定して仮説を検証することは困難であろう．遺伝率のパターンなどを分析することによって，間接的に仮説を検証しようとする試みもなされており，パーソナリティについては環境多様性から説明できるの

ではないか，との報告もある[37]．

　トレードオフ仮説，負の頻度依存淘汰仮説，環境多様性仮説のいずれも，簡単にいってしまえば，各人が異なったやり方で同程度の適応度を得ており，それゆえに遺伝的な多様性が維持されていると論じている点では共通する．しかし「人それぞれ」のやり方は，すべて遺伝的に決定されているわけではない．遺伝だけでなく環境の影響もあるといった点だけでなく，人間には，環境に合わせて自らの行動を変化させる高い学習能力と柔軟性も備わっている．こうした学習能力が，遺伝的多様性を維持するのに一役買っているかもしれない．自分がもって生まれた遺伝的背景と，自分が生まれた環境の条件を勘案して，そのなかで最適な行動を選択することができれば，個々人の間の適応度の差は小さくなるだろう．たとえば，外向的な人にとっては，新たな人間関係を次々に形成することが適応度を高めるかもしれない．そのためには，新たに出会った他人をとりあえず信頼して付き合ってみること，すなわち他者一般への信頼感を高く保つ必要がある．これに対して内向的な人は，新たな人間関係を築くことがそもそも困難であるので，固定した人間関係に留まることのメリットのほうが大きいだろう．このような人は，他者一般への信頼感を高くすることはないだろう．なぜなら他者一般を信頼することは，悪意ある他者から搾取される危険をも高めるからである．このように，自らの外向性-内向性に応じて他者への信頼感を調整するといったことが，人間の成長過程では行われているのかもしれない[38]．

3.5　淘汰と変異のバランス仮説

　遺伝的な個人差は，見かけ上，維持されているにすぎない可能性もある．たとえば外向性を低める遺伝子は，本当に自然淘汰によって排除されているかもしれない．しかし自然淘汰は世代交代を経るなかでゆっくりと進むものなので，適応度を下げる遺伝子が完全の集団から消えるまでには時間がかかる．そのあいだに，外向性を下げる新しい遺伝的変異が，突然変異によって生じる可能性がある．遺伝子が淘汰される速度と，新たに供給される速度が釣り合っていれば，見た目上，遺伝の影響力は一定に見えるだろう．下流へと流れ去る川の水の量と，上流から供給される水量が等しければ，川の水位が一定に保たれるのと同じ理屈である．これを淘汰と変異のバランス仮説（mutation-selection balance hypothesis）という．

　量的遺伝学の視点から遺伝率のパターンを分析し，この淘汰と変異のバランス

によって，一般認知能力や統合失調症（schizophrenia）に関わる遺伝的個人差が維持されている可能性が指摘されている[39]．また，数千人の遺伝子情報およびパーソナリティ得点を検討することによって，パーソナリティの遺伝的個人差の維持を説明するものとして，変異‐淘汰バランス仮説が最適であるとする報告もある[40]．この研究では，「人間集団内でよくみられる遺伝的多型」が，パーソナリティの個人差に影響を与える割合を検討している．もしこの値が大きかったとすれば，さまざまな人が共有している（つまり，人間集団内でよくみられる）遺伝的な違いが，パーソナリティに関わっていることになる．しかしデータは小さい値を示した．すなわち，ある人でパーソナリティに関わる遺伝子がAだとすると，別の人ではB，さらに別の人ではCといった具合に，皆が共有していない（人間集団で稀にしかみられない）遺伝的な違いが，パーソナリティの違いを生みだしていることになる．この結果は，パーソナリティに影響する遺伝子はつねに新陳代謝している（それゆえ，人により異なる）とする変異‐淘汰バランス仮説を支持するものである．

4. 遺伝的集団差の進化

　ここまでは個人のあいだの違いについて述べてきたが，人と人の違いには，集団のあいだの違いも存在する．たとえば国家間での違い，地域間での違い，大学間での違い，クラス間での違い，サークル間での違いといったものである．こうした集団間の違いは，どのように，そしてなぜ生じるのだろうか．集団間の違いについては，人類学などはもとより，近年は文化心理学（cultural psychology）といった視点から，さまざまに研究がされている[41,42]．ここでは，そうした文化の問題に，進化や遺伝が絡みつつある動向について簡単に紹介したい．
　先にストレス耐性に関する遺伝子として，セロトニン・トランスポーター遺伝子（5-HTTLPR）の紹介をした．Short型とLong型の2タイプのうち，Short型のほうがストレス耐性が低いということであった．このShort型とLong型には集団間差があることが知られており，日本を含む東アジアではShort型遺伝子をもつ人が多く，欧米ではLong型が多いことが知られている．すると東アジアのほうが，そのストレス耐性の低さゆえに不安障害（anxiety disorder）などの発症率が高いと予測される．ところが実際には，そうした文化差はみられない．
　東アジアと欧米という洋の東西を比較したときに，両者にはさまざまな文化的

な違いがある．それらの根幹には，東アジアは相互依存的文化 (inter-dependent culture) であり，欧米は相互独立的 (independent culture) な文化をもつことがあるという議論がある．相互依存的文化では，集団協調が重視され，自分1人が突出することよりも，所属する集団の他者と調和することが文化的規範となっている．また，こうした文化では人々が集団を移動することは少なく，社会的流動性も低いと考えられる．他方，相互独立的文化では社会的流動性が高く，個人は自らの存在を主張しつつ，さまざまな集団を移動していくと考えられている．こうした東アジア（相互依存的）と欧米（相互独立）の文化の違いが，ストレス耐性の違いによって形成された可能性が指摘されている．ストレス耐性の低い東アジアの人々は，環境からの負荷に個人で対応しにくいがゆえに，ストレスへの緩衝材として集団を形成することで，不安障害の発症を防いでいるのかもしれない[43]．もっとも，洋の東西で異なるのは相互依存性／独立性だけではない．たとえば東アジアでは世界のとらえ方が全体的 (holistic) であり，欧米では分析的 (analytic) であるといった議論もある[41]．それではセロトニン・トランスポーター遺伝子と，こうした思考様式の違いが関係するはずであるといえば，いいすぎであろう．さらにいえば，食事の際に箸を使うかナイフとフォークを使うかといった違いが，セロトニン・トランスポーター遺伝子と関連するといえば，過剰な一般化であることは明らかである．文化差と遺伝要因のつながりについては，過去の優生主義などの例をもちだすまでもなく，慎重な態度が求められるだろう．

ヒトという動物の大きな特徴が文化をもつことであることは無視できず，文化をもつというその事実が人類進化に影響した可能性は否定できない．今後，文化の背景に，何らかの生物学的要因が働いていることが明らかになることはあるかもしれない．ゲノム解析が容易となり，全世界からサンプルが蓄積されつつある状況をみれば，その可能性は決して低くない．そのような状況でなすべきことは，生物学的な要因から目を背けることではなく，それが明らかとなったときに備えて，それがもつ意味について検討しておくことであろう．

5. 生物学的な視点から個人差を研究することの意味

ここまで「なぜ違うのか」という視点から，いくつかの研究を紹介してきた．それでは，このような違いを明らかにする研究を行うこと，とくに進化や遺伝といった生物学的視点から違いを研究することには，どのような意味があるのだろ

うか．そして，違いが明らかになったときに，それはどのような意味をもつだろうか．「違うから何なのか」について，本章の最後に考えておきたい．

　すでに述べたように，違いの存在を知ることは，違いに対応していくためのスタート地点となる．認知能力の個人差に影響するのが環境だけなのであれば，環境を等しくすれば，すべての人の認知能力は等しくなる．遺伝も影響するとなると，全員に等しい環境を与えただけでは，個々人の達成度には差がでる．生じた違いについて，機会平等であったとして認めるのか，それとも結果が不平等であるとして否定するのかは，科学の問題ではなく，価値観の問題である．しかし価値観に基づいて判断を下すために科学的な知識は必須である．

　それでは，同じように違いの生じた進化的な理由について知ることにも，基礎的な知識を提供するというメリットがあるだろうか．ここでも事実に関する科学的な命題と，価値に関する命題を混同してはならないという，自然主義的誤謬への注意は必要である．それを念頭に置いたうえであれば，個人差の進化的起源に関する仮説を検討することは，価値について判断するための論点の整理に役立つかもしれない．

　たとえば，パーソナリティの個人差が不適応な遺伝子によって生じているとする淘汰−変異バランス仮説が正しいと明らかになったとしよう．その場合，パーソナリティの違いは適応度の差であることになる．生存率と繁殖率の積である適応度が，個人の幸福度とある程度の相関をもつ可能性を認めるのであれば，パーソナリティの個人差は，幸福度の個人差につながっている可能性が示唆される．それであれば，異なるパーソナリティのもち主の「幸福感」の不平等について，社会として何らかの働きかけが必要という議論につながるかもしれない．他方，パーソナリティの個人差が頻度依存淘汰や環境多様性によって維持されているのであれば，個々人の幸福度には，遺伝ゆえの極端な違いが生じていることはなさそうだと考えられる．こうした考察は，諸仮説をもとにした試論であり，現時点では，試論の内容そのものに価値はない．重要なのは，進化の視点から「なぜ違うのか」を問うことで，社会のなかに多様な個人が存在するという事実を理解し，その意味を論理的に整理するための筋道が得られることにある．個人差を巡る論点と論理を整理しておくことは，遺伝子に関する情報がますます増し，否応なしに遺伝的個人差について考えねばならなくなる将来に備えるための，個人そして社会にとってのよいトレーニングになるのではないだろうか．それが，違いについて進化的に理解することのもつ意味であると筆者は考えている．

> 設問

1. 質問紙でパーソナリティを測定することには，どのようなメリットと，どのようなデメリットがあるだろうか？
2. 双生児研究から得られた知識を，双生児でない人々に一般化することには，問題がないだろうか？
3. 身長の遺伝率は非常に高い．このことは，身長差が適応度に与える影響について，何を語っているだろうか？ 平均身長の性差も含めて考えよ．
4. 反社会的な心理傾向が頻度依存淘汰によって維持されているとしたら，そのような人々による反社会的行動を社会は容認するべきだろうか．容認しないのだとしたら，どのように対応するべきだろうか？

第4章
ヒトはなぜ恋愛するのか

1. なぜ性行動を研究するのか

　若い女性同士の会話を聞くと，「恋愛」の話やどのように自分の見た目をよくするかといった話題がかなりの関心を占めているのがわかる．雑誌やインターネットサイトの記事でもこうした話題は定番で，男女関係の機微の解説に進化心理学の理論や研究成果がもちだされているのを目にするのも最近では珍しくない．方向性や話題にする仕方は異なっても，男性もこうした内容に関心が高いことには変わりはない．しかしながら，「恋愛」というオブラートを取り去って直接的に性や生殖の話題をおおっぴらに取り上げるとなると，反応の仕方は男女で大きく異なる．女性にとっては，それは人生設計や健康，時には生命のリスクすらあるシリアスな問題と関わってくる．一方，男性にとっては，いくら学術的な知識といえども性に関する話題は所詮は「下ネタ」でしかなく，真面目な議論には値しないととらえられることが多いように思われる．

　進化心理学者・社会生物学者が性行動に関心をもつのはなぜだろう．まず，性行動は生物進化の根幹に関わる．いかなる生物といえども，健康で長生きするだけでは生命を存続させることも，進化することもできない．繁殖して子孫に自分の遺伝子を受け継がせることが必要である．繁殖に性が必ず必要というわけではないが，微生物のように単純ではない，ある程度の大きさと寿命をもつ生物のほとんどは，繁殖のために性というシステムを採用している．被子植物や小さな軟体動物にみられるように，1つの個体の身体に，オスの生殖器とメスの生殖器を両方もっている生物がいる．また，珊瑚礁に棲む魚にみられるように，一生のあいだにオスの状態とメスの状態を行き来する生物もいる．しかし大きく複雑な体の構造をもつ生物のほとんどは，精子を産生するオスの個体と卵子を産生するメスの個体に分かれており，両者が出会って交尾をしない限り子孫を残すことはできないのである．

そして，性行動／繁殖行動は社会構成の根幹に関わる．どの個体がどの個体とセックスをするか，そして子育ての際に誰から助力を受けるのかは，ヒトでも他の生物でも社会の構成単位や構造を決めるおおもととなる．さらに，男性・女性それぞれが何年かけて成長するか，何歳で子どもをつくり始め，どのくらいの間隔で何人子どもをつくるか，どのように老化し何歳で死ぬか，というライフコースの進化的設計（生活史：life history という）とも関わってくるのである．

2. ヒトは一夫一妻の生物なのか

2.1 一夫一妻のさまざま

性行動の単位が社会構成の単位であるというと，現代の工業化社会に生きる私たちは，夫と妻1人ずつと子どもからなる核家族を思い浮かべるかもしれない．確かに一夫一妻の傾向はヒトの配偶システム（mating system）を特徴づける性質であると考えられる．しかし，それはペア間の性的関係が厳密に排他的である（浮気をしない）とか, 成立したカップルが一生続くということを必ずしも意味していない．

一夫一妻（単婚, monogamy）とは，オスの特定の1個体がメスの特定の1個体と長期間にわたる絆を形成し，基本的にはその決まった相手としか交尾をしないという配偶システムを指す．ペアは共同でなわばりを防衛し，パートナーに接近しようとするよその異性を追い払い，生活を共にしたり子どもを一緒に育てたりするが，この状態を社会的一夫一妻という．鳥類の種の92％は社会的一夫一妻であるとされている．これに対し，性行動も厳密に排他的で，その生物の子どものDNAを調べたときに，社会的父親以外のオスが親である可能性がない場合に性的（遺伝的）一夫一妻と呼ぶ．性的一夫一妻の基準をも満たす動物は非常に少なく，多かれ少なかれペア外交尾（extra-pair copulation：EPC）を行っているのが普通であることがわかっている[1]．一夫一妻の動物の場合，なわばりによそ者が侵入したり，ましてやパートナーに性的に接近したりするとペアのもう一方に攻撃されることになる．そのため，ペア外交尾は通常，パートナーの目を盗んでこっそり行われるようである．

また，一夫一妻といってもペアの結び付きが永続的に続くとは限らない．アホウドリやカラス，プレーリーハタネズミ（アメリカでよくみられるノネズミ）にみられるようにいったん形成されたつがい関係が生涯続くものがある一方，繁殖シ

ーズンが変わるときにしばしば，もしくは毎回パートナーを変えるという選択をするものがいる．アカギツネやフラミンゴにみられるような，ペアの解消と新しい相手との配偶（mating）行動[*1]を含む配偶システムを連続的単婚（serial monogamy）と呼んでいる．ヒトにおける「一夫一妻」は，社会的一夫一妻であり，連続的単婚の傾向が強いとされている[2]．

2.2 配偶システムか，婚姻システムか

　配偶システムは実際の性行動の生起や社会的な結びつきに対応するものであるため，ヒトでもヒト以外の動物でも定義することができる．これに対し，婚姻システム（marriage system）は人間の文化特有の経済的・社会的取り決めであり，外部から定義はしやすいものの，実際の配偶行動の生起パターンや，結婚する当事者の欲求や動機付けと対応したものであるとは限らない．

　図4.1の右のグラフをみてほしい．民族誌学（ethnography）のデータベースに基づく，工業化以前の1,231のヒト社会の婚姻システムの分布である[3]．一夫一妻の婚姻システムを採用していたのは実に15％にしか過ぎず，それ以外はほとんどが一夫多妻制であった．それにもかかわらず一夫一妻がヒトの配偶システムの特徴と考えられているのはなぜだろう．

　ヒトは有性生殖の生物の一般的な例に漏れず，男性と女性の生まれてくる比率は1：1に近い．男性の生存率が極端に低かったり，女性を近隣の社会から大量に奪ってきたりするのではない限り，社会の男性の大部分が一夫多妻を実行するのは不可能である．結果，一夫多妻を制度とする社会であっても複数の妻を実際に

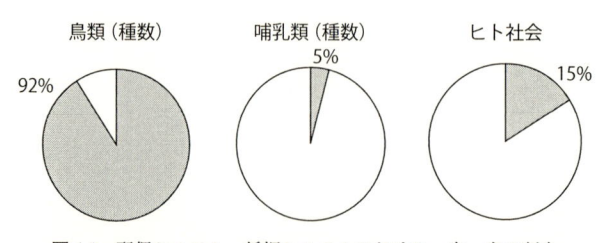

鳥類（種数）　92%　　哺乳類（種数）　5%　　ヒト社会　15%

図4.1 配偶システム・婚姻システムにおける一夫一妻の割合

[*1] 「配偶行動」は性行動のみならず，求愛行動からその種・個体に応じた性行動のパートナーとの関係性の形成過程を含む．パートナー間で長期的な絆が生じない場合も多いので，「配偶相手」は性行動の長期的なパートナーであるとは限らない．

もてるのは多くの資源を保有する一部の男性に限られ，多くの男性は一夫一妻で結婚している．また，一夫多妻といっても複数の妻と一時に結婚するわけではなく，男性の年齢と社会的地位が上がるに従って，より歳の若い妻を新しく娶（めと）っていくというのが通例である．一方で一夫一妻制とされている社会であっても，社会的地位や資源を多くもつ男性が公然あるいは密かに妻以外の愛人や妾（めかけ）をもっていることは珍しくない．すなわち，どのような婚姻制度がとられているかという情報は社会の公的な構成がどうなっているかを知るのには役立つけれど，人々の実際の性行動の取り方をありのままに反映しているわけではないし，抑圧されているかもしれない個々人の欲求を知る直接の手がかりとしては不十分なのである．ヒトの主要な配偶パターンが一夫一婦であることは，解剖学的・生理的特徴も根拠として支持されてきた．

2.3　相手を選ぶのは誰？

チャールズ・ダーウィンは，生物がその生息する環境でうまく生き延びるために有利な形質が選択されて残るという自然淘汰の理論を主張するのに際して，クジャクにみられるようにオスとメスとでまったく違う形質を示す動物が存在することをどのように説明すべきか頭を悩ませていた．生殖器のように繁殖に必要不可欠な部位の特徴（第一次性徴）が雌雄で異なることは不思議ではないが，同じ種であるのにもかかわらず外観や行動が雌雄で異なっているとすれば，生物の特徴はその生物にとっての生存の最適解として選択されて残ったものであるとする自然淘汰理論の，根本を脅かす問題だと思われたのである．

この問題に対する回答としてダーウィンは，飾り羽や大きな角や牙，大きな体格，凝ったディスプレイや特別の鳴き声といった，性によってもっているかいないかが異なる特徴は，異性を獲得して繁殖するための競争のあり方に雌雄で差があるために生じたと考えた．そして，『人間の進化と性淘汰』(1871)[4)] で，自然環境を相手とした一般的な生存に関する闘いの結果である自然淘汰に対し，繁殖の機会をめぐる競争から生じる，雌雄間の形質差を生みだすようなプロセスを性淘汰（sexual selection）と定義した．現在では，性淘汰は自然淘汰の一部ととらえられている．

性淘汰の内容に関して，最もよく知られているものにオス間競争（male-male competition）とメスによる選り好み（female choice）がある．多くの生物において，メスの備えている形質はその生物として生き抜くために必要不可欠なもので

あるのに対し，オスは闘争のための武器や過剰な装飾など，メスを獲得する競争のために進化したと考えられる形質も備えていることが多い．すなわち，オスにとっては異性を獲得するための競争がより激しい，すなわち性淘汰の淘汰圧が強いため，配偶行動を有利にする特別な形質をもつに至ったと考えられる．オスが派手な飾り羽根や，とさかなどに表れる皮膚の色，歌声や踊り，時には装飾された東屋（あずまや）のような造形物をつくるといった特徴を示す鳥類では，これらの中心的な機能はメスの好みに対してアピールすることであろう．

一方，昆虫や哺乳類のオスにみられるように，オスが角や牙など身体に武器を備えメスの獲得をめぐって争う動物では，性淘汰の内容はオス間競争が中心的なものだと考えられる．オスは攻撃行動や脅しによって他のオスやメスの行動を支配するため，メスによる選り好みが効力を発揮する余地は大きくないと想定されるからである．

2.4 繁殖のコストと交尾に対する積極性

オスとメス，もしくは男性と女性とでどちらのほうが性行動に積極的だろうか．ダーウィンは『人間の進化と性淘汰』で多くの動物ではオスのほうが交尾に積極的であると述べたが，その理由までは議論できなかった．これを検討したのがアンガス・ベイトマンの実験（1948）[5]である．ベイトマンは乱婚のキイロショウジョウバエを用いて交尾回数と繁殖成功度（reproductive success：その個体がどれだけの数の子孫を残すことに成功するか）との関連を調べた．夏に生ゴミを放置しておくと湧いてくる小型のハエがショウジョウバエで，この仲間は遺伝子の研究に長く使われてきた．特定の遺伝子の突然変異に対応した体の特徴がわかっているため，生まれてきた子孫の特徴を調べることで，親がどれであるか確認することができるのである．乱婚（promiscuous）とは動物行動学の専門用語であり，一度の繁殖シーズン中にオスもメスも複数の異性と交尾する配偶形態を指す．

さて，ベイトマンはびんのなかにキイロショウジョウバエのオス3匹とメス3匹，あるいはオス5匹とメス5匹というように雌雄同数ずつ入れて自由に交尾させ（図4.2左図），羽化してきた子を調べた．実験結果から，3つの原理が導かれた．まず，オスのほうがメスに比べて繁殖成功の個体によるばらつきが大きい．すなわち，オスでは非常に多くの子を残している一部の個体が存在する一方，子をまったく残せない個体の割合も少なくないのである．メスではばらつきは少なく，ほとんどの個体がそこそこの数の子を残すことができている．さらに，交尾

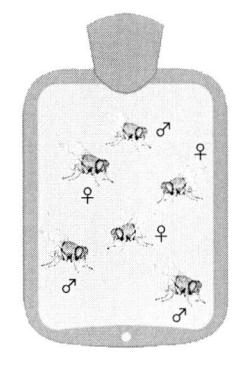

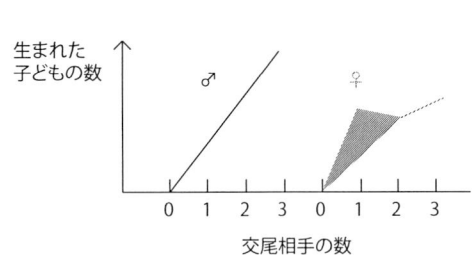

図 4.2　ベイトマンの実験とベイトマン曲線
ベイトマンの当時の実験には不備があり，報告された結果は信頼できないことが近年指摘されている．しかし，「ベイトマンの原理」は約半世紀にわたり性淘汰理論を精緻化するための出発点として貢献してきた．ある生物でベイトマンの原理が成立しているか，また成立していないとすればどういう理由によるのか知るには個別の実証研究が必要になる．

相手の数のばらつきも，メスよりもオスの方が大きい．3つめは，メスはいったんいずれかのオスと交尾してしまうと，その先交尾回数を増やしたとしても残す子の数を大きく増やすことはできないのに対し（図 4.2 グラフ右），オスは複数のメスと交尾することにより比例的に子の数を増やすことができる，というものである（図 4.2 グラフ左）．

　オスとメスとで，このような違いが現れてくるのはなぜだろう．ベイトマンは，配偶子（精子と卵子）の産生コストの違いで繁殖成功度の分布と配偶行動（性行動）の性差を説明できると考えた．いずれの生物でも，卵子を産生するほうの性がメスである．卵子は多くの栄養が必要で限られた数しかつくられないから，その数によってメスの繁殖能力は制限される．それに対し，オスの精子は小さく，次々と大量につくられる．エネルギー上のコストが低いため，精子の産生能力によってオスの繁殖能力が制限されるようなことはめったになく，いかにメスを獲得できるか，とくに獲得したメスの数によって繁殖能力が制限される．よって，オスは複数の相手と交尾することに積極的である一方，メスはそうではないのだとした．

　この議論は，受精した卵を産みっぱなしにする生物には当てはまるが，その後も親が子の世話を続けるような場合の説明には不十分である．ロバート・トリバースはベイトマンの議論を拡張した「親の投資理論（parental investment theory)」[6]で，親の投資を「他の子孫に投資できる能力を犠牲にして，ある特定の子孫の生存率を上げるために親によりなされるすべての投資」と広く定義し，生理的・行動的・時間的なものを含むあらゆる労力を考慮に入れた．これらをひっくるめて，現在いる子により多く投資するほうの性が繁殖市場では貴重であり，自らのもつ有限な繁殖の機会を無駄にしないようにしようと，配偶相手の異性を慎重に選り好みする側になる．多くの動物において，これは通例メスである．あまり投資しないほうの性は，貴重な繁殖資源であるよく投資するほうの性の個体を獲得するために，積極的に交尾しようとする．

このトリバースの拡張により，オスのほうが中心的に子育てに携わるような動物も含めて，性淘汰の強さや方向性が説明できるようになった．哺乳類では妊娠，出産，授乳，その後の世話を含めて子に対する投資コストは圧倒的にメスのほうが高い．したがってメスのほうが配偶者選択の際に選り好みが激しく，オスのほうが交尾相手の選択により見境がないと考えられ，実際にそのような行動が観察されるのが一般的である．

2.5 乱婚の性行動をとるメス，同性間性行動

ヒトと近縁の霊長類で，マカク（ニホンザル，アカゲザルなどアフリカの一部やユーラシア大陸に広く分布するオナガザルの仲間）や大型類人猿のチンパンジーやボノボ（ピグミーチンパンジーともいう）は複数のオスと複数のメスを含むグループ内で乱婚の性行動を営むが，彼らは性行動に対する積極性の面で前節の定式化には当てはまらない．これらヒトに近縁な霊長類たちでは，メスのほうが不特定多数の相手との交尾に積極的な面もみられ，妊娠に必要な時期であるとないとに必ずしも関わらず複数のオスと交尾をし，またメス同士・オス同士の性行動も盛んだ[7]．子の養育のコストはほぼ全面的にメスの側が負っているにもかかわらずである．なぜこのメスたちは確実な妊娠のための必要性を超えてまで交尾行動をとろうとするのだろう．

メスの乱婚性がなぜ進化したかについてはいくつかの仮説が考えられている．最も有力で，広く当てはまるとされている仮説が，「オスによる子殺し防止のために父性（その子の父親がどのオスであるか）を混乱させている」というものである．霊長類のオスは，実は哺乳類のなかでは食肉目（イヌ科，ネコ科，クマ科，セイウチ科など，猛獣としてイメージされる動物たちが属するグループ）の次に攻撃的であるともいわれるほど，気性の荒い生き物だ．ヒトを含むさまざまな霊長

類で，オスは自分の子である可能性のない子どもを攻撃し，殺そうとする場合があることが観察されている．子殺しの危険に直面したメス側としては，周囲にいるオス全員と交尾をしておき，いずれの相手にも生まれてきた子は自分の子孫かもしれないと思わせることで，子がオスに殺されるのを抑止することができ，あわよくば子に対する何らかの保護行動をも引きだせるかもしれない．

他の理由としては，生まれてくる子の遺伝的多様性を高めるというものがある．生物が有性生殖を続ける大きな理由は，遺伝子セットを他個体と混ぜ合わせて子孫の遺伝的多様性を高め，丈夫に生き延びることができるようにすることであるとされている．そうであるなら，メスが受精に必要最低限の精子では満足せずに，さまざまなオスから精子を集めようとするのも納得がいく．できるだけ見知らぬ，よそ者のオスを好んで交尾することで，生物学的に有害な近親交配の可能性を避けることもできるだろう．

さらに，一部の動物で重要なのは社会的なつながりをつくるコミュニケーションの道具としての性行動である．ボノボは，食料を手に入れたとき，他のグループと出会ったときなどストレスを感じたり興奮したりしたときに，気分を落ち着かせる挨拶のように周囲の個体と性行動をする．1回1回の性行動の続く時間は短いものの，性行動の内容はオーラルセックスから手での刺激，同性愛行動まで多様である．とくに重要なのはメス同士の対面位の性行動だ（図4.3）．これはメス同士の社会的結び付きを強固にし，オスの攻撃行動からメスの身を守る役割を果たしているとされている．実際，ボノボのオスはチンパンジーのオスと比べてはるかに攻撃性が低く，メスに対して偉そうにしていない．ボノボのメスでは陰核が身体の前側に位置しているが，これは同性間性行動の快感を高めるために進化した結果ではないかという議論もされている．

ボノボの他に社会的なつながりをつくり維持するために性行動を多用することで知られているのが，海の哺乳類，

図4.3 ボノボのメス同士の体面位性行動の様子を尻側から撮影したもの（撮影：五百部裕）．
上のオトナメスに，サトウキビを手にしたコドモが負ぶわれている．

イルカである．オスのイルカは交尾のとき以外，メスや子どもたちからなる群れとは別行動をとっており，オス同士の間での性的接触がよく見られる．危険な海のなかで，かつ高度に複雑な社会生活を営むイルカたちにとって，特定の同性個体と長期にわたる信頼に足る同盟（alliance）関係を結ぶのは非常に重要である．性的・非性的な触れ合いをもち続けることは，オス同士の絆を維持するのに有効なのだ．

2.6　ヒトは乱婚の霊長類なのか

　一夫一妻や一夫多妻の婚姻制度に制限を受けながらも，ヒトにある程度の乱婚傾向があることについてはさまざまな証拠がある．まず，男性はいうに及ばず，女性においても，主たる性的なパートナーが存在するにもかかわらずペア外性交をしばしば行っているという調査結果がある．20世紀の半ばから終わりにかけてアメリカ合衆国で行われたいくつかの調査では，結婚している女性のうち婚外性交の経験がある女性は20〜50％程度存在した[8]．さまざまな社会での血液型検査やDNA検査では，子どもが社会的に「父親」と認識されている男性以外の子である確率は0.8〜30％ほどに上ると報告されている[9]．女性が一度の性周期（生理の開始から次の生理日の前日まで．平均28日）のあいだに，主たる性的パートナーと浮気相手というように2人以上の男性と性交の機会をもつケースも一定の割合で存在しているようで[10]，そうであるならば乱婚の定義に当てはまる．

　しかし，だからといって女性が男性と同程度に短期的な性的関係をもつことに積極的であったり，近縁の霊長類のメスにみられるように乱婚的であったりするかというと，それはやはり当てはまらないだろう．ヒトにおいても大多数の生物と同様，女性のほうが男性と比較して配偶相手選択の際の選り好みは強く，また，よく知らない相手と性的関係をもつことを好まないことを示すさまざまな証拠がある．こうした性差は世界中のさまざまな文化圏に住む人々を対象とした質問紙調査で繰り返し示されてきているが[11]，よりわかりやすい行動上・社会上の帰結がある．それは，性犯罪・性的強要や性風俗産業の存在である．ヒト以外の動物のなかでも，オスからメスへの性的強要（sexual coercion）が比較的よくみられる種とそうでない種があるが，メスの乱婚性が高く性的にアプローチしてくるオスを拒否する可能性がまずない種では，直接的な交尾の強制は生じにくい[12]．オスと比べてメスのほうが配偶相手に対する選り好みが強い場合に，性行動を行おうとするか否かの意思決定に不一致が生じ，メスが抵抗するにもかかわらずオスが

交尾をしかけようとすれば、それは性的強要とされる。「抵抗」も配偶者選択の形態の1つなのである。ヒトにおいても性的強要や性的嫌がらせの圧倒的多数は男性から女性に対して行われており、配偶相手の選択基準の性による非対称性をよく反映している[13]。

性風俗産業に関しては、おもに女性がセックス・ワーカーとして働いており、さまざまな文化で存在が広く知られていることから、女性が配偶相手の選択の際に選り好みが強く、また、よく知らない相手との行きずりの性的接触を好まないという主張を疑問視する意見もある。しかしながら、こうしたケースで性行動への対価がどちらからどちらへ支払われているか考えるならば、短期的な性的関係をもつ際の目的が男女間で異なることが推測できるだろう。性にまつわるサービスを提供する女性に、一般の仕事よりはるかに高い報酬が支払われるのは、その行為が女性にとって通常非常に不快であり、またさまざまなリスクを伴うものであることを反映している。初対面の不特定の異性と性的な関係をもつことそのものが女性にとって心から望ましいことであるならば、たとえなけなしの財産をはたいてでもゆきずりの男性を性的に手に入れようとする行動が女性のなかで広くみられるはずだが、そのような事例はあまり見当たらない。特定のホストやアイドル的存在に対して入れ込み、投資したりする行動は疑似恋愛的なものであり、むしろ女性の長期的配偶戦略への指向性の高さを示す1つの証拠といえるだろう。

3. 「恋に落ちる」とはどういう現象か

3.1 乱婚の動物は、交尾はするが恋には落ちない

動物番組などで繁殖シーズン一般のことを「恋のシーズン」と表現していたり、他者を性的に手に入れる手に入れる技術に長けた人を「恋愛強者」と表現したりする用法は、配偶行動と「恋愛」を同じものととらえているうえで一面的で、不適切なものであるといえるだろう。メスが1時間のうちに何頭かのオスと交尾をし、数日のうちに群れ内のオス全員と交尾をしてまわるような乱婚の動物の行動は、人間の感覚では「恋をしている」とするのは奇妙であるし、「浮気」も定義のしようがない。同様に、閉店の押し迫ったバーで今夜ベッドを共にする相手を物色しあっている男女も、通例は「恋に落ちている」状態とはほど遠い。

いったい何が違うのだろうか。まず、「恋愛（romantic love）」は性的な欲求と密接に関係しているが、単なる性欲そのものではない。また、誰かに性的な魅力

を感じたり，自分の性的な魅力をアピールしたりするのは「恋愛」の要素に含まれるだろうが，それ自体が「恋に落ちている」という現象であるわけではない．ヒトの心理現象としての「恋愛」状態は，特定の相手に性的・感情的に強くひきつけられてそうした状態がそれなりに長い期間続くこと，財産や社会的地位・体面など実質的な利益をしばしば度外視するにいたるまで相手を理想化する，といった様子で特徴づけられる[14]．さらに，自分の意図に関わらず1日のうち多くの時間を相手のことを考えることに費やしてしまう，相手の反応に一喜一憂する，性行動の帰結があるかどうか自体よりも，こちらの感情的な思い入れに相手も応えてくれるかどうかがより重要視される，というのが恋愛に伴うのぼせ上がり（limerance）の状態の特徴として知られている．さらに，本格的な恋愛やのぼせ上がりの対象となるのは，通例は一度に1人である[15]．

まとめると，特定の相手への執着がある程度の期間続くことが，ヒトの「恋に落ちる」現象の特質である．ニホンザルやチンパンジーのような乱婚の霊長類でも特定のオスとメスとがしばらく行動を共にすること（consortship）はあるが，彼らの結び付きは数時間から数日間のものが中心であり，「恋愛」に類するものであるとは考えにくい．すなわち，「恋に落ちる」現象はヒトが一夫一妻の配偶システムへの指向性をもっていることと密接に関係していると考えられる．しかし，「恋に落ちる」とは文化の違いや社会学習に関わらず，人類普遍的にみられる現象なのだろうか．

3.2 「恋愛」は文化的構築物か

すべての人間が「恋愛」を経験するわけではないし，すべての社会が恋愛を望ましいものと認めているわけではない．また，すべての人間の性行動がこの「恋愛」の定義に当てはまるわけではない．売春が世界最古の職業であるという言い回しはよく用いられるが，「恋愛」などというきわめて近・現代的価値観に影響されているように見える現象が文化の影響に関わらず広く存在し，かつ古くから存在すると主張するためには，データを集めて議論する必要がある．

実のところ欧米の歴史学者や文化人類学者などは，「恋愛」という現象やそれを成立させる基盤となる個人主義的な自己意識は，ヨーロッパの中世から近世にかけてつくられてきたものであり，「恋愛」行動の現代西欧化社会での普及は先人の文化遺産に基づくものであるとしてきた[16]．すなわち，それは12世紀フランスの貴族の宮廷で，騎士から通例既婚の貴婦人へのあこがれを示し忠誠を誓う求愛

のうたとして始まり，これをうたったトルバドゥール（吟遊詩人）の活躍によって好評を博して社会に広められた．16・17世紀には識字率の上昇と印刷技術の普及によって，愛の詩，ラブレター，自伝といったものが残され，社会の多くの人々にとって恋愛が身近な概念になっていたことが確認できるようになる．ただし，シェークスピアの戯曲『ロミオとジュリエット』にみてとれるように，結婚は親同士が双方の社会・経済階層を見極めて，親族の政治的地位を高めるために行われるものであり，恋の熱情や欲望に従って結婚することは公には認められていなかった．トルバドゥールの宮廷愛にもみられるように，恋愛は婚姻関係の外で生じるべき出来事だった．

18世紀後半のロマン主義の興隆により「愛のための結婚」への大衆のあこがれが生じたが，そうした行為が一般に受け入れられるようになったのは西洋社会でも20世紀に入ってからのことである．

ただし，文書になった記録や社会の公的な建前の変遷から明らかになる事柄は人間の性質の一部を反映しているにすぎない．歴史家も認めているように，文書の記録に残りにくい，資産をもたない低社会階層の庶民の日常生活がどのようであったのか，また社会規範や建前を離れた人間の心理学的な性質や現象がいかなるものであるかを知るにはまた異なったアプローチが必要になる．

3.3　人類普遍的な心理現象としての「恋愛」

私たち人間が配偶行動をとる際，相手を選ぶ主体は誰だろう．当事者間の力関係や駆け引きは，もちろん選択に影響を及ぼす要因として考えられる．しかし前節でみたように，親や親族が当事者に替わって相手を決めてしまったり，そこまでいかなくても何らかの方法でプレッシャーをかけたり誘導したりすることも，ヒトの社会ではほぼ普遍的にみられる特徴である[17]．歴史的な記録でも現代社会においても，所得と社会階層の高い家庭のほうが，子孫に受け継がせるべき財産を多く持ち合わせており社会的体面にこだわることから，若者の性行動に対する監視は厳しくなる[18]．ただし，こうした状況下でも結婚する当事者の意見が完全に無視されているわけではなく，ある程度の裁量は認められているのが普通である．また，親や世間に対する反抗であるとか精神疾患の一種とみなされていたとしても，駆け落ちや恋わずらいといった現象が存在することは伝統社会を含むほとんどの社会で記録されており，その社会で承認されているか否かに関わらず，心理現象としての「恋に落ちる」という状態を経験しうる素質がヒトに備わって

いることが示唆される[19].

「恋愛」という現象が近代西洋文明の生みだした生活の余裕や個人主義によってはじめて生じたわけではないことは，歴史的記録のごく初期のものにも恋愛状態を記したものがあることからも推測される．愛の詩のうち現存する最古のものは，シュメールで紀元前2025年に書かれたものである．さらに，世界に広く知られている古代の愛の詩として，旧約聖書内のソロモン王の雅歌がある．人々が個人的な思いを記録に残すことが非常にまれな時代であったにもかかわらず，古代ローマの社会的地位の高い男性が，妻に宛てて思慕の情を綴ったラブレターも見つかっている．ヨーロッパではキリスト教の影響で1000年以上のあいだ，人と人とのあいだの愛情表現は公式文書から姿を消し，その後詩や文学の形で再び表れるようになるわけだが，恋愛に関する文学作品が存在するのはヨーロッパだけではないことは，日本に住む私たちはよく知っている．

また，直接的に文学や商業広告といった形で表れなくても，伝統社会における恋愛状態の存在は神話のなかに出てくる神格や動物の経験としてカムフラージュされて表現されていることが多いのである[20].

3.4 のぼせ上がりは長くは続かない

世間の反対を押し切ってまで燃え上がる可能性がある恋愛の情熱だが，長くは続かないのが通例である．ヒトに一夫一妻の傾向が存在することが「恋に落ちる」現象の進化的基盤だとしても，ヒトの一夫一妻は必ずしも永続的なものではなく連続的単婚の傾向があることは先に述べた．

ヒトが進化適応してきた状況に近い生活を送っていると考えられる，狩猟採集社会での男女関係と子育ての様子をみてみよう．母親が子を背負いながら採取労働を続けるとき，一生のあいだに健康に育てられる子の数を最大化するのに最適な出産間隔の理論値は約4年であり，狩猟採集民の実際の出産間隔も4年程度が最も多い[21]．授乳期間は長く3年以上にも及ぶが，1人の子が乳離れして手を離れると母親は排卵が再開して次の子をつくる準備に入り，その際必要に応じて配偶相手の男性を替えたと考えられる．

現代のさまざまな社会における結婚から離婚までの期間も，4年程度であることがもっとも多い．また恋愛状態ののぼせ上がりの持続する期間は，平均的には2年半から3年とされている．のぼせ上がりの期間は実のところさまざまであり，2, 3週間から，なかには一生続く場合もあるが，本格的なのぼせ上がりは通例半

年以内で落ち着くとされている.これは,後述する性行動の頻度や男性ホルモン濃度の減少のパターンとも一致している.

4. 一夫一妻の生理的基盤

4.1 絆をつくるための交尾

特定の異性と排他的な性的関係を結んだり,長期間生活を共にしたりすること(ペア・ボンドの形成)は乱婚や単独性の動物では考えられないことである.まず自分の生活空間に特定の他者を入れなければならないし,その特定の他者を認識し,互いに行動を調整し,離ればなれにならないように互いに対する執着を保ち続ける必要がある.一夫一妻の動物の片方が事故などで死んでしまったとき,パートナーがしばらくそのなきがらに執着する様子もしばしば観察されている.これだけ劇的に行動パターンが変わるならば,愛着形成や性行動の動機付けに関わる脳の基礎構造も変化していると考えられる.

一夫一妻を支える神経基盤が明らかになってきたのは,1980年代にアメリカの草原に住むノネズミの一種であるハタネズミが,一夫一妻配偶システムのモデル動物として着目されてからである[23,24].プレーリーハタネズミ(prairie vole:*Microtus ochrogaster*)はほぼ永続的な一夫一妻であり子育てもペアが共同して行うが,同属のサンガクハタネズミ(montane voles:*M.montanus*)やアメリカハタネズミ(meadow voles:*M.pennsylvanicus*)はペア・ボンドを形成せず乱婚的であり,子育てもあまり行わない.

プレーリーハタネズミのペア・ボンドがどのように形成されるのかみてみよう.若い個体の3割ほどは,オスもメスも育った土地から離れていく.やがて性成熟に達した適当な雌雄が出会うと,2日間ほどのあいだに50回以上もの交尾をする.このあいだに受精を確実にして子どもをつくる一方,脳内ではこの相手と排他的な結び付きをつくるように神経ネットワークの再編が起こっている.生態学では,個体の割く繁殖への努力(reproductive effort)を配偶努力(mating effort)と,親としての養育努力(parental effort)に分けて考えるが,この頻繁な交尾の期間はまさに配偶努力の時期といえるだろう.

その後,交尾の期間が過ぎるとペアのネズミは巣をつくって子育ての準備を始め,縄張りに進入してくる他の個体を追い払う.親としての努力の時期といえる.

4.2 ペア・ボンドと母子の絆の類似性

動物がペア・ボンドを形成したかどうかはどのようにしたら調べられるだろう．3つ部屋のある水槽を用意し，中央はテストされる被検体の動物がまず入れられる中立の部屋とする．左右の部屋にはそれぞれ，被検体と以前に接触していない「よそ者」異性と，被検体と一定期間一緒に住む・交尾をするなどペア・ボンド形成につながると考えられる処置が施された「パートナー」異性がつながれている（図4.4左図）．被検体は3つの部屋の間を自由に行き来できる．被検体が「パートナー」異性と圧倒的に長い時間寄り添って過ごしていれば，ペア・ボンドが形成されていると考えることができる．

ここで被検体をプレーリーハタネズミのメスとすると，「パートナー」オスと交尾はなしで24時間一緒に過ごす，もしくは6時間一緒に過ごし交尾はありという条件でペア・ボンドが形成されることが示された（図4.4グラフ右）[25]．一方，サンガクハタネズミは交尾を経験した「パートナー」あるいは「よそ者」オスいずれに対しても選好を示さず，同居や交尾によって社会的愛着が生じないことがわかる（図4.4グラフ左）．

同居したり交尾を繰り返したりする際に，一夫一妻の動物の脳で何が起こっているのか検討する手がかりは母子間の愛着形成にあった．一夫一妻以上に広くかつ強固にみられる個体間の結びつきに，母親から子に対する世話行動がみられるが，哺乳類のメスならいつでもつねに子どもをかわいがるわけではない．たとえば，ラットのメスは出産の直前までは子ネズミを積極的に避けたり攻撃したりするが，出産後は巣をつくり，離れていく子ネズミを回収し守り，背中を反らした授乳の体勢をとる．

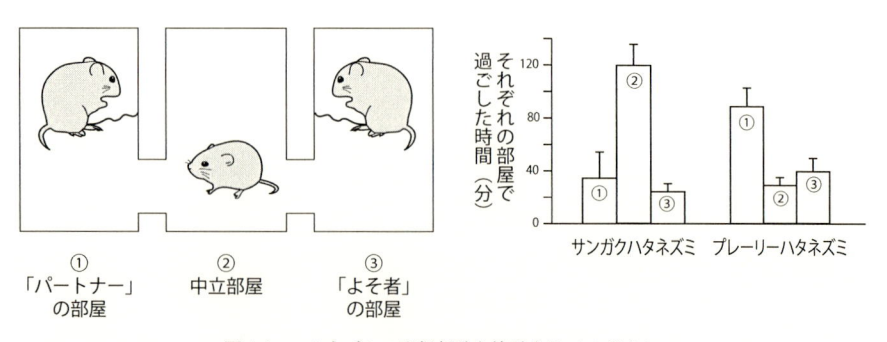

図4.4 ハタネズミの配偶行動を検討するパラダイム

妊娠・分娩・授乳に関わるものと多く共通する神経内分泌学的要因が，親の行動が子どもの拒否から養育行動へ移行するのに決定的な役割を担っている．なかでも分娩に関わるホルモンであるオキシトシン（子宮収縮の作用があり，陣痛促進剤として人工的に投与されることもある．射乳ホルモンとしても知られる）が子との愛着形成や母親行動の発現に中心的に関わっている[26]．

そこで，成獣同士の愛着形成であるペア・ボンドにも同じ脳内ホルモンの働きが関わっているのではないかと考えられた．分娩と同じように，交尾やそれにともなう膣-子宮頸への刺激により脳下垂体からオキシトシンが分泌される．オキシトシンを脳内に注入することで，同居や交尾の段階を経なくてもプレーリーハタネズミではペア・ボンドが形成されることがわかっている．オスでは，バソプレッシンというオキシトシンと構造がよく似たホルモンが同様の役割を担っていることが知られている．もともと一夫一妻の傾向をもたないサンガクハタネズミの場合は，これらのホルモンを脳内に注入されても社会行動が変化することはない．

4.3 濃度より効き方が肝心

サンガクハタネズミの脳にオキシトシンやバソプレッシンを注入してもペア・ボンドを形成する効果がないことからも推測されるように，これらのホルモンのもともとの脳内の存在量には，プレーリーハタネズミとサンガクハタネズミとのあいだで目立った種差はない．異なるのはこれらのホルモンの脳内での作用部位である．ホルモンなど，体のなかで生理活性物質が何らかの作用を現すには，その物質に特化した受け皿である受容体（receptor）という部位が存在していなければならない．生理活性物質と受容体との関係は鍵と鍵穴にも例えられる．

プレーリーハタネズミの脳内では，オキシトシンやバソプレッシンの受容体は側坐核（nucleus accumbens），その関連領域である腹側淡蒼球（ventral pallidum）などで高密度に存在している．側坐核は脳内報酬系（brain reward system）（図4.5）を構成する主要な神経核の1つであり，側坐核を介することによって快刺激が依存性の高い，嗜癖（addiction）につながる刺激となることが知られている．コカインやアンフェタミン（合成覚醒剤の一種）は直接側坐核に作用し，依存性をもたらす薬物である．一夫一妻の動物は特定の相手と同居・交尾することで快感の条件付けが生じ，これらの薬物を使用した場合と同じように報酬系が刺激されることで，その特定の個体と引き離されることを苦痛に感じるようになるのだと考えられる．脳内報酬系は覚醒剤や麻薬に対する嗜癖をつくるため

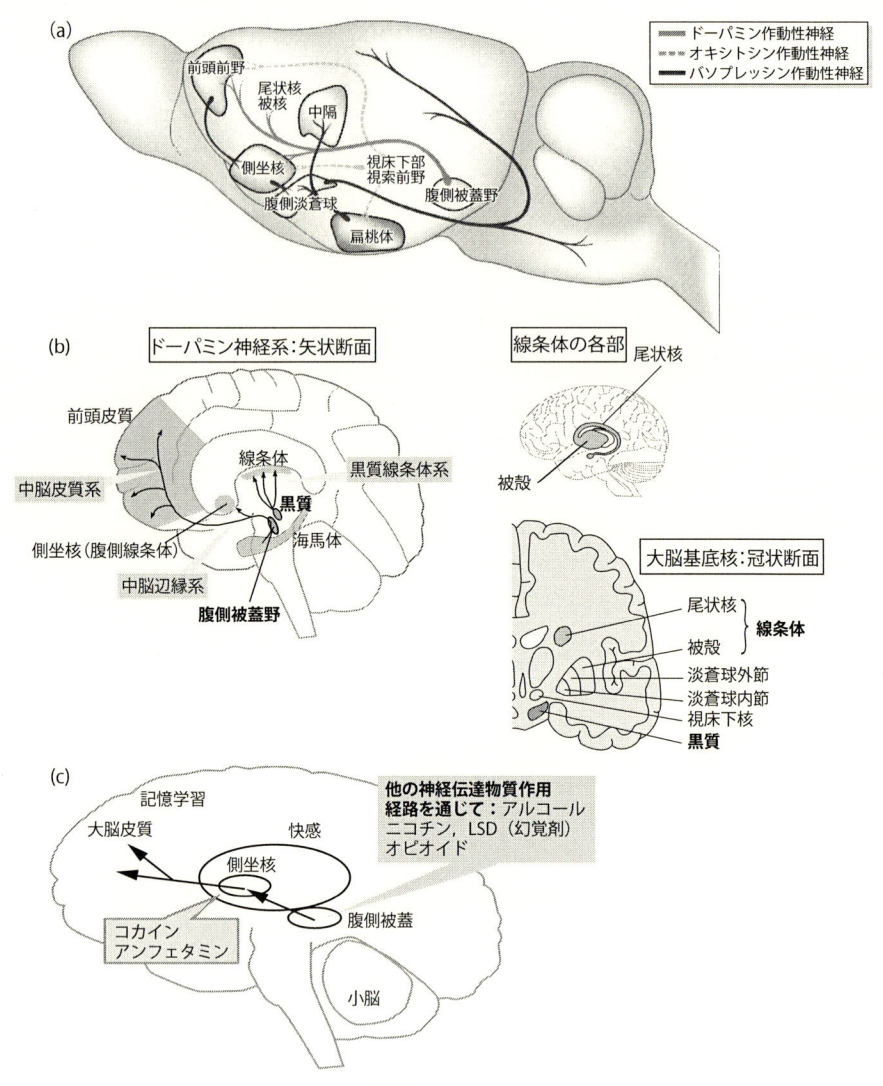

図 4.5　脳内報酬系（ドーパミン神経系）

(a) げっ歯類の脳．ドーパミン神経系とその経路の神経核／脳部位が，オキシトシン作動性神経およびバソプレッシン作動性神経と密接に関わり合っていることを示す．
(b) ヒト脳内のドーパミン神経系と関連部位を示す．矢状断面：脳を前後正中線上で切った断面．冠状断面：脳を顔面と平行に切った断面．ドーパミン神経系のうち情動的な行動を制御する経路として知られているのは，腹側被蓋野を起点とする中脳辺縁系（側坐核に投射）と中脳皮質系（前頭皮質に投射）であるが，これらは隣接する黒質線条体系内の部位ともつながりを持っている．脳内報酬系（ドーパミン中脳皮質辺縁系経路）は大脳基底核の影響を受けつつはたらいているのである．
(c) 薬物が脳内報酬系のどこに作用することによって嗜癖（薬物依存）がもたらされるか示した，経路の模式図．

に進化的に備えられてきたとは考えにくいため，本来の主要な機能は母子間やペア間の社会的絆をつくることにあったのではないかという議論もなされている[27]．

4.4 種差から個体差，社会性の探求へ

遺伝子操作を用い，マウスや乱婚のアメリカハタネズミの脳内でバソプレッシン受容体V1aの発現部位を一夫一妻ハタネズミ型にすることにより，オスの社会的親和行動を高めたり一夫一妻行動をとらせたりすることができることも報告されている[28, 29]．

これら一連の研究は，複雑な要因が絡み合って成立しているようにみえる一夫一妻配偶システムを成立させる背景に，1つの遺伝子の発現で左右される比較的単純な生理的基盤があることを示した点でインパクトの大きいものであった．しかし一般社会の人々の関心を最もひきつけるのは同様のメカニズムがヒトにも働いているのか，また一夫一妻傾向の個人差のような同種内のバリエーションをも同様に説明できるのか，というものではないだろうか．プレーリーハタネズミを扱ってきた研究者も，受容体の脳内での分布の仕方に大きな個体差があることに気付いており，一夫一妻行動のために必要とされる部位でオキシトシンやバソプレッシンの受容体がほとんど発現していない個体もいることを指摘している．オキシトシンの受容体に関しては脳内の発現部位を調節するメカニズムが明らかになっていないため，行動との関連も研究があまり進んでいないが，主にバソプレッシンが働くオスに関しては，V1a受容体分布を決める遺伝子領域の個体差が一夫一妻的行動の個体差と対応することが確認されている[30]．

オキシトシンやバソプレッシンの働きが個体間の愛着形成や社会行動を密接にコントロールしていることが知られるようになり，ヒトに関するデータも集められるに従って，最初に明らかになってきたのはV1a遺伝子の発現部位制御領域の多型（polymorphism）と自閉症発症リスクとの関連である．自閉症とは，社会性や他者とのコミュニケーション能力がうまく発達しない，先天性の脳機能障害である．興味の範囲が狭く，数字や乗り物など特定の物事や活動に強い関心を示す．いったん着目した刺激から注意を逸らすのが難しい．意味のない反復行動（常同行動）を示す一方，決まった日常の行動パターンを邪魔されるとパニックを起こしがちである．言語発達に問題を抱えることで知られるが，非言語的コミュニケーションも苦手である．オキシトシンに関しては，自閉症の子どもの血中オキシトシン濃度が同年齢の自閉症ではない子どもより低いことが報告されている．さ

らに，オキシトシンを自閉症者に投与することにより，常同行動が緩和されたり，目をみたコミュニケーション能力が向上したりすることが知られており，今後の研究発展が期待されている．また複数の民族において，オキシトシン受容体をつくる遺伝子の多型に自閉症者と非自閉症者とのあいだで違いがみられている[31]．

4.5 配偶戦略の個人差とコミュニケーション能力

他の社会適応障害でも類似の状況がみられるが，自閉症もそれだけが独立した疾患症状としてあるわけではなく，自閉症スペクトラムと呼ばれるように程度がさまざまな症候群が周縁に存在する．さらに，自閉症スペクトラムとはいえない，日常生活に特別な配慮を必要としない人たちのなかでも認知発達の方向性が自閉症スペクトラム型に類似するグループ，あるいはその逆の方向性のグループというように分類することができる．自閉症者の認知発達のパターンは一般男性にみられる特徴を極端化したものである，とするサイモン・バロン＝コーエンの「超男性脳理論（extreme male brain theory）」はよく知られている．彼はとくに優秀な理系大学生の認知や人格特性パターンの方向性が自閉症スペクトラムの人々とよく似ていること[32]，また自閉症者の父親や祖父にも技術者が多いことを指摘した[33]．すなわち，他者との情緒的コミュニケーションや空想を苦手とする一方，物事の細かい部分によく気付き，関心をもったことにすばらしく集中し，数字や物理の感覚に優れているといった方向性である．

実はこれと逆の方向性の行動パターンがヒトのなかでの短期的配偶戦略（詳細は次節で述べる）への指向性の高さを予測することが以前から指摘されてきた．セルフ・モニタリング（self-monitoring）と呼ばれる行動傾向であり，セルフ・モニタリングの高い人物は周囲の期待に合わせて感情表出を巧みに演技する傾向がある．そして他者をひきつけるカリスマ性に長けており，よく知らない相手とすばやく打ち解ける一方，特定の相手と状況に依存しない深い関係を結ぶことは比較的苦手であるとされている．

ここで社会性と配偶戦略との関係性について，ハタネズミや自閉症の話の流れと，やや食い違いが生じる．乱婚のハタネズミは普段は単独で生活しており，社会性一般が低いのである．一夫一妻のハタネズミではオキシトシンやバソプレッシンの脳内報酬系への働きが，社会性とペア・ボンドをつくるよりどころとなっている．自閉症者ではオキシトシンの投与によりコミュニケーション能力の向上が期待される（図 4.6 a）．一方，ヒトの一般集団をみるならば，臨機応変なコミ

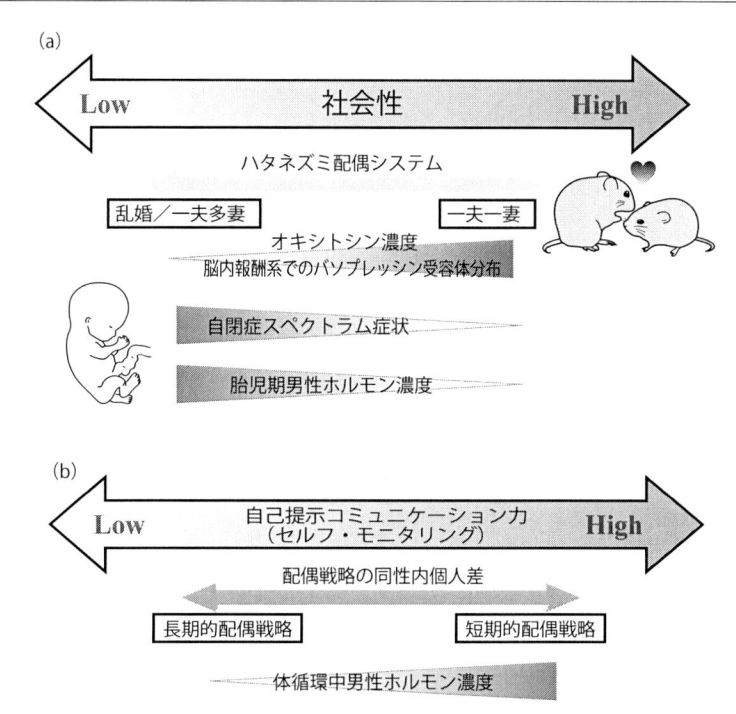

図 4.6 社会的コミュニケーションと配偶戦略の個人差の関係のパラドックス
図 (a) の右側に図 (b) を置いてみると,パラドックス的であることがわかりやすい.
(a) ハタネズミの研究から明らかになった配偶システムを制御する神経内分泌メカニズムと,自閉症スペクトラムの臨床症状に関する示唆および自閉症の超男性脳理論との対応.
(b) ヒトの一般母集団中で見出される,自己提示的対人コミュニケーション力(セルフ・モニタリング:外向性とも類似した行動傾向)と配偶戦略の個人差,体循環中男性ホルモン濃度との関連.

ユニケーション能力に長けている人物のほうが複数の相手と性行動をとることに成功しているようにみえる(図 4.6 b).

　パラドックスの原因はいくつか考えられるが,複数の相手と性行動を行うという「乱婚性」の社会性との関わりの意味合いが,社会性に乏しい非一夫一妻であるハタネズミと,ヒトとでは性質が異なるという可能性は高い.ヒトにおける「短期的配偶戦略指向」は連続的単婚を効果的に行うための,高度な社会的駆け引きを必要とする一夫一妻配偶戦略のバリエーションの1つであって,他の動物にみられる「乱婚性」とは異なるとも考えられるからである.

5. 性戦略・配偶者選択とテストステロン

5.1 2つの性戦略

　ヒトの性行動を扱う進化心理学研究では，ヒトのとりうる性戦略を短期的配偶戦略（short-term mating strategy）と長期的配偶戦略（long-term mating strategy）に大別して論じるのが主流であり，いずれも正常なヒトの性行動のレパートリーであるとしている（性戦略の理論：sexual strategies theory）[34]．短期的配偶行動は数分から 2，3ヵ月くらいまで，短期間しか続かない性的関係を指す．長期的配偶行動は，通常子どもの出産から子育てまでを含むような，長期間にわたる性的な結びつきに対応する．これらは両端であり，その中間くらいの長さの配偶関係も当然存在する．「戦略」と呼ぶのは，人々の配偶行動が単なる外部の要因によって引き起こされた結果ではなく，目的を指向した，特定の課題を解決するための個人の戦略的意思決定に基づく行為であるという意味合いからである．背景として考えられているのは男女それぞれの進化的適応課題（adaptive problem）である．すなわち，配偶行動はそれぞれの人が与えられた環境のなかで，一生のうち残せる子の数を最大化するという課題の解決に役立つように行われているはずだという作業仮説のもと，理論が組み立てられている．もっとも，これらの戦略が進化的利益を理解した行為者によって意図的に計画されたり，目的が意識されたりしているということを意味しているわけではない．繁殖シーズンに大声で鳴くセミやカエル，コオロギやネコが，「これによってライバルを蹴落とし，自分の遺伝子を残すぞ」などと意図しているわけではないのと同様である．

　進化生物学における性淘汰理論や配偶者選択の理論をもとに，デビッド・バスとデビッド・シュミットは，男女が短期的配偶戦略・長期的配偶戦略それぞれの文脈において，解決すべき異なる進化適応課題に直面するとし，それに応じて配偶相手に求める特徴も異なると考えた．ヒトでは，繁殖のために最低限必要な親としての投資は，セックスをし終わった時点で投資を切り上げることもできるために男性側のほうが圧倒的に少なくて済む．またメスも複数の相手との交尾に積極的であるニホンザルやチンパンジーのような乱婚の動物でもないため，女性と比較して男性のほうが，配偶努力の総体のうちで短期的配偶行動の占める割合がより大きくなる．そして，男性は短期的配偶戦略をとる際にはパートナーの数をできるだけ多くするという適応課題を解決しようとする．これに対し長期的配偶

5. 性戦略・配偶者選択とテストステロン　119

戦略をとる際には，繁殖能力の高い女性を見極めるのみならず，浮気をせず子育てのうまそうな女性を見つけようとするだろう．男性もかなりの割合で子育てに投資するヒトにおいては，知らずにパートナーの浮気相手の子どもを育てさせら

(a)

参加者の性別
■ 男性
□ 女性

希望するセックス・パートナーの数（今後30年間）

北アメリカ　南アメリカ　西ヨーロッパ　東ヨーロッパ　南ヨーロッパ　中東　アフリカ　オセアニア　南・東南アジア　東アジア

(b)

参加者の性別
■ 男性
□ 女性

一ヶ月後に性交に合意する可能性

非常にそう思う　3
　　　　　　　　2
　　　　　　　　1
どちらでもない　0
　　　　　　　-1
　　　　　　　-2
まったくそう思わない -3

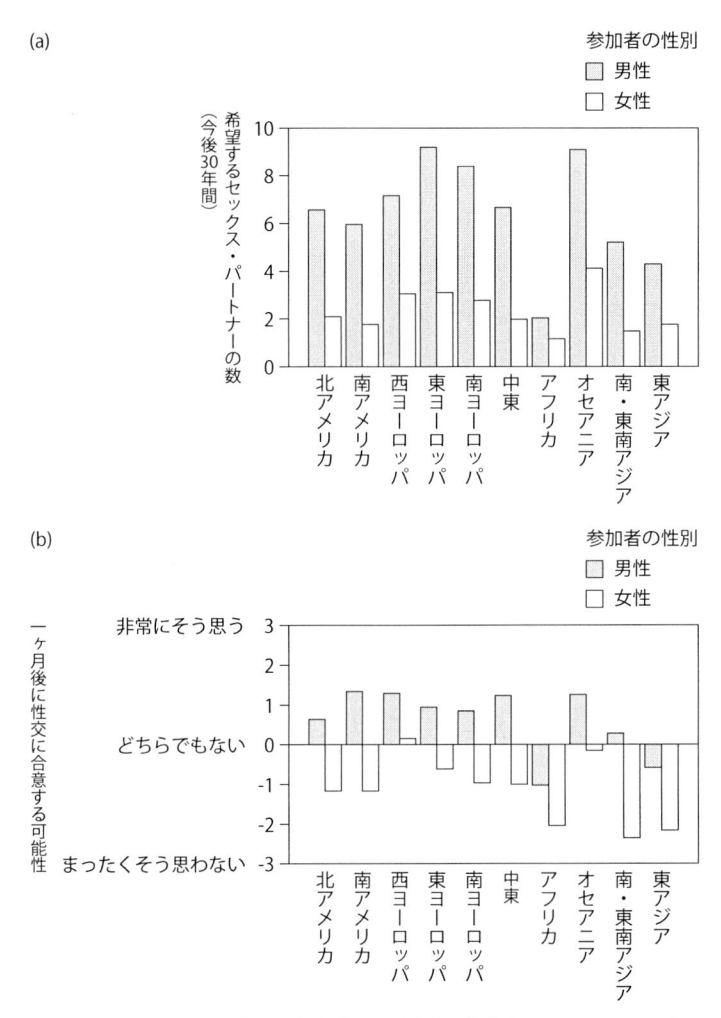

北アメリカ　南アメリカ　西ヨーロッパ　東ヨーロッパ　南ヨーロッパ　中東　アフリカ　オセアニア　南・東南アジア　東アジア

図4.7 大陸別にみた短期的配偶行動への許容度の性差（Schmitt et al., 2003）(a)「今後30年間」に望む性的パートナー数の平均値．いずれの地域においても，男性の方が女性と比較して，より多くの性的パートナーを望んでいることが見てとれる．(b) 魅力的な異性と知り合って「1ヵ月後」にセックスに合意する可能性を［3:非常にそう思う，0：どちらでもない，－3：まったくそう思わない］で評価した値の平均値．

れた場合の男性側の損失は多大なものになるからである．

これに対し女性では，短期的な配偶戦略をとる際にも求めるものは数多くの相手とセックスすること自体ではなく，それに伴って速やかに男性から資源を引きだすことや，長期的な配偶相手になりえそうな相手を物色することが目的だと考えられる．長期的な配偶戦略をとる際には，そもそも長期的な関係にたずさわってくれる心づもりのある男性を見つけだすこと，また資源を自分や子どものために投資する能力と心づもりのある男性を見つけだすことが課題となる．

これらの予測の正しさを検証するためにバスやシュミットは世界各地から繰り返しデータを収集しており，分析の結果はおおむね仮説を支持するものであった[35]．もちろん，女性の社会進出度や出産・子育てに対する社会保障の充実度などによって性差の減少がみられる配偶相手の選択基準もある．一方で，ベースの水準は調査された大陸や文化圏で大きな差があるが，性差が安定してみられる行動傾向もある．それは，短期的配偶行動をとることに対する許容性の高さであった（図 4.7）[11]．

5.2 顔の好みの周期的変化

性戦略の理論による予測や質問票の回答に基づくその検証は，日常的な判断と大きくずれてはいないし，ヒトはこうした戦略を意識的に立てることもできることから，さまざまな文化圏で支持するデータが得られたといっても意外性はあまりないかもしれない．これに対し，意識的な判断を排除した実験による調査で一般常識では予測もつかない結果が明確に得られたり，生理指標との関連が示されたりすると，仮説構築の枠組みとしての進化心理学理論の有効性がより強く支持されることになる．

ヒトの配偶者選択に関する調査で実験的手法が広まったきっかけは，コンピュータ・グラフィックス（CG）の技術により統制された顔画像刺激を比較的簡単につくることができるようになったことと関係しているだろう．顔の特徴点をワイヤーフレーム上にマッピングし，合成したい画像同士の点の中間点を算出し，中間の面と合わせて輪郭と色調を合成する．複数の顔画像を足し合わせていくと「日本人女性の平均顔」，「ミス・ユニバース参加者の平均顔」というように，個人の特徴を消し去った，しかしその集団の共通する特徴を表した平均顔を作成することができる．

まずわかってきたことは，平均顔はもととなった個別の顔より美しい，という

ことである.しかし一般的な人の顔でもたくさん集めることにより魅力度を際限なく上げることができるかというとそういうことはなく,一般的な人多数の平均顔よりも,モデルや美人コンテスト出場者の平均顔のほうがやはり魅力的である[36].また,女性の顔の魅力の中心的な鍵は「若さ」である.しかし若く幼く見えるほどよいというわけではなく,若さと女性らしさを兼ね備えていることが必要である[37].

女性の平均顔と男性の平均顔を作成しておき,これらをさまざまな比率で合成することにより中性的な顔や女性性,男性性の強さを操作した顔画像刺激を用意することができ,配偶相手選択基準を調べる実験に利用されてきた(図4.8).もちろん,実験参加者には研究の目的も画像のどこが操作されているのかも知らさ

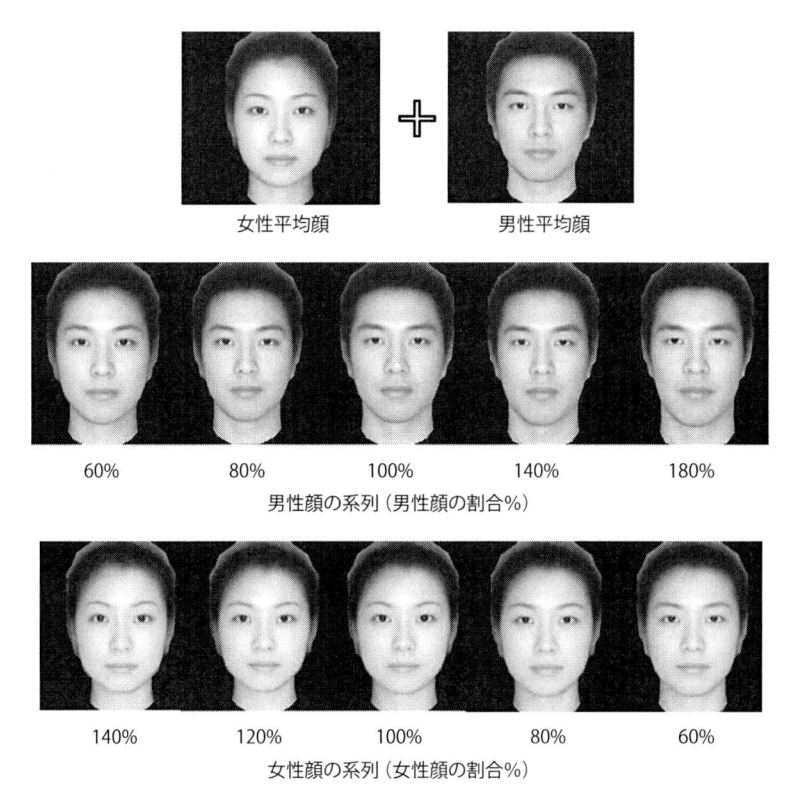

図4.8　日本人の男女の平均顔とそれらをもとに合成された顔
男性顔の系列と女性顔の系列は,女性平均顔と男性平均顔をそれぞれの比率で強調して合成することによって作成される.

れないから，違いがとても微妙ないくつかの写真から，最も好ましいものを直感で選ぶことになる．女性の顔に関しては調査されたどこの文化圏でも，男性からみても女性からみても，女性性の強調された顔が魅力的であると評定される．年頃の女性の繁殖能力の高さは女性的な特徴の強さで判断でき，そうした女性は配偶相手選択市場で価値が高いために，高く評価されると考えられる．

男性の顔に対する評価は，ことはそれほど単純ではない．当初，オスの性的アピールが動物の配偶者選択の基準として重要なように，男性性が強調された男性顔が魅力的であると女性から高評価されるはずだと予想された．これは調査が行われたいくつかの国では当てはまったが，日本やイギリスを含め多くの国では，男性らしさを抑えた，やや中性的な顔のほうが女性からも男性からも好まれた．男性性の強い顔は，病気に対して強く健康的な遺伝的素質をもっていることのしるしであったり，競争心が強く社会的地位が高いことを予想させたりする一方で，一夫一妻的ではなかったり攻撃的だったりと，長期間一緒に暮らすことや，子どもの親として振る舞うには不適当な性質をもっているという印象を与え[38]，実際にもそうであるケースが多いとされている．

それでは，遺伝的な利益が見込まれるときに限ると女性は男らしい外見の男性を好むのだろうか．そうであることが，性周期により妊娠しやすい時期とそうでない時期に分けて質問した調査や，「短期的な配偶行動の文脈」「長期的配偶行動の文脈」に分けて好ましい顔を回答させた結果から示されている[39]．また女性のなかでも，短期的配偶行動への指向性が高めの人たちは比較的男らしい男性顔を魅力的であると評定するという個人差もある．また，体格や体臭，声，しぐさの男性的な特徴に対する好みの変動が，CGにより操作した男性的な顔に対する好みの変動の様子と一致していることは興味深く，特筆すべきことだろう．

5.3 性ホルモンの濃度と魅力・配偶者選択

外見や行動のオスらしさ，メスらしさや繁殖能力は性ホルモンの働きと密接に関係しているため，性ホルモン濃度や性周期（性ホルモン濃度の周期的変動により引き起こされる）の違いと性的魅力や繁殖にまつわる行動との関連がいろいろ調べられてきた．前節で述べたように女性らしさを強調した女性の顔は魅力的だと感じられるが，顔のみならず体型でも性ホルモンのバランスと繁殖能力が対応し，また魅力の判断に影響を与えていることが知られている．女性は女性ホルモン（エストロゲン）の濃度が相対的に高いとヒップまわりに対してウェストがく

びれ，繁殖可能な年齢の女性に特徴的な砂時計型の体型となり，体重の重い軽いとは別に，魅力的と判断される重要な手がかりとなる．ウェスト周りサイズ÷ヒップ周りサイズの値（waist-to-hip ratio：WHR）が 0.7 程度の女性はさまざまな成人病にかかりにくく，妊娠を阻害する内分泌疾患・婦人科疾患をもっている可能性も低い[40]．

女性における WHR に対し，男性のホルモンバランスを示す指標に SHR（shoulder-to-hip ratio）というものがある．ヒップ周りと比較し肩幅が広い男性はそれだけ男性ホルモンの働きが強いと考えられる．男性の体型の特徴のうち，女性にとって魅力的とされる主要な要素が「引き締まったヒップ」であることも知られている．ただし，ボディービルダーにみるような極端に発達した筋肉は一部の男性にとってはあこがれの対象であっても，女性からは敬遠される．

前節では男性の顔の男らしさが，女性による魅力判断に及ぼす影響について述べたが，前に張りだした濃い眉，がっしりとしたあご，細く小さい目といった「男らしい特徴が強い」人物の男性ホルモン濃度は本当に中性的な顔立ちの男性より高いのか，いくつかの調査が行われた．代表的男性ホルモンとして，精巣でつくられるテストステロンの唾液中濃度が調べられることが多い．平常時の唾液中テストステロン濃度と顔の男らしさとの関連をみた研究では，関係性はほとんどみられないか，あるとしても極端に濃度が高い人や低い人を区別することしかできなかった[41,42]．

しかし，男性ホルモンの効き方の真価を表すのは平常時の濃度ではなく，テストステロン濃度上昇の必要があるときの上昇能力の程度かもしれない．ヒトの男性は他の多くの脊椎動物と同様，他の男性との競争状況や性的に魅力ある女性との出会いにより男性ホルモン濃度が上昇することが知られている．「他の男性との競争状況」は，本人自身が競争状況にあるときばかりとは限らず，スポーツ観戦など他者の競争を代理的に経験することでもホルモン濃度に同じような変化が生じる．イギリスで行われた研究では，実験参加者に相撲の取り組みを観戦させて勝敗の的中率を他の参加者と競わせた．実験参加者はそれぞれの取り組みの観戦前にいずれの力士が勝つか予測する（その力士が勝つように応援する）のだが，予測がよく当たったと成績を教えられた参加者の唾液中テストステロン濃度は実験前と比べて上昇しており，かつ実験後の男性ホルモン濃度が高い男性参加者ほど，自身の顔の男性度も高いことが示されたのである（図 4.9）[43]．

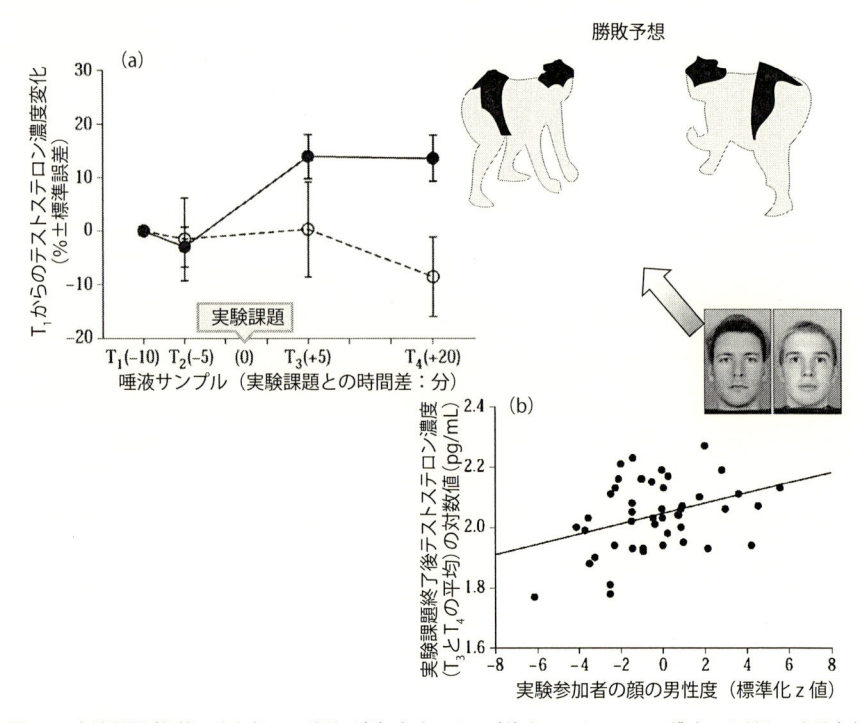

図 4.9 実験課題（相撲の取り組みの結果予想）成功による唾液中テストステロン濃度の上昇と，実験参加者の顔の男性度
(a) 黒丸：「勝ち」条件に割り当てられた実験参加者，(b) 白丸：「負け」条件に割り当てられた実験参加者．

5.4 挑戦仮説——男性ホルモンを上げるのに時があり，下げるのに時がある

ヒト男性の平常時の男性ホルモン濃度と，攻撃性や性機能といった男性ホルモンに依存するとされる特徴の個人差とのあいだに，なかなか思うような相関関係がみられないことは以前より知られていた[44, 45]．それがなぜか考えるには，男性ホルモンの濃度にはいくつかの閾値があり時期や状況に応じて変動すること，および高すぎる男性ホルモン濃度は免疫抵抗力を下げ，エネルギー効率を悪くし，寿命を縮めるなど生物の体にとって有害であるうえに，効率のよい繁殖のためにかえって不適切な行動を引き起こすこともあること，が手がかりとなる．

挑戦仮説（Challenge Hypothesis）はジョン・ウィングフィールドによって，鳥類のオスの体循環中テストステロン濃度が季節変動するパターンの，種による多様性を説明するために提唱された[46, 47]．繁殖シーズン以外でのオスの精巣の働き

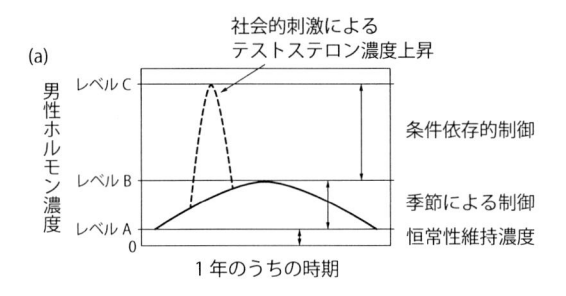

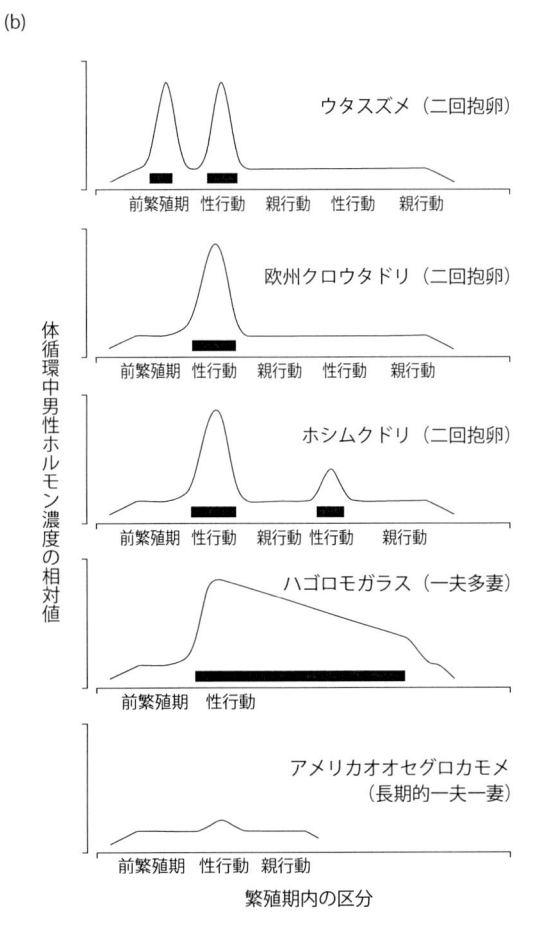

図 4.10 挑戦仮説の概念図 (a) と，鳥類のオスのテストステロン濃度季節変動の例 (b) ． (b) 水平の太い黒線は頻繁なオス間の相互作用や，配偶者防衛 (mate guarding) がみられる時期を示す．アメリカオオセグロカモメでは縄張りも配偶相手も十分に余っているため，競争はほとんど起こらない．

は抑えられており，テストステロン濃度は多くの種でゼロに近い（図4.10 a の A）．繁殖シーズンに入ると，日照などの環境刺激により精巣が発達し，テストステロン濃度は「繁殖シーズンにおける基準値」に達する（図4.10 a の B）．B は精子をつくり，第二次性徴を発現させ，性行動・攻撃行動など配偶に必要な行動のレパートリーをとらせるのには十分な濃度である．多くの種ではこれに加えて，オス間の競争や配偶行動が盛んな時期に合わせてテストステロン濃度が生理的な作用限界まで大幅に上昇する時期がある（図4.10 a の C）．この上昇はとくにオスの攻撃性を高め，オス間競争で有利になるのに役立っているようだ．ではなぜ濃度が C のままで保たれないのだろうか．

それは，オスの繁殖上の役割は縄張りを防衛し，メスを獲得して防衛し，交尾をする（配偶努力）だけではないからである．92%の鳥類の種は一夫一妻であり，子育ては雌雄が協力して行うのが一般的である．オスも卵を暖め，雛に餌を与えなければならない（親としての養育努力）．高すぎるテストステロン濃度は親としての養育行動を阻害し，巣立つ雛の数を減らし，結果的にその個体の繁殖成功度を下げることになる[48]．これに対し一夫多妻で子の世話をせず，繁殖シーズンを通して配偶努力にいそしむ鳥では，その間テストステロン濃度は最大値レベルに維持されており，B に戻ることがない．

細かいメカニズムや現象の多様性はあるものの，生活史段階の違いや社会的刺激に対応するオスの男性ホルモン濃度の調節は，脊椎動物を通じて広くみられることが知られている．

5.5 のぼせ上がり，ハネムーン効果から「よき父親」へ

哺乳類のなかで一夫一妻の配偶システムをとる種は5%ほどにすぎず，オスが直接に子の養育行動をとる動物も限られている．オスが養育行動をとる動物では，パートナーの出産に伴って，出産したメスと類似した各種ホルモン濃度の変動がオスにもみられるものも多い．テストステロン濃度の低下や乳汁産生ホルモンとして知られるプロラクチン濃度の上昇などであり，こうした変化のパターンはヒトにも当てはまる[49]．

恋愛ののぼせ上がり状態が長くは続かないことは 3.4 節で述べた．カップル成立から半年ほどのあいだ，男性のテストステロン濃度は非常に高いが，半年以上経つとテストステロン濃度は下がってきてパートナーのいない男性よりも低くなる[50]．幼い子どもをもつ男性ではさらに濃度が低くなる．繁殖努力のうち，配偶

努力から親としての努力にウェイトが変化していくことと対応していると考えられるが，ホルモン濃度の変化を引き起こす詳しい生理的・社会的メカニズムはまだ明らかではない．一夫多妻で結婚している男性はテストステロン濃度が高いままであるという報告もある[51]．

　性行動のあり方も生活史段階の推移に対応するように変化する．カップルが性行動を始めてから当初は非常に頻繁に性交を行うが，最初の1年を経た頃に頻度は半減する．その後も性行動の頻度は減少するが，変化の度合いはずっとゆるやかになる．この現象はハネムーン効果（honeymoon effect）と呼ばれている[52]．性交頻度の低下は，実年齢そのものの上昇よりも，同じ相手と性的関係をもってきた期間に依存するのである[53]．子どもが生まれると性交頻度はさらに低下し，しばしば元に戻らない．

5.6　スポーツ，文化活動，女性の競争

　幼いうちは人の手によって飼い慣らすことができる野生動物も，性成熟に近づくに従って気性が荒くなってコントロールが効かなくなり，人との共存ができなくなるケースが多いことはよく知られている．ヒトが文明社会を築く基盤の1つとなった牧畜技術の確立には，オスの家畜の去勢が鍵であったともいわれている．思春期前の去勢により，多くの動物で攻撃性と性行動の発達が阻害される[54]．オス同士の，社会的支配やメスの獲得をめぐる争いを抑えて人間のコントロールできる群れにするためには，繁殖用以外のオスの配偶活動を抑制することが不可欠なのである．

　繁殖期にオス同士の争いのために攻撃性が増大する生物の例に漏れず，ヒトにおいても青年期から若年成人期にかけて男性による攻撃性の急激な上昇が認められる．こうした性差や年齢変化は質問票による自己回答では現れにくく，また成長に伴うホルモン濃度の追跡調査のように，社会のなかの限定された参加者を対象としがちな研究では明確にはみられないことが多い．しかし，殺人犯罪の統計のような，その社会の構成員全体に関する客観的なデータでは，性別と年齢に依存する明確な人類普遍的なパターンがみられる．すなわち，女性は全年齢を通じて殺人を犯すことはほとんどない一方，男性では10代後半から20代にかけて殺人リスクの極端な上昇がみられ，その後加齢に伴い急激に危険性は下がっていく（図4.11 a）[55]．

　こうした性差と年齢変化のパターンは社会や民族の違いに関わらず驚くほど共

通しているが，全体の犯罪率そのものに大きな文化差がみられることから推測されるように，その現れ方は文化環境・生態環境の影響と無縁ではない．社会における貧富の差が大きく，期待余命が短く，そして教育機会が乏しく長期的な努力により社会的な成功を得る機会が限られている状況では，若者は自動車の危険運転やけんかなどリスクの高い競争行動により，手っ取り早く周囲に対する優越性を誇示し繁殖成功を収めようとする．結果，若い男性は事故や傷害により自らの命を失う可能性も高くなる[56, 57]．

若い男性の犯罪など高リスク指向性の行動が配偶努力の1つの現れであることを示唆する事実として，配偶相手を獲得し結婚することにより，犯罪者の再犯率を抑えることができることが挙げられる[58]．男性に子どもができることにも犯罪率を下げる効果があるという指摘もある[59]．

一方で，霊長類では身体的な攻撃性の高さが群れのなかでの社会的順位に反映されるとは限らず，高順位を獲得するには仲間との調整能力など，より複雑な社会的スキルが必要とされる場面が多い．ヒトでも当然，身体的な暴力行動や体を張った自己顕示行動が，高い社会的地位や異性の獲得に直接役立つ状況は限られており，他のさまざまな能力で男性は互いに競い合い，女性に自らを印象づけようとすると考えられる．

日常生活には必ずしも必要とされない多様な語彙を駆使して編みだされる文学や，音楽などの芸術活動を可能にする人間の過剰に高度な認知能力は，繁殖期のオスのジュウシマツやカナリヤがメスをひきつけるために複雑な歌をさえずる能力をもっているように，男性が女性を性的にひきつけるために性淘汰によって生じたのではないかとジェフリー・ミラーは提唱した[60]．実際に音楽や絵画，文学，科学研究の業績[62, 64]を挙げた性と年齢の分布を描くと，殺人曲線にみられるように女性では年齢を通じて成果がはるかに低いままであり，男性では比較的若い時期に多くの業績を上げるピークがあってその後急速に下がっていくことがわかる（図4.11 b～d）[62～64]．男性科学者やプロテニスプレーヤー[65]を対象とした分析では，結婚や子の存在[66]が業績の低下をもたらす一因であることが示されている．

これらの現象は前節で述べた，結婚や子をもつことにより男性のテストステロン濃度が下がるという報告とうまく合致しているようにみえる．しかし，男性の文化業績のピークが生じる年代は分野によってまちまちであり，全体的に殺人曲線よりも高年齢側にずれている．体循環中テストステロン濃度と行動の個人差や個人内変動との対応は単純ではなく，生理的・社会的メカニズムのさらなる検討

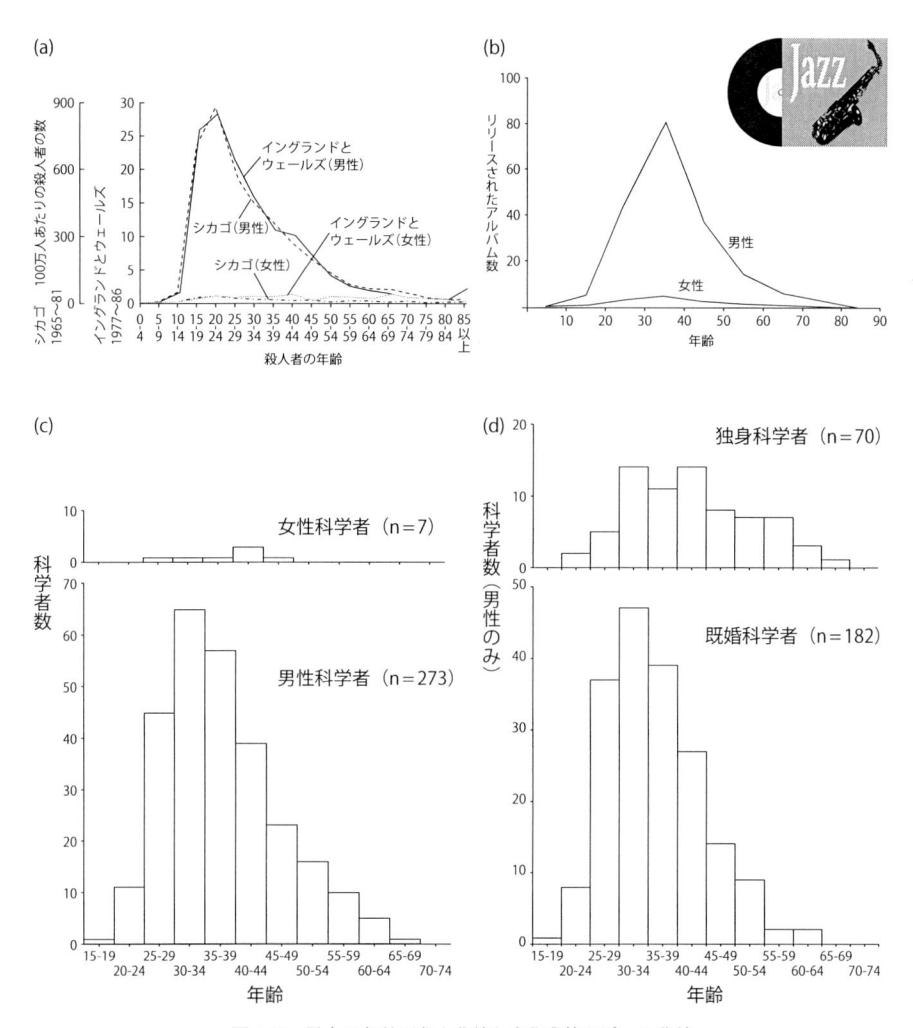

図 4.11　男女の年齢別殺人曲線と文化業績のピーク曲線
(a) イングランドとウェールズ，およびシカゴにおける性・年齢別殺人者の割合 [61]．(b) 1940 年代から 1980 年代にかけて，アメリカ合衆国とイギリスで製作されたジャズアルバムをランダムサンプリングし，作成者のミュージシャンの性・年齢別構成を描いたもの [62, 63]．(c, d) 280 人の科学者の経歴をもとに，それぞれの科学者が最も顕著な業績を残した年齢を性別 (c)・婚姻状況別 (d) にプロットしたもの [64]．

が望まれる．

　また，男性が少なからず子に投資を行うヒトにおいては，配偶相手を選り好みするのは女性だけではなく，長期的な配偶相手を選ぶ場合はとくに，男性も女性を慎重に選んでいる．さらに，周りの女性に対し優位に立ち男性を獲得するために女性のあいだでも競争があり，男性ホルモン濃度の高さが女性においても配偶をめぐる競争で有利になるために働いていることを示唆する報告もある[67,68]．ヒトにおける男性ホルモンの働きと繁殖戦略との関連については，まだまだ研究の余地があるといえるだろう．

設問

1. 一夫一妻の配偶システムにはどのようなバリエーションがあるだろうか．またそれらの実態はどのようなものだろうか？
2. オスとメスとでは一般的にオスのほうが交尾に積極的なことには，どのような進化的理由が考えられるだろうか？
3. 「同性愛は進化的に不適応な異常行動である」という主張には誤りがある．どこが誤っているのだろうか？
4. ヒトのいわゆる「恋に落ちる」現象はどのようなものであり，どのような生物学的背景が存在すると考えられるだろうか？
5. ヒトのカップルの付き合い始めにみられる頻繁な性行動が通例急速に減衰するのはなぜだろうか．また，他の動物で類似の現象はみられるだろうか？

第5章
考古学で探る心の進化

　ヒトはどのようにして進化してきたのだろうか．現代社会に生きる私たちはさまざまなモノに囲まれ，国家や法律といった組織や制度のなかで当たり前のように暮らしている．進化心理学は，ヒトの心の働きは長い進化の過程で自然淘汰によって形づくられてきたと考えるが，もちろん私たちの心や身体は現在のような環境で進化してきたわけではない．どのような環境のもとで，どのような認知能力がいつ頃出現したのか，その具体的なプロセスを明らかにできるのが考古学である．人類の心の進化について現在どのようなことがわかっていて，どのような問題が残っているのだろうか．考古学的な研究方法からわかることの特性や限界についても合わせてみていくことにしよう．

1. 考古学で心を探る

1.1 考古学とは何か
　考古学（archaeology）は，人類が残した物質的痕跡に基づいて，その行動，社会や文化のあり方や変化について研究する学問分野である．ヒトがつくったり使ったりした道具やキャンプをした痕跡，食物の残滓などが主たる資料であるが，その他にもさまざまな物質的証拠が考古学的研究の手掛かりとなる．ヒトそのものの痕跡である古人骨や化石人骨は古人類学の担当であるが，広義の考古資料にも含まれる．とくに，頭蓋骨から得られる脳の大きさや形態の情報は，認知進化を考えるための重要な証拠の1つである．人骨から抽出される遺伝情報も，近年は重要なデータとして注目されている．また，深海底堆積物や南極の氷床コアに含まれる酸素同位体や，地層に残された花粉や植物珪酸体などの分析から，過去の気候や環境変動を復元することもできる．こうしたありとあらゆる参照可能な物的証拠を用いて人類の過去を研究するのが考古学である．

　進化心理学は，ヒトの心が，進化の過程でさまざまな淘汰圧を受けて進化してきたという視点から人間の本性を明らかにしようとするものであるが，具体的に

いつ，どのような環境において，どのような行動が進化したかという点についての情報を提供できるのが考古学である．なかでも認知考古学は，人間の認知や行動に関する関連諸科学と連携しつつ，物質的証拠に基づいてヒトの認知進化のプロセスや，社会変化において認知的要因が果たす役割などについて明らかにすることを目指すものである．といっても，認知考古学が他の一般的な考古学とまったく異なる研究法を用いるというわけではない．考古資料に基づいて可能な限り科学的・客観的にそこに関与する認知的要因について明らかにしようという研究視点である[1]．

現代的学問としての考古学が成立したのは 19 世紀の中頃で，日本でも 1877 年にエドワード・モース（Edward Morse）によって大森貝塚の発掘調査が行われている．理科学的年代測定技術が開発される 20 世紀の中頃までは，文献史料によって年代が決定できない先史時代については，具体的に何年前の遺物であるかを確認する方法がなかったので，土器や石器などの人工物の形態的・技術的な特徴と，それが出土する層の重なり具合から，どのタイプのものが相対的に古いか新しいかを決めるしかなかった．したがって，考古学研究史の前半部分は，発掘調査と遺物研究から，この相対編年の枠組みをつくりあげる作業が中心であった．しかし，そうして相対編年の体系が確立し，さらに放射性炭素年代測定によって絶対年代を測ることが可能になったことから，考古学は文化や社会がなぜ変化したのか，という高次の問題にも迫ることができるようになった．放射性炭素年代測定とは，炭素の同位体である ^{14}C が約 5000 年を半減期とする一定のスピードで崩壊することを利用し，木炭や貝殻などの有機物に含まれる ^{14}C の量を測ることで，その生物が死んだ年代を算出する方法である．

科学性・客観性を重視した 1960 年代から 1970 年代の欧米考古学においては，心の問題は考古学的に研究することが難しいとして敬遠されてきた経緯がある．しかし，1980 年代になると心の問題を抜きにして人類の歴史を語ることはできないという批判が活発化し，意味や象徴といった視点からの研究が一転ブームとなった．哲学や社会学の理論を積極的に導入したこのムーブメントは，相対主義的な視点に立っていたため，科学的ではないという批判も多く出された．こうした論争のなかから，科学的・客観的方法を重視しつつ認知的問題に焦点を当てた研究を目指す認知考古学（cognitive archaeology）が誕生したのである[2]．

1.2 認知考古学の発展

認知考古学という名称は，これまでかなり幅の広い方法や立場の研究を指すのに用いられてきた．認知的側面や要因に注目した考古学的研究は，少数ながら伝統的な考古学の枠組みでも存在した．また，意味や象徴について考える考古学も広義の認知考古学に含まれることがあるが，こうした研究の多くは主観的な解釈によるところが大きかった．現在認知考古学という場合は，研究法の科学性・客観性を重視し，認知科学や進化的視点，脳科学などとの結び付きが強い研究を指すことが多い．そのなかでも，人類の認知進化についての研究は，進化心理学や発達心理学などに刺激を受けて近年発達した分野である．

ヒトの祖先がチンパンジーなど他の類人猿の祖先から分岐したのはおよそ700万年前と考えられているが，最古の石器が登場するのは約260万年前である．直立二足歩行の開始から道具づくり，火の使用や言語の獲得に至る長い進化の道のりの中で，さまざまな種類のヒトが誕生し，絶滅していった（1章参照）．その過程で心はどのように進化していったのだろうか．

学際的成果に基づいて提唱された認知進化のモデルとしてよく知られているのは，スティーブン・マイズン（Steven Mithen）によるものである．その理論の核となっているのは，現代人の心が1つの汎用コンピュータのようなものではなく，個別の課題に特化したプログラムであるモジュール（module）が集まってできているという考え方である．現代人が生得的に備えているモジュールについては，言語モジュールや表情認知モジュールなどが想定されているが，どのようなモジュールがどのくらい存在するのかについては研究者によって意見が一致していない．というのも，発達の仕方や心理実験，脳損傷患者の症状などから，ある程度独立した認知システムが複数存在することがうかがわれるものの，通常私たちの思考は課題や領域によって分断されてはおらず，さまざまな領域に関する知識を統合したり，ある出来事からまったく別のものを連想したりすることができるからである．マイズンの言葉によれば，現代人の思考はきわめて流動的である．しかし，私たちの祖先が残した行動痕跡をたどってみると，ある段階以前のヒトは，私たちとはかなり異なる思考ないし認知能力をもっていたと考えざるをえない．

考古学的資料から復元できる行動パターンはあまり細かな分析には向かないため，ある程度大雑把な分類にならざるをえないが，石器製作に関わる技術的知能，社会的コミュニケーションに関わる社会的知能，そして自然環境を理解し，食料を獲得することに関わる自然史的知能の3つの領域をマイズンは設定している．

これらについては，それぞれ特定の考古学的証拠に基づいてどの程度の能力が存在したかを推定することができる．さらに，それぞれの認知能力と全体的な文化や社会のあり方を考え合わせてみると，人類の認知進化の興味深いプロセスが浮かび上がってくる．

次節からは，具体的な事例に触れながら，認知考古学的研究がこれまで明らかにしてきたことについてみていくことにしよう．

2. 石器から読み解く認知進化

2.1 石器研究と認知神経科学

初期人類の認知能力やその特性を探るための資料は，ほぼ石器に限られる．チンパンジーはアリ釣りをするときに手ごろな木の棒を噛んで加工することが知られており，初期人類も木質の道具を使った可能性はあるが，残念ながら有機質の証拠は腐朽しやすく残存することが少ない．

ドイツのシェーニンゲンで発見された驚くほど保存状態のよい投槍は，今のところ最古の木製人工物であり，また最古の明確な狩猟具でもある．全部で8本見つかった槍は2mほどの長さで，土圧でやや押しつぶされていたものの，トウヒの幹の堅い部分を選んで石器で丁寧に成形された優品である．その形状は現在の競技用の投槍と共通しており，高度な製作技術の存在を示している．シェーニンゲンの槍は多数の野生馬の骨とともに埋没しており，槍が馬の狩猟に使われたことは明らかである．このことは，40万年前にこの槍をつくったヒトであるホモ・ハイデルベルゲンシス（*Homo heidelbergensis*）がアクティブなハンターであったことを示している．

考古資料の大部分を占める石器から，その製作者の認知的能力を推定することは可能だろうか．石器の製作技術と言語とのあいだに何らかの進化的な関係があり，石器のあり方から言語の進化を読み解くことができるのではないか，という魅力的な課題に，長年にわたって多くの研究者が取り組んできた[3]．

おそらくホモ・ハビリス（*Homo habilis*）によるとみられる最初期の単純な石器群はオルドワン石器と呼ばれ，そこからヒトの石器製作技術は250万年以上の年月をかけて徐々に複雑化していく．それと並行して脳も徐々に大きくなっていく（図5.1）．オルドワン石器のチョッパーは，手ごろな大きさの礫の一部を打ち欠いて刃を付けただけの石器である．下部旧石器時代の後半期になると，ホモ・

エレクタス（*Homo erectus*）は，何度も剥片を割りとることを繰り返し，左右対称で長いエッジをもつハンドアックス（握斧）と呼ばれる石器をつくるようになる．これが前期アシューリアン石器である．さらに，今から40万年前のホモ・ハイデルベルゲンシスは，より3次元的に対称なハンドアックスをつくるようになる．また，石の塊（石核）から剥ぎ取った剥片を石器として使用することも始まる．この段階のものは後期アシューリアン石器と呼ばれている．

　このようなある程度複雑化した石器製作は，いくつかの工程の組み合わせによって達成される．したがって，石器づくりのプロセスを詳細に復元することは，そうした行為を可能とする認知能力を推定する根拠になるかもしれない．石器製作工程の階層的な組み合わせが，音素，形態素，統語法といった言語文法と構造的に類似していることに注目し，大胆に石器から

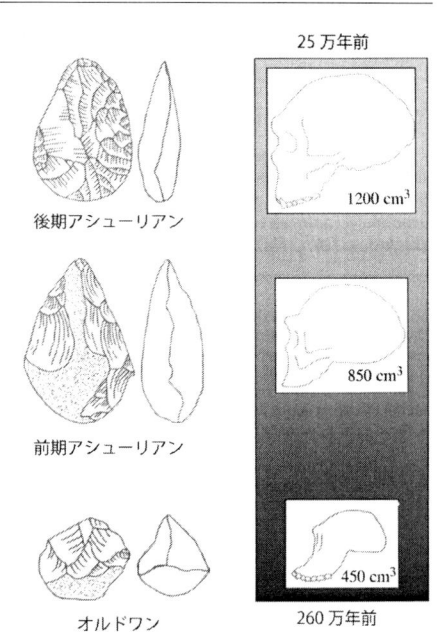

図5.1　石器製作技術と脳の大きさの変化（Stout, D., Toth, N., Schick, K. & Chaminade, T.: Neural correlates of Early Stone Age toolmaking : Technology, language and cognition in human evolution. *In* Renfrew, C., Firth, C. & Malafouris, L. (eds.) : The Sapient Mind, pp. 1-19, Oxford University Press, 2009 ; Figure 1.1 を改変）

言語の発達を読み解こうとしている考古学者もいる[4]．しかし，言語と道具づくりの習得の仕方は，少なくとも現生人類においては大きく性格が異なっている．言語については明らかに生得的なモジュールが存在し，最小限の刺激があればほとんどの人が何なく言語をマスターできるのに対して，石器づくりに必要な手続き的知識を獲得するには繰り返し根気よく練習することが欠かせない．こうした違いから，道具の製作や使用における階層性から文法的言語の存在をダイレクトに復元することは難しいだろう[5]．

　一方，近年の認知神経科学の発展により，石器づくりと言語の関係を示す新たな証拠が見つかっている．言語の理解や発話に関わるとされる脳内の部位である

下前頭回が，道具の製作や使用に必要な手を使った物体の操作にも関わっていることがわかったのだ．このことは，少なくとも道具の製作・使用と言語の発達が進化の過程で密接に結び付いていた可能性を示している．

実際にオルドワン石器と後期アシューリアン石器をつくるときに，脳のどの部分が活性化しているかを PET スキャン（陽電子検出による機能画像撮影）と fMRI によって調べた研究から，2 種の石器をつくる際に共通して活性化する部分とともに，後期アシューリアンのハンドアックスをつくるときにのみ活性化される部分もあることがわかった[3]．オルドワン石器をつくるときに主として働いているのは，視覚対象が空間のどこにあるのかを理解する空間認識や，物に手を伸ばすというような行動にかかわる背側皮質視覚路 (dorsal stream) と呼ばれる部分である．この部分に加えて，アシューリアン石器をつくるときには，右側の腹側前運動皮質と，ブローカ野の一部である三角部 (pars triangularis) が活性化する．腹側前運動皮質は，作業記憶と意思決定に関わる部分であり，三角部は，より抽象的な行為表象と，意味的・統語的な統合を含む階層的組織化の能力と関連付けられている．この違いは，それぞれの石器をつくるのに必要な認知的能力が異なっていることを示している．

現代のボノボにオルドワン石器のつくり方を教えると，全体的なやり方は比較的容易に理解するものの，石の形からどこをどのように敲けば良いかを判断し，腕の動きをうまく調節するという知覚と運動の協調がうまくいかない[6]．つまり，オルドワン石器をつくる工程は単純で，階層的な概念的理解は必要としないが，知覚と運動の協調と高度な運動のコントロールという点で，オルドワン石器をつくったホモ・ハビリスないしアウストラロピテクスは他の類人猿とは異なる独自の認知能力を獲得していたことがわかるのである．さらに，この新しい能力は発声のコントロールに関係する脳の部位に対する要求を増加させることによって，音声言語の発達を促した可能性がある．そして，より高度な製作技術に基づくアシューリアン石器をつくったホモ・エレクタスやホモ・ハイデルベルゲンシスは，より階層的に複雑な，多くの段階にわたる行為の連続を経て最終的な目標を達成することができたという点で，現生人類が話す言語にも通じる認知能力を備えていたと考えられるだろう．

2.2 ハンドアックスの謎

石器づくりに必要な認知的能力については，技術的な視点から論じられること

が多かったが，社会関係の構築や性淘汰という視点からの検討も進んでいる．ホモ・エルガスター（*Homo ergaster*）やホモ・エレクタスが140万年前につくり始めたハンドアックス（handaxe）と呼ばれる石器がその対象である．ホモ・エルガスターやホモ・エレクタスは，アウストラロピテクスやホモ・ハビリスといった古い祖先に比べて格段に脳容量が大きく，体格もよく，完全な二足歩行を獲得して現代人とよく似たプロポーションをしていた．石器の製作技術もより複雑なものになった．ホモ・ハビリスがつくったオルドワン石器は，石を打ち欠くことで機能的なエッジをつくりだしてはいたが，一定の決まった形というのはなかったのに対して，ハンドアックスはある一定の形態的特徴をもっているのだ．ある程度の多様性はみられるものの，基本的には洋梨あるいはティアドロップ形をしていて，ちょうど大人の手に握れるくらいの大きさをしている．そして，周囲からぐるりと剝片を剝ぎ取ることで，全周にエッジが形成されている（図5.1上）．

　こうした特徴をもつハンドアックスが，きわめて使い勝手のよい道具であったことは間違いない．実験考古学によって，動物の解体をするのに適していることが確認されているし，遺跡から出土する動物骨に残る傷跡やハンドアックスの摩耗痕からもそうした用途に使われたことは確実である．基本的な形を変えずにこの道具が約5万年前まで使われ続けたことも，その機能性の高さによるものだろう．

　しかし，ハンドアックスにはその道具としての機能だけでは理解できない謎がいくつかある．まず注目されるのは，実用品としては不必要と思えるほどにその形が対称で均整がとれていること，つまり美しいことである．また，せっかくつくったにもかかわらず，ほとんど，あるいはまったく使わないまま残されているものがしばしばあり，1つの遺跡から大量に出土したりすることもある[7]．実際に使うには大きすぎるものもいくつか見つかっていることも，単純に動物解体用の道具としては解釈できない．ハンドアックスが単なる機能的道具であれば，必要以上に均整のとれた形に整えたり，必要以上にたくさんつくったり，必要以上に大きなものをつくったりすることはないはずだからである．

　このハンドアックスの謎を解くものとして提唱されたのが「セクシーなハンドアックス」仮説である[8]．必要以上に時間と労力をかけて整った対称形の石器をつくるのは，作り手にとってハンディキャップとなりうる．あえてそうしたものをつくることで，自分が優れた認知的，行動的，身体的形質を備えていることを異性にアピールできるというのがこの説の骨子である．石器をつくるのに適した石を探すことのできる環境探索能力，手の動きを微妙にコントロールできる身体

能力，美しい対称形に仕上げることを可能にする計画性や柔軟性といった認知能力などを，ハンドアックスをつくるという行為によって示すことができる．未使用のハンドアックスが多くみられることは，ハンドアックスを実際につくっているところを異性にみせることが重要だったからかもしれない．完成品をもっているだけだと，他の誰かがつくったものを拾ってきた可能性があるので信用できないからだ．

　ハンドアックスが対称性を意識してつくられていることは，異性の対称性を好むという知覚バイアスに基づいているかもしれない[9]．これは本来，病気や遺伝子の突然変異，成長中のさまざまなストレスなどによって身体的な非対称性が生じやすいため，対称性が高い身体をもつ異性が繁殖相手として好まれることに由来していると考えられる．この性淘汰の1つの基準がベースとなって，多くの動物は対称的な形態に対する指向性をもっている．われわれ現代人も例外ではなく，ホモ・エレクタスもおそらくそうだっただろう．対称性の高いハンドアックスは，初期人類の目にも美しく見えたはずである．

　ではこのハンドアックスをつくって異性にアピールしたのは，果たしてオスだったのか，それともメスだったのだろうか．製作者の性を明らかにするのは現在の考古学では難しい．狩猟や獲物の解体などに使われる道具だということで，考古学者は石器一般の製作者を男であると推定することが多い．しかし，女性が石器をつくるという民族例もあるし，ハンドアックスをメスがつくった可能性も当然ある．もし，一夫多妻の配偶システムであれば，メスを獲得するためにオスはより競い合うプレッシャーが高かったと考えられるから，オスがハンドアックスをつくった可能性が高いだろう．ただし，エレクタスの体格の性差は，ゴリラなどの一夫多妻型の類人猿に比べて大きくないことから，その可能性はあまり高くはない．いずれにしても，ハンドアックスはクジャクの羽根のように，優良な遺伝子をもっていることの指標として，初期人類の性淘汰システムのなかに組み込まれており，それが長期にわたってこの遺物がつくり続けられた理由だったとする説は考古資料のあり方をうまく説明できる．遺伝子の変化によって身体の特徴を変えるのではなく，人工物によって異性にアピールするという，現代人につながる人間行動のはじまりである．

　ハンドアックスにはもう1つの謎がある．それは，100万年以上という途方もなく長いあいだ，基本的な形態や制作技術を変えることなく連綿とつくり続けられたということである．これがどういうことなのか，ここ1万年間に起きた文化

変化のスケールとスピードと比較してみよう．1万年のあいだに，人類は農耕を始め，さまざまな様式の土器をつくり，青銅器や鉄器をつくり，コンピュータまでつくりだした．われわれが生みだす道具はデザインや機能性を向上させることで，徐々にその形を変化させていく．それに対してハンドアックスは，形が整ったものが後半に増加するというような変化はあるとしても，100万年もの間基本的に変わらずつくり続けられるということは，現代人からみればまったく奇妙なことである．しかし，逆に考えれば，最近の1万年のあり方が特異なのであって，物質文化が緩慢にしか変化しないのが，本来のあり方なのかもしれない．この問題については，ホモ・エレクタスやホモ・ハイデルベルゲンシスより新しく，現生人類とも一定時間共存していたネアンデルタール人の認知と行動に焦点を当てて，さらに追求してみよう．

3. ネアンデルタール人の心にせまる

3.1 ネアンデルタール人の生活

ネアンデルタール人 (Neanderthal) は，40万年ほど前に現生人類と共通の祖先から分岐し，約3万年前に絶滅してしまった，私たちに最も近縁の別種のヒトである．20世紀初頭には毛むくじゃらで野蛮な類人猿のような姿で復元されていたが，その後容貌や行動においてかなり私たちと似ているところもあったことがわかってきた．他のより古い人類に比べて考古学的な証拠も充実しており，ネアンデルタール人と私たちを比較することは，いつ，どのような認知能力や行動様式が進化したのかを考えるうえで重要な示唆を与えてくれる[10]．

ネアンデルタール人の脳容量の平均は現代人より大きく，男性で 1600 cc もあった．氷河期のヨーロッパに適応してがっしりとした体格のネアンデルタール人は現代人よりも体重が重かったが，体重との比率で計算しても，脳の大きさは現代人に劣ることはない．男性は 165 cm ほどの身長におよそ 80 kg の体重，筋肉質で，胴が太く長いのに対して四肢は短いという，寒冷地に適応した体つきをしていた．脳の大きさではほとんど私たちと差がないが，脳頭蓋の形は現生人類より上下につぶれて前後に長く，額は傾斜している．このため，脳自体の形も私たちとは異なっていたのであるが，それが脳の働きの違いとどのように関連するかについてはまだよくわかっていない．顔は大きく，大きな鼻を中心に上顔部が前方に突出しており，眼窩上隆起も発達していた．頤（おとがい）のない，大きくて頑

丈な下顎をもっていたことも特徴である．こうした容貌の違いもあるが，現代人の形態にはかなりの多様性があるので，もしネアンデルタール人がスーツを着てニューヨークの地下鉄に乗っていても誰もおかしいとは思わないだろう，ともいわれている[11]．

後で述べるように，イタリアなど暖かい地域では小動物などを積極的に利用することもあったが，大部分のネアンデルタール人は寒冷な地域で大型の草食動物を利用して生活していた．骨に含まれる窒素や炭素の同位体の比率から，その生物がどのようなものを食べていたかをある程度推定することができるが，その結果も，ネアンデルタール人が肉食動物と同じくらい肉に依存した食生活であったことを示している．スペインの遺跡から出土したネアンデルタール人の歯に付着していた歯垢の分析から，調理した植物質の食料を食べていたこと，カモミールやノコギリソウなどを薬用として摂取していたことがわかっており，必ずしも肉ばかりの食生活ではなかったようである．しかし，とくに高緯度地域では植物質の食料は年間を通じてわずかしか得ることができず，摂取カロリーのかなりの部

図 5.2 デデリエ洞窟（シリア）の発掘成果に基づいて描かれたネアンデルタール人の生活想像図（画：細野修一）（赤澤威編著：ネアンデルタール人の正体，朝日新聞社，2005；口絵）

分を肉に依存していたようだ（図5.2）．

出土した人骨からは，骨折などの外傷が多かったことがわかっており，男女とも活発に狩猟を行っていたと考えられる．ネアンデルタール人の男性はとくに右腕の筋肉がポパイのように発達していたが，女性はそれほど左右の差がみられないため，狩猟への関わり方には男女に差があったようだが，現代の狩猟採集社会でしばしばみられるような男女の性別役割分業はネアンデルタール人にはなかった可能性が高い[12]．いずれにしても，ネアンデルタール人の狩猟法は，基本的には石の槍先を付けた槍を至近距離から動物に投げる，あるいは突き立てるという危険なものだったようだ．ネアンデルタール人男性の極度に筋肉の発達した右腕は，利き腕で思いっきり槍を投げるという動作が頻繁に行われていたことを物語っている．女性や子どもたちは，獲物を追いたてたり，予備の槍を男性に手渡したりすることで狩猟に参加していたのだろう．

民族誌で確認できる狩猟採集社会のうち，極北地方などの寒冷地を除くと，女性は小動物や植物質食料の採集活動，男性は大型動物の狩猟を分担しているところが多い．もちろん，実際には例外も多く，厳密にこうした性別役割分業が徹底しているわけではないが，ある程度ジェンダーや年齢に基づく役割分担を規範とすることで，多様な資源を利用したり，住居や衣類などの物質文化をつくったりという生活に資するさまざまな活動が効率よくできるといった適応上のメリットがあるのだろう．遺跡や遺骨の分析からみると，こうした現代人的な生活様式が出現したのはホモ・サピエンスの登場以降，つまり，人類史においては比較的最近の現象ということができる．これ以前の性別分業のあり方についてはまだ不明な点が多く，現代人の認知能力における性差について考えるときに現代の狩猟採集民にみられる性別分業を参照することには慎重でなければならない．

3.2 ネアンデルタール人は言葉を話したか

ネアンデルタール人がどのような言葉を話していたかということについては，人類の認知進化のプロセスに関わる重要な課題として熱い議論が戦わされている．言葉を使ってさまざまな知識や情報を伝え合うことで，私たちは複雑な社会関係を取り結び，文化を継承し，詩や文学のような芸術作品を生み出している．言語は現生人類の認知を支えるきわめて重要な能力である．話し言葉自体は物質的な証拠を残さないので，考古学的に直接確認することができない．しかし，流暢に言葉を話すためには，いろんな音声を発することが必要であり，それができ

る解剖学的・生理学的基盤が人類進化の過程でいつ備わったかという点については化石人骨に基づく研究が進んでいる[13]．

これまでに確認されているところでは，ネアンデルタール人やホモ・ハイデルベルゲンシスの舌骨が現生人類とほぼ同じであることがわかっている．舌骨は舌の筋肉の起点となる骨であることから，これをもって現代人と同じような発話が可能であったとする見解が出されているが，舌骨が同じだからといって発話にとって重要な声道の形状も同じであったとはいえないという批判もある．

さらに，言語を操るには，いろんな声が出せるだけでは不十分だ．言語というのは，階層的な象徴的認知能力に基づいているからである．擬音語や擬声語などは，モノや動物などが出す音を真似ているが，大多数の言葉は，音と意味とのあいだに必然的な関係があるわけではない．「りんご」という言葉が赤い果物を表すということは，その言語を習得する過程で学ばなければならない．

また，私たちが使っている言語はメタファーにも満ちている．認知言語学者のジョージ・レイコフによると，私たちは身体的経験に基づくいくつかのイメージ・スキーマをもっており，それが言語による表現の基礎になっているという[14]．たとえば，重力のある地球上で生活し，天空や親を上に，地面や子どもを下にみるという経験からは，上／下という方向性について価値観を伴うイメージ・スキーマが形成される．ものを食べたり排泄したりするという生理的な経験からは，自分の身体をものが入ったり出たりする容器とみるイメージが形成され，内／外というイメージ・スキーマが生まれる．こうしたイメージ・スキーマが，その元となる直接的な身体的経験から離れて，さまざまな抽象的な事象を理解するのにも使われるのだ．つまり，「お前より私の技術のほうが上だ」とか，「幸せの青い鳥は自分の心のなかにいる」といった表現は，イメージ・スキーマに基づく象徴的な認知能力がなければ発することも理解することもできないだろう．ネアンデルタール人はそうした認知能力をもっていただろうか．

3.3　ネアンデルタール人と現生人類の心の違い

氷河期のヨーロッパでたくましく生き抜いていたネアンデルタール人だが，その認知や行動は，現生人類とはかなり違っていたようだ．その違いが最も顕著なのは，宗教的信念の存在を示すような象徴的人工物がないことと，文化的イノベーションの欠如である．

ネアンデルタール人は，考古学者がルヴァロワ技法と呼ぶ特徴的な石器製作技

術をもっていた.それは,道具として使用するのに適した大きさと形を備えた剝片を採るために,なんども打撃を加えて石核(そこから石器をつくる石の塊)の形を整え,ちょうどいい具合になったところで一発打撃を加え,目的の剝片を得るという技術である.これは,明確な目的意識と計画性,微妙な力加減や打撃の角度の調節,そして柔軟性を必要とする難しい作業であり,石器研究を専門とする考古学者が習得しようとしても,かなり修行を積まなければ上手につくることはできない.この技術によって得られるルヴァロワ剝片を利用した尖頭器がネアンデルタール人の主たる狩猟具であった(図5.3).

石を正確に思ったように割ることは案外難しい.絶妙な手のコントロールができたとしても,石の節理や不純物の存在などによって,思い通りに割れてくれないことがある.そこで,最終的に意図した形にするためには,割れ方に応じて次にどこを,どのような角度で打つかという戦略を変えていかなければならない.ネアンデルタール人は,石器づくりにおいてはこうした柔軟性を十分にもっていたということになる.

また,環境の変化に対応して生業戦略を変えるという柔軟性ももっていたようだ.イタリア西部・中部に居住していたネアンデルタール人は,5万5000年前ま

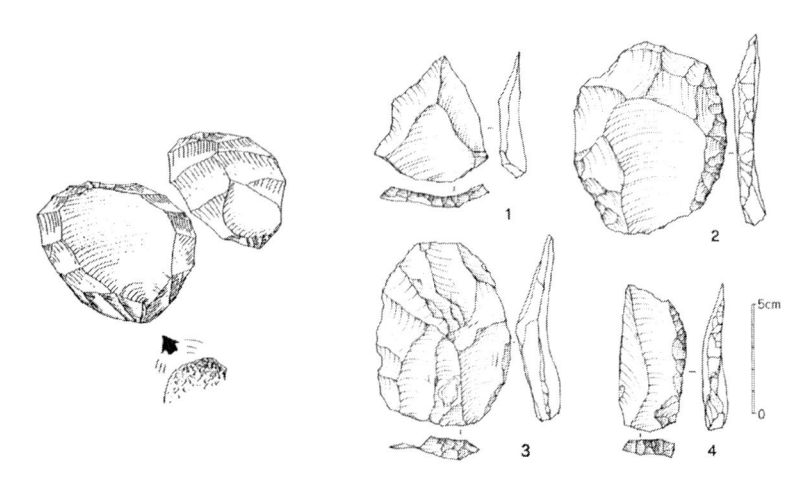

図5.3 ルヴァロワ技法による剝離技術模式図(左)とネアンデルタール人が使用した石器(右)(西秋良宏:1日を想像する.*In* 赤澤威:ネアンデルタール人の正体, pp.283-310,朝日新聞社, 2005;図11-4, 11-6)
1と3はルヴァロワ技法で剝がした剝片.2と4は剝片の側面に細かい剝離を加えて刃をつけたもの.

では亀や貝類などの小動物をかなり食べていたことが，遺跡から出土する食物残滓からわかっている．遊動性が高く，限られた場所でとれる良質の石器石材でつくった石器を，欠けた部分を再加工するなど大事にメンテナンスしながら持ち運んでいたと推定されている．しかし，5万5000年前に気候が寒冷化し，アカシカやダマジカなどの大型の草食動物がこの地域まで群で移動してくるようになると，大型草食動物の狩猟に特化していった．それも，手当たり次第に狩るのではなく，大きく肥えた成獣を中心に仕留めていたのだ．これは，幼獣をみだりに殺さないことで，資源の枯渇を防ぐという，現生人類の狩猟採集民と同様の高度な狩猟システムをネアンデルタール人ももっていたことを意味する．石器においても，地元で採れる石材を主として用いるようになり，石器の刃部をメンテナンスする頻度も減少するなどの変化があった．つまり，環境の変化に対応して狩りの仕方や石器の製作技術体系を変えられるような柔軟性がネアンデルタール人に備わっていたということになる．

　ただし，このような変化にもかかわらず，石器の形態的特徴はほとんど変化していないことは注目すべきである．ネアンデルタール人が狩猟や動物の解体に使った石器は基本的に同形で，狩猟具は槍先として使用されたと考えられている．サイズや長さには若干の差異がみられるが，それはほぼ石器素材の形態に起因するものとみられる．イタリアの事例にみられるように，小動物の狩猟や屍肉あさりから，大型の草食動物を中心とする狩猟へと，狩りのスタイルが大きく変化したにもかかわらず，この地で暮らしたネアンデルタール人がつくった石器は，この変化の前後でほとんど変わらなかったのである[15]．

　これは，現代人の私たちからすると実に不思議な現象である．この奇妙な知能のアンバランスを説明するための有力な仮説が，先に述べた認知のモジュール性ないし領域固有性を想定するものである．つまり，ネアンデルタール人の心は領域固有の認知システムの独立性が高く，領域を超えた情報のやりとりがうまくできなかったのではないか，というわけである[16]．狩猟という行動に関する認知は，狩猟対象動物に関する自然史的知能に属し，石器づくりに関する認知は技術的知能に属する．狩猟法の変化に応じて新しい道具を開発するためには，両方の領域のあいだに流動性がなくてはならない．そうした行動の変化が起きなかったということは領域間の認知的流動性がなかったためではないか，と考えるのである．

　宗教的信念の存在を示すような象徴的な遺物がほとんどみられないということも，この仮説で説明することができる．神や精霊といった超自然的な存在のイメ

ージを示す考古学的証拠は，さまざまな領域にまたがって形成されるものだからだ．ギリシャ神話に登場するパンは人間と山羊が融合した姿をしているし，羽の生えた天使も鳥と人間の要素を備えている．このように動物と人間を融合させることで生まれる超自然的な存在のイメージは，ドイツのホーレンシュタインで出土したライオンの頭部と人間の身体をもつ像まで遡ることができる．この像は同じ層位から採取された炭化物の放射性炭素年代から約3万2000年年前のものとみられる．

　ヒトや他の動物の姿を写実的に，あるいはデフォルメして絵画や浮き彫り，小像に表現するということも，社会的知能や自然史的知能と技術的知能がうまく連携しなければ不可能である．象牙や石，土などでつくった女性や動物の像は，領域を超えた認知的流動性の証拠とみることができる．ドイツのホーレフェルス洞窟では，3万5000年前から4万年前にさかのぼるとされる，現時点で最古の女性像が発見されており，やや時代は下るが3万1000～3万3000年前とされる水鳥を模した像や，ホーレンシュタインのライオン人間と同様の小型の像が出土している[17]．こうしたヨーロッパの北部や西部で発見される3万年前より古い年代の象徴的遺物については，ネアンデルタール人によって残された可能性を指摘する研究者もいるが，4万年以上前にホモ・サピエンス（*Homo sapiens*）がイギリスやイタリアにも進出していたことを示す年代測定結果もあり，動物や人間を明らかに表現した人工物はやはりホモ・サピエンスによるものであると考えた方がよさそうである[18]．確実にネアンデルタール人が残した遺跡からは，このような遺物が出土した例はない．

　装身具も，社会的知能と物質文化の創造に関わる技術的知能とが結びつくことによって生まれるものである．ホモ・サピエンスは，約7万年前から，小さな貝殻に穴を開けてビーズをつくったり，赤色の酸化鉄を粉にして身を飾ったりしていたと推定できる証拠が，南アフリカのブロンボス洞穴から出土している．その後，一部の集団がアフリカを出てヨーロッパに進出すると，動物の牙などを使った装身具が発達する．

　ネアンデルタール人はどうかというと，二酸化マンガンを含む石を削ってその粉に水や血液などの液体を混ぜて黒い顔料をつくり，それでボディペインティングをした可能性が指摘されている．石器でこすった形跡のあるこの種の石がネアンデルタール人の遺跡から出土することがあるからだ．顔料といえば洞窟壁画にも使われるが，ヨーロッパ南西部に進出したホモ・サピエンスがラスコーやアル

タミラのような素晴らしい洞窟壁画を多数残したのに対して，確実にネアンデルタール人が描いたとみられる壁画は1つも見つかっていない[19]．したがって，ネアンデルタールの顔料使用法としてはボディペインティングの可能性が高いわけだが，それが象徴的な意味合いをもっていたと即断するわけにもいかない．高緯度の環境に適応したネアンデルタール人の肌の色は白かっただろうから，狩猟のときに迷彩の目的で黒い色を体に塗った可能性もある．一種の化粧のようにして，異性にアピールするのに使われたり，アフリカからやってきたホモ・サピエンスの黒い肌を真似たりといった，高度な象徴能力を必要としない行動であったかもしれない．

装身具は，ネアンデルタール人が暮らしたいくつかの遺跡からも見つかっている．動物の骨や歯でつくったペンダントを伴うネアンデルタール人の文化は，3万5000年前から3万年前という，ネアンデルタール人が絶滅する直前の時期に属しており，シャテルペロン文化と呼ばれている（図5.4）．これらの事例から，ネ

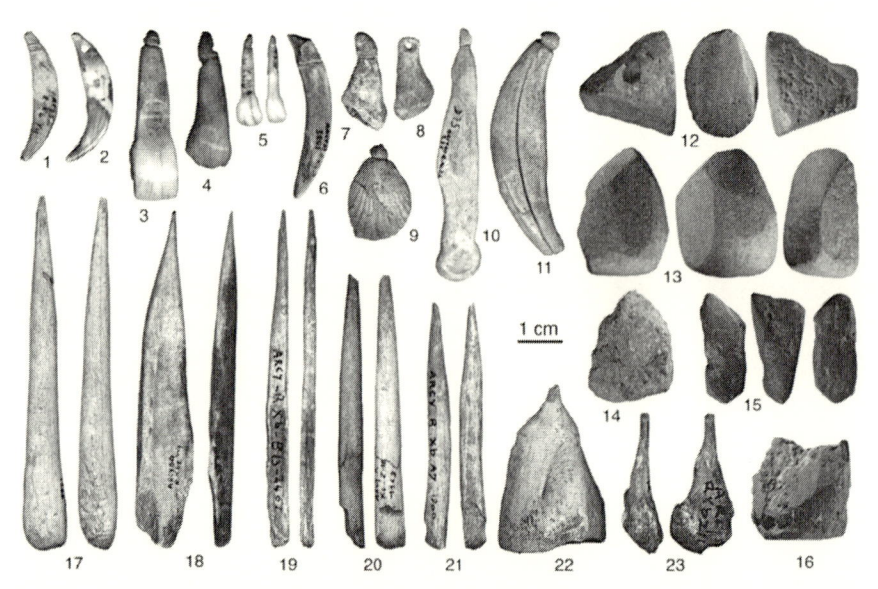

図5.4 シャテルペロン文化の人工物（Caron F, d'Errico F, Del Moral P, Santos F, Zilhão J: The reality of Neandertal symbolic behavior at the Grotte du Renne, Arcy-sur-Cure, France. *PLoS ONE*, **6** (6): e21545. doi:10.1371/journal.pone.0021545；Figure 1）
トナカイ洞窟（フランス）の出土遺物．歯や骨を使った装身具（1～11）や骨製の錐（17～23）が含まれる．12, 13は磨って赤色の顔料をとった石．

アンデルタール人には独自に装身具を発明できる象徴能力があったと考える考古学者もいる．しかし，もしそうした能力があったとすれば，どうして 20 万年以上もの長い間発揮されることなく，ちょうどホモ・サピエンスとの接触が起こる頃になって急に出てくるのか不可解である．

　こうした状況を考えると，ビーズなどの装身具を付けたホモ・サピエンスと遭遇したネアンデルタール人が，装身具のもつ象徴的意味や社会的意味などは理解しないままに模倣した，とする理解が妥当なようである．ネアンデルタール人にとって，模倣することは生活の根幹であり，得意な行動であっただろう．石器の作り方を始め，生きていくのに必要な文化を伝承するためにうまく模倣することは不可欠であり，それは現代人の文化においても同じである．ただし，現代人の場合は模倣の過程で連想や工夫といった要因によって，完全な模倣ではなく多少の変容が加えられることがしばしばあり，それが文化変化の速度を上げている．ネアンデルタール人にはこの点がみられない．

　考古学者のトーマス・ウィンと心理学者のフレデリック・クーリッジは長年認知考古学の共同研究を進めているが，さまざまな情報に同時に意識的な注意を向けるためのワーキング・メモリ（作業記憶）の能力が，現生人類よりも劣っていたとする仮説を提示している[20]．ネアンデルタール人の問題解決能力は長期作業記憶によるところが大きく，作業記憶のキャパシティが現生人類ほど大きくなかったため，さまざまな情報を結びつけることによって生じるイノベーションによって新しい文化を創造することができなかったというわけだ．

　ネアンデルタール人が何らかの宗教的な信念をもっていたかどうかについても，肯定的な証拠がない．埋葬されたとみられるネアンデルタール人骨はいくつか見つかっているが，いずれも浅い墓穴に収められたもので，副葬品らしきものはみられない．イラクのシャニダール洞穴の発掘調査で，埋葬されたネアンデルタール人 4 号人骨の付近で採取した土壌サンプルから数種類の花の花粉が検出されたことがあり，ネアンデルタール人が花の美しさを愛し，死者に花を手向ける現代人的な心をもっていた証拠として注目された[21]．しかし，この事例を再検討したジェフリー・ソマーは，この地域に生息するスナネズミが掘った穴が 4 号人骨のそばで確認されていること，スナネズミが巣穴に草の実や花を貯め込む習性があることから，4 号人骨に伴うとされた花粉もスナネズミによって持ち込まれたものである可能性を指摘している．今のところ，他に似たような事例が見つからないことも，シャニダールの事例を積極的に評価することをためらわせる[22]．

大きな動物に接近して槍を投げたり，あるいは動物に飛びかかったりするような狩猟を日常的に行っていたネアンデルタール人は，肋骨や手足の骨，頭や首の骨を骨折することも多く，骨折のパターンは現代のロデオ選手に似ているがその頻度はより高かったとされる[23]．しかし，そうした骨折の多くは炎症を起こすこともなく治っている．おそらく，怪我をして動けないあいだは他の集団のメンバーが面倒をみてやったのだろう．ネアンデルタール人が仲間のことを思いやる情愛や死者を悼む気持ちをもっていたことはおそらく間違いない．全体的な人口密度も低く，少人数の集団で暮らしていたネアンデルタール人にとっては，1つの命を失うことは，集団の存続に直結する切実な問題であったという事情もあるだろう．しかし，そうした仲間に対する感情的結び付きや思いやりに基づく利他的な行動があったとしても，その死者の魂や神といった超自然的な信念に基づく儀礼的な行動を示す証拠はないのである．

　こうした証拠から考えると，ネアンデルタール人の象徴的認知能力は現生人類ほど発達していたとは考えられない．とすれば，私たちのような言語を話すこともできなかっただろう．脳の形から認知能力の差を明らかにする研究はまだ発展途上だが，ネアンデルタール人の前頭葉は現生人類のものに比べて有意に小さかったことが指摘されている．前頭葉はさまざまな情報を統括して判断を下す自己意識や理性を司る部位であるから，ネアンデルタール人は私たちほど自由に種類の異なる情報を結びつけたり，明確な自己意識のもとに戦略的に行動したりすることができなかったのではないか，という考古資料からの推定を補強する証拠であるといえるだろう．焚き火を囲みながらゴシップ話や自慢話に花を咲かせつつ狩りの道具をつくるといった，私たちからすれば当たり前の行動は，ネアンデルタール人のキャンプではみられなかった可能性が高い．

　ただし，馬や鹿などの群れに対して接近戦で挑み，至近距離から槍を投げてしとめるという狩りは，集団のなかでの連携がうまくいかなければ成功しないだけでなく相当なリスクも伴うため，相互に状況を伝えたり，指示を出したりできるような「言語」は存在したはずである．喜びや悲しみといった感情を伝えて共有するような「言語」もあっただろう．体系的な文法や多くの語彙が登場する前に，長い人類史のなかで徐々に進化した声によるコミュニケーションがあり，それは現代のホモ・サピエンスも大好きな音楽につながるリズムやメロディーといった要素を基盤としていたとするマイズンの説は説得力がある．マイズンはそうした言語以前の「言語」を，全体的 (Holistic)，多様式的 (multi-modal)，操作

的（manipulative），音楽的（musical），模倣的（mimetic）の頭文字をとって「Hmmmmm」と呼んでいる．現代の私たちがいかに音楽によって感情的影響を受けたり，集団の結束力を高めたりしているかを考えると，「Hmmmmm」がホモ・サピエンス以前の人類社会でかなり重要な役割を果たしたであろうと想像できる[24]．

　ネアンデルタール人と現生人類の違いを最も決定的に示すのは，ホモ・サピエンスがヨーロッパにやって来てから1万年足らずのあいだに，それまで20万年以上も彼の地に適応して生存し続けていたネアンデルタール人が絶滅してしまったことである．ここで，ホモ・サピエンスが直接ネアンデルタール人を攻撃し，駆逐したというシナリオを想定する必要はない．ネアンデルタール人は，少人数の集団に分かれて生活し，集団同士の交流はそれほど盛んでなかったようである．残された人骨資料からみると，35歳を超えて生きることのできる個体は稀だったようだ．こうした状況では，わずかな死亡率の増加も集団の死滅につながりやすい．より洗練された狩猟具とコミュニケーション能力，そして象徴的思考力をもったホモ・サピエンスは，いかなる状況でも同じ道具で臨むしかないネアンデルタール人に比べて，狩猟の成功率が高かっただろう．そうした静かな圧迫が，次第にネアンデルタール人を絶滅に追い込んだ可能性が高い．

　数千年ものあいだ，近接して暮らしていたネアンデルタール人とホモ・サピエンスは，交わることはなかったのだろうか．数例の化石人骨から，ネアンデルタール人とホモ・サピエンスが混血したと主張する研究者もいたが，最近までは混血はなかったという意見が主流だった．しかし，2010年にネアンデルタール人の化石人骨から抽出されたゲノムが解析されたことで，この2種の人類の関係についての研究は新たな段階を迎えることになった．

　ネアンデルタール人の遺伝子と現代人のDNAを比較したところ，アフリカ南部の人を除く現代人の遺伝子の1～4％がネアンデルタール人から受けついたものである可能性がでてきたのである．ネアンデルタール人から受け継いだ遺伝子の比率は，現代のヨーロッパ人と中国人やパプア・ニューギニア人の間で差がないため，この遺伝子の混合が起こったのはアフリカから中東に進出したホモ・サピエンスの集団が，当時その地域では多数派だったネアンデルタール人と出会ったとき，つまりその後のホモ・サピエンスのユーラシア大陸全域への拡散より前の出来事であったとみられる[25]．ただし，現代人にみられるネアンデルタール人起源の遺伝子の比率から計算すると，種を超えた関係はそれほど頻繁であったと

は考えられず，やはり例外的な事象であったようだ．

ネアンデルタール人とホモ・サピエンスの交代劇がいかにして起こったかについては，ここで触れられなかった視点からの分析も含め，現在も活発な研究が進められている．今後も新しい発見が期待される．

4. サピエント・パラドックス──種形成と文化発達の関係

4.1 文化の爆発的発達

現生人類の進化については，アフリカ単一起源説と多地域進化説のあいだに長年論争があったが，遺伝子の塩基配列に基づく分子系統学の成果から，アフリカ単一起源説がほぼ確定したといってよい．アフリカで約20万年前に誕生したホモ・サピエンスの一部が，約6万年前に中東に進出し，そこからヨーロッパや東南アジアへと拡散していった，というのが現在広く支持されている説である．出アフリカ後の居住環境等によって，肌や髪の色，体つきなどに多様性が生じたが，現代人のあいだの遺伝子レベルでの多様性は非常に小さい．したがって，少なくともおよそ6万年間はホモ・サピエンスという種は遺伝子的に安定しているといってよい．ホモ・サピエンス登場後にも脳の発達に関係する遺伝子に淘汰圧がかかり，適応的進化が進んでいるとする説も出されているが[26]，いまのところ淘汰圧の具体的内容も不明であり，否定的なデータもあるため[27]，積極的に肯定することはできない．

しかし，いわゆる人間らしい文化の証拠である絵画や彫像などの象徴的人工物や，剃刀の刃のような小さな石器を骨や角などの素材と組み合わせた多様な道具などが登場するのは，およそ4万年前以降なのである．ホモ・サピエンスの種としての確立時期と，爆発的な文化発達がみられる時期がかなりずれているのはどうしてだろうか[28]．さらに，農耕や牧畜の開始，定住化，社会の階層化といった，私たちの生活を大きく変えた変化は，最近のおよそ1万年間のできごとなのである．認知能力が存分に発揮されるまでに，これほど時間がかかったのはなぜなのだろうか．イギリスの考古学者コリン・レンフルーは，この問題をサピエント・パラドックス（sapient paradox）と呼んでいる[29]．

考古学的に確認できる人間の行動痕跡に基づけば，人類の認知発達には大きく分けて2回の転換期がある．1つは，約5万年前の中石器時代から後期旧石器時代にかけての変化，もう1つは狩猟採集社会から農耕社会への変化である．農耕

4. サピエント・パラドックス——種形成と文化発達の関係　151

社会への変化は，人類史においてはごく最近ともいえる1万2000年前以降の出来事であり，その前後で人類の知能に関する遺伝的変化はほぼないとみてよい．したがって，これはいわゆる文化的な変化であるということができる．農耕社会の成立前と後を比較することで，生得的な認知能力に差がなくても，社会や文化のあり方によってヒトの行動や思考がいかに変わりうるかということを知ることができる．この点については，本章の最後で再び触れることにしよう．これに先立つ後期旧石器時代の変化については，それが遺伝子レベルの変化を伴うものなのか，それとも農耕社会化のときと同様に後天的に生じた変化なのかについて，激しい議論が戦わされている．

　現代的行動ないし，それを可能にしている認知能力として，サリー・マクブレアティらは次の4点を挙げている[30]．
① 抽象的な概念を理解できる思考力
② 高い計画性
③ 革新的な行動・経済・技術を生み出す創造力
④ 象徴（シンボル）を理解して使用する能力

こうした整理に基づいて考古学的証拠の調査をしたマクブレアティらは，こうした認知能力の存在を示す行動痕跡はホモ・サピエンスの誕生当初から徐々にみられるもので，必ずしも4万年前以降に突然出現するのではないと主張している．

　初期のホモ・サピエンスの様子を知ることができる化石としては，エチオピアのヘルトで1997年に発見された保存状態のよい3個体の頭蓋骨がある．放射年代測定で約16万年前のものと年代決定されたこの最古級のホモ・サピエンスの化石は，ホモ・サピエンス・イダルトゥ（*Homo sapiens idaltu*，年長者ないし最初に生まれたものの意）という亜種名が与えられている．興味深いことに，これらの頭骨には，死後石器を使って肉を剥がし，その後袋のようなものに入れて持ち運んでいたとみられる痕跡が残されている[31]．これは，初期のホモ・サピエンスが死者の骨に対して何か特別な感情をもっていたことを示す証拠といえよう．遺体から石器で肉を剥がした痕跡だけであれば，栄養摂取のための人肉食として解釈することもできるが，頭骨の表面に光沢が生じるほど持ち歩いていたとなると，そういう単純な理由では説明できないからだ．赤色オーカーの使用が10万年以上前からアフリカのホモ・サピエンスの遺跡でみられることも，象徴的行為が徐々に出現していったという主張の根拠とされている．ブロンボス洞穴では，8万4000年前から7万4000年前と年代測定されている層から線刻のある赤色オーカーや小

さな巻貝に穴を開けたビーズ,骨器などが多数出土し,出アフリカ前のホモ・サピエンスが現代人的な認知能力をもっていたことを示している.

こうした先駆的な事例はあるものの,5万年前から4万年前にかけて考古資料にみられるようになる現代人的な行動痕跡は,「創造性の爆発」(creative explosion)と表現されるほど,それ以前と比べて差が大きいと考えられてきた[32].後期旧石器時代には,それまでの人類史ではみられなかった次のような状況が出現することから,革命的な変化が起きたとみる研究者が多い[33].

① 同じ形の素材を大量生産できる「石刃」製作への移行
② 石器の種類の増加と複雑化,および画一化
③ 骨,角,象牙を利用した人工物の登場
④ 技術変化のテンポアップ,および地域的多様性の拡大
⑤ ビーズやペンダントなどの装身具の登場
⑥ 動産芸術や壁画などの具象的,写実的芸術の登場
⑦ 人間集団の経済的,社会的組織の大きな変化

このなかで最も目を引くのは,万人が認める芸術と装身具の登場だろう.この時期より古い「象徴的人工物」とされる事例は,人間による意図的造形であるかどうか,記号的ないし象徴的意味があったかどうか,という点で疑わしいものがほとんどであり,4万年前頃から出現する動物の姿をダイナミックに描いた洞窟壁画や豊満な身体を表した女性像,人間と動物が融合した想像上の存在を表した像などと比べると大きな差がある.

石器などの道具の形態的バリエーションが増えるとともに,形態的・技術的特徴に一貫性をもった人工物の型式というのが明確になることは,道具の機能や目的についての明確な考察と計画性に基づいた創造性が発揮されていることを意味する.画一的な形の道具が継続的につくられることは,詳細な製作技術が確実に伝達されていることを示し,特定のやり方についての知識の共有と伝承という現代人的な文化が確立したことを意味する.

石に加えて骨や角など多様な素材を利用した道具が増加することは,マイズンが提唱する認知的流動性の証拠といえるかもしれない.自然史的知識の領域に属する動物の骨や角と,従来技術的知識領域に含まれていた石材とを,自由に組み合わせることが必要だからである.さらに,人工物に地域的な特色が生まれ,時間的な変化のスピードが速くなることは,人工物が単なるその場しのぎの機能を果たす道具ではなく,特定の社会集団や,個人の社会的地位などと認知的に結び

付くようになったために起きた現象と考えられる．この段階から，私たちが生みだす人工物は，私たちのアイデンティティや社会的認知と切っても切れないものとなり，その後のさらなる文化的発展につながるのである．この点については，後でもう一度触れることにする．

経済的，社会的組織の大きな変化については，良質な石材などが，ときに数百 km の距離を越えた遠方まで運搬される事例がこの時期からみられることなどから推定されている．この点については，洞窟壁画との関係について下で詳しく述べることにする．

このように，象徴的な認知能力を示唆するような考古資料はたしかに5万年前より古い時期からみられるものの，5万年前以降の後期旧石器時代の様相は，それ以前の状況と比べて大きな飛躍がみられることは確かである．

次に，農耕や牧畜による食料生産の開始を伴う人類史上の大きな変化についてみてみよう．農耕が発明された頃はまだ石器を使用していた時代であるが，打ち欠いてつくった打製石器が中心であった旧石器時代に対して，農耕が始まると木を切り倒す斧や穀物を磨り潰すための石臼や磨り石などの，磨製石器が増加するため，新石器時代と呼ばれている．そして，旧石器時代から新石器時代への変化は人間社会のあり方を大きく変えたことから，新石器革命と表現されることもある．

農耕は，世界の複数の地域で発明されたことがわかっているが，最も古い起源地の1つであり，考古学的な研究も進んでいる西アジアにおける「新石器革命」で生じた変化のリストをみてみよう[34]．

① 食糧生産の開始
② 植物加工に適した道具の使用
③ 家畜化による動物利用の拡大
④ 動物骨を利用したさまざまな人工物の作成
⑤ 集落での定住生活の出現
⑥ かまど，パン焼きなど，より複雑な火の使用法の発達
⑦ 土器および土偶などの土製品の普及
⑧ 磨製石器の製作および使用
⑨ 本格的な祭祀・儀礼の出現
⑩ 意図的な墓地への埋葬，記念物的な墓の構築
⑪ 黒曜石などを遠隔地から調達するシステムの発達

⑫　民族集団などの社会的区別と関連する地域ごとの様式の発達

　このうち，④から⑫にかけては，旧石器時代にも萌芽的ないし単発的な事例がみられるが，新石器時代になるとその程度や規模が格段に大きくなる．そして，この変化が遺伝子レベルの変化ではなく，ヒトと環境との相互作用や文化的学習によって成し遂げられたものであることは確実である．定住農耕によって起こったこれらの革命的変化はさまざまな技術革新を生み，人口は徐々に増加し，都市や国といった巨大な組織が生まれた．その過程で発明された文字も重要な役割を果たした．

　ホモ・サピエンスの知能がいかに優れており，言語によって抽象的な情報もやりとりできるとはいえ，現実には存在しない超自然的存在や細かな決まりごとについて，数千人を超える規模で確実に共有し，次の世代に伝達していくことは容易ではない．大勢が同じ神を信じるためには，その神の絵画や像をつくることが効果的だろう．また，巨大なモニュメントで執り行われる儀礼や，文字で記録された国の歴史や法律が，巨大な社会組織の運営を可能にしたのである．情報を物質的に固定することで，見たり触ったりすることが可能となり，必要なときに確認することができる．このように，うつろいやすいイメージや知識をつなぎとめる認知的な錨のような役割を果たす人工物が，文化の発達を促進したといえる[35]．文字の発明は，より具体的な知識を脳外に蓄えることを可能にした．その延長上にコンピュータや通信機器の発明があり，いまや私たちはかつてない情報化社会に突入している．

　数百万年間，自然の生態系のなかで他の生命と基本的に変わらない営みを続けてきた人類が，継続的に「かつてない」状況に身を置くようになったきっかけが，農耕社会への移行であったといえるだろう．農耕と狩猟採集という2つの生業の違いは，単なる技術的なものではない．農耕は，自然を人間の力でコントロールするという，まったく新しい思想がなければ行うことができない．西アジアにおける農耕の始まりも，暴力についての肯定的な認識や，自然に立ち向かう強い力をもった神のイメージなどの登場と密接に関係している[36]．ジャック・コーヴァンは，農耕をすることによってこうしたイデオロギー的な変化が起きたのではなく，定住化した狩猟採集民のあいだでまずこうした考え方の変化が起きたことによって農耕が可能となったという説を提唱している[37]．

　動植物に対して人のように世話をするという意識が農耕や牧畜には必要であるとすると，マイズンのいう認知的流動性も農耕開始の条件の1つになるだろう[38]．

しかし，認知的流動性が遅くとも5万年前に達成されていたとすると，農耕を始めるまでどうして4万年近くもかかったのだろうか．サピエント・パラドックスはまだ解決されておらず，現在もさまざまな視点から研究が進められているが，これまでに出された仮説やわかってきたいくつかの事実についてみてみることにしよう．

4.2 遺伝子か環境か

初期のホモ・サピエンスであるイダルトゥが現生人類的な頭蓋骨をもっていたとしても，そこに入っていた脳の働きが私たちと同じであったかどうかはわからない．実際，イダルトゥの頭蓋骨は原始的な特徴を残しており，ホモ・サピエンスの亜種ととらえられている[39]．約10万年前にアフリカを出て現在のイスラエルまで進出したホモ・サピエンスの遺跡がカフゼーやスクールの洞窟で見つかっており，儀礼的な埋葬行為が行われた痕跡も残されている．しかし，この後再び寒冷化が起こると，ホモ・サピエンスは撤退してしまい，南下してきてきたネアンデルタール人が再びこの地域の住人となる．この段階のホモ・サピエンスは，環境の変化に対して柔軟に適応するための新しい技術を生みだすことができず，ネアンデルタール人との生存競争に負けた可能性がある．実際，このときのホモ・サピエンスはネアンデルタール人と基本的に同様のムステリアン石器を使用しており，石器技術において両者に明らかな差はみられなかった．こうした状況からみると，この段階のホモ・サピエンスはまだ現代人と同等の認知能力をもっていなかったとも考えられる[40]．それに対して，5万年前以降，ホモ・サピエンスの集団は寒冷なユーラシア北部も含めた世界各地へと拡散し，4万年前には船がなければ渡れないオーストラリアへ，1万2000年前にはアメリカ大陸の南端にまで達している．この差は何によるのだろうか．

後期旧石器時代における文化の発達，行動の変化をどう説明するかについては，大きく分けて3つの立場がある[41]．1つは神経学仮説とも呼べるもので，解剖学的現代人としてのホモ・サピエンスの登場より後で，さまざまな人間らしい活動が顕著になる5万年前頃に，脳内の神経レベルの突然変異が起こり，これによって現代人と同等の象徴的思考力が備わったと考える立場である．2つめは，人口仮説である．人口が増え，人口密度が高まったり，共同生活する集団の人数が増えたりすることによって，人間関係が複雑化し，お互いが何者であるかを示すような装身具や象徴的文化が発達したり，さまざまな文化的アイデアや知識の伝達

が容易になることで文化の蓄積が促進されたと考える説である．3つめは，フロンティア仮説と呼ばれるもので，新しい地域に進出し，新しい環境との出会いや先住民であるネアンデルタール人との競合などによって適応力が強化されたと考える説である．神経学仮説が遺伝子の突然変異による脳内配線の変化を想定するのに対して，人口仮説とフロンティア仮説は，脳の構造はホモ・サピエンスの登場以来変化しておらず，状況の変化が行動の変化を引き起こしたと考える．

動物や超自然的なイメージを表した絵画や造形は，まさに現代人的特徴である高度な象徴的認知能力がこの段階に確かに存在していたことを示す証拠である．しかし，こうした人工物をつくっていないからといって，その集団が象徴的認知能力に欠けているといえるだろうか．有機物でつくられた象徴的人工物があったとしても5万年を超えて残ることはほぼないことを考えると，確実な証拠がないからといって象徴的人工物を生みだす能力自体が欠けていたと結論付けるのは拙速かもしれない．しかし，現在確認できる限り，絵画や文様，装身具などをまったくもたない現生人類の集団というのは存在しないといってよさそうだ．そうすると，数万年という時間幅のなかでそうした証拠がまったく確認できないということは，やはり行動レベルでは5万年前頃を境に大きな変化が起きているとみるべきだろう．

私たちと同じ認知能力をもっているにもかかわらず，象徴的な人工物をつくったり，複雑な社会関係を築いたりすることもないまま数万年が過ぎるということはありうるのだろうか．神経学仮説の主導者であるリチャード・クラインは，それは考えにくいと主張している[42]．出アフリカの時期に先立ってアフリカでそれほど人口密度が高まったとは考えられず，むしろ遺伝子の突然変異による神経ネットワークの変化が起こったために，人類の大移動や人口増加が始まったと考えたほうが資料に即している，というのがその理由である．約5万年前に，ホモ・サピエンスの神経系における最後の変化が起き，それによって音声言語や完全な象徴的思考力をもつ現代人的な知能が出現したと考えるのである[43]．クラインは，これが5万年前に起こる革命的な変化を説明できる最もシンプルな仮説であると主張しているが，脳の容量や形態には反映されないような神経レベルの変化が起こったとしても，それを頭蓋骨から確認することはできないため，客観的に証明することは難しい．

私たちの行動や能力が，遺伝と環境の双方に影響されて発達するものであることを考えると，知能に関わる遺伝子レベルの変化がなくても行動様式が変化する

ことはありえないとはいえない．遺伝的に同じ認知能力を発達させる基盤をもっていたとしても，社会的，経済的，人口学的状況によって，その発達の仕方は大きく異なる可能性があるからだ．とくに，宗教を生みだした高度な象徴的思考力が，それ自体として強い淘汰圧を受けて進化したものではなく，自然界の状況を的確に把握するための物理的・生物学的認知や，社会関係を円滑にするための他者の思惑や感情を読み取る能力（心の理論）などの，領域固有の心理的メカニズムを基盤とし，それらのあいだの認知的流動性が高まったことで副産物的に生じたものであるとすると，そうした能力が備わった当初からフル活動していなくても不思議ではない．

　後期旧石器時代に登場する革新的要素のなかでも，装身具は現代の狩猟採集民にも広くみられるものである．ネックレスやブレスレットなどで身を飾ることによって，自分の帰属集団を示したり，集団のなかで自分の個性を表現したりすることは，モノのもつ象徴的意味を理解するという現代人的認知能力に基づく行動である．社会的なメッセージを発したり，受け取ったりという社会生活の一部を，ビーズのような物質文化が担うようになったということができる．また，物質文化が自己のアイデンティティの一部を担うようになったということもできるだろう．私たちは服や時計，アクセサリーなどによって自分の価値や個性を他者に示したり，高級車に乗ることで自分のステイタスを示すと共に達成感や自負を感じたりすることがあるだろう．そうしたときに，人工物は私たちにとって重要なメッセージを発する手段であるとともに，自己の一部であるように感じられるはずである．このように，社会関係や個人の認知に埋め込まれたような物質文化のあり方が出現したことを，装身具の登場は示している．この重要な変化は，実はヨーロッパだけでなく，ほぼ同時期にアフリカ大陸でも起こっている．地理的に遠く離れたところでほぼ同時期に装身具が発達するということは，一部の集団に起因する神経学的変化を想定する説には不利な証拠である．ブロンボス洞窟の7万年前の巻貝製ビーズの例もあるので，やはり生得的な認知能力は，少なくとも10万年ほどは変わっておらず，状況に応じて行動が変化すると考えたほうがよさそうである．

　それでは，5万年前以前にはまったく確認されていない写実的な絵画の登場についても，そのような枠組みで説明できるだろうか．

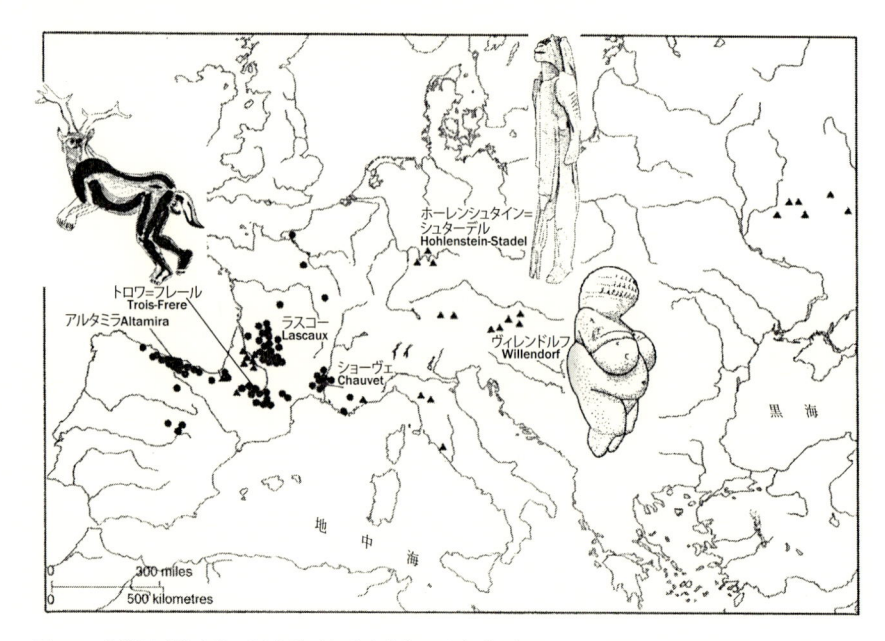

図5.5 後期旧石器時代の洞窟壁画と動産芸術の分布（分布図は Mellars, P.: Cognition and climate: why is Upper Palaeolithic cave art almost confined to the Franco-Cantabrian region? In Becoming Human: Innovation in Prehistoric Material and Spiritual Culture (eds C. Renfrew and I. Morley), pp.212-231, Cambridge University Press, 2009；図 14.1 をもとに改変）
●は洞窟壁画，▲は動産芸術を示す．

4.3 洞窟壁画はなぜ描かれたか

洞窟の壁にダイナミックに描かれた動物たちは，人間らしい知能の存在を示す揺るぎない証拠としても，また高い美術的価値をもつものとしても有名である．

洞窟壁画が分布しているのは，フランコ=カンタブリアと呼ばれるフランス南西部からイベリア半島南部にかけての地域に限られている（図5.5）．フランスのラスコー洞窟やスペインのアルタミラ洞窟など，古くから知られている多くのケースは，後期旧石器時代でも後半のマドレーヌ文化期（1万7000年前〜1万2000年前）に属する．しかし，1994年に発見されたフランスのショーヴェ洞窟の壁画から，洞窟壁画の伝統はさらにさかのぼることがわかった．壁画に使われた黒い顔料や松明のすすに由来する炭素の年代測定は，ショーヴェ洞窟の壁画が今から3万2000〜3万年前と，2万7000〜2万6000年前の2つの時期に描かれたことを示している[44]．時間的な広がりの特徴をまとめると，これらの洞窟壁画はこの

地域にホモ・サピエンスが移住した直後から描かれ始めるが，描かれる時期には波があり，1万2000年前以降はまったく描かれなくなるのである．つまり，人間らしい象徴的認知能力の証拠として取り上げられることの多い洞窟壁画は，実は地域的にも時期的にも限られた範囲で特異的に発達した文化なのである．

洞窟壁画が発達する時期・地域がどうして限定的であるかという問題について，気候や環境との関係に注目して分析を行ったポール・メラーズは，人口密度と集団規模，そして定住化という要素が壁画の創出に関わったと指摘している[45]．壁画が描かれた時期のフランス南西部は開けた草原が広がるステップからツンドラ地帯であり，トナカイなどの大型草食動物の狩猟にはもってこいだったという．そうした環境において，人口が増加し，集団の規模が大きくなり，ある程度定住的な生活に移行したことで，後の新石器革命のときに起こったような状況が，後期旧石器時代のフランス南部からスペインにかけての地域では発生したというわけである．洞窟壁画は，こうした特殊な状況下において集団の結束を高める必要性から，宗教的儀礼が発達したことを示すものと考えられる．この説は，環境変化によってこの地域の人口が減少するとともに，見事な洞窟壁画があっけなく消えてしまうことからも的を射ているのではないかと考えられる．

4.4 物質文化の変化のスピードアップが意味するもの

後期旧石器時代以降道具のバリエーションが増えることと変化のスピードが速くなることについては，遺物の残り具合というバイアスを考慮しても確実である．ヒト属（ホモ属）誕生から5万年前までのおよそ250万年間につくられた人工物の種類ないしタイプの数と，5万年前以降につくられたものの数は，認定の仕方によって多少変動はするだろうが，後者のほうが比べ物にならないほど多いことはまちがいない．地域的な特色が出てくることは，物質文化が人間集団のアイデンティティと密接に関わるようになったことと関連している．自分たちはA様式の土器を使っている，B様式の土器は山向こうの人々がつくったものだ，というように，人工物の特徴が，製作者との関係において認識されるようになるということだ．機能的バリエーションも増加するが，これは便利さや効率性を追求する心理，より便利な道具を発明することで得られる社会的・経済的利点などが原動力となっている．包丁とまな板と鍋があれば，たいていの料理はできるものであるが，現代のキッチン用品店に行ってみると，ゆで卵をスライスする道具やニンニクをつぶす道具，イモなどの皮を薄く剝く道具や魚のうろこを取る道具など，個

別の機能に特化した道具が数多く並んでいる．

　変化のスピードが速くなるということはどういうことだろうか．現代社会においても，人工物の変化は基本的には保守的である．考古学における遺物研究の基礎的方法として型式学というものがあるが，これは18世紀にスウェーデンの考古学者オスカル・モンテリウスが体系化したもので，人工物は基本的に生物の種が進化するように漸移的に変化する，という考え方に基づいている．実際に過去に生みだされた人工物の変化のあり方をみてみると，突然突飛な形態の人工物が登場することはほとんどない．つねにすでにある型式をベースにして，それに若干の変更が加えられるというプロセスを経て，徐々に新しい形のものが登場するのである．

　人工物自体が遺伝子をもっていて子孫を残しているわけではないのに，あたかも自然淘汰によるような漸移的な変化が起きる現象には，私たちが人やモノを評価するときの見方が関わっている．まったく新規なモノは，それがよいものかどうか評価するのが難しい．人が「これいいね！」と思いやすいのは，基本的には慣れ親しんだ形や機能を備えていながら，ほんの少し改善されている場合である．あまりに突飛なものには不安や不信を抱きやすい．飛行機のアイデアはいろいろあっても，結局「飛行機のような形」のものでないと人は乗りたがらないということである[46]．

　こうしてみると，実は人類の文化を成り立たせているのは高い模倣能力，つまりほとんど同じものをつくることができる力だということもできる．私たちがもつ高度な学習能力が，この模倣能力において遺憾なく発揮されてきたことが文化の継承を可能にしているのだ．物質文化における変化を生みだすヒトの創造性は，究極的には個人に起因するものである．しかし，個人が思いついた新奇なアイデアがいかに素晴らしいものであったとしても，それが社会に広く受け入れられなければ文化レベルでの影響を与えることはできず，考古学的な資料として残ることもない．

　こうした点を確認したうえで，再度人工物が変化するスピードが速くなることはどういうことかを考えてみよう．それは，モノをつくりだす技術に影響を与える要因が増加したためだと考えられる．つまり，経済的に協力・共有関係にある集団の規模と構造の変化が，人工物にみられる変化の量と速度に関係しているのではないか，ということである[47]．集団の規模が大きくなったり，集団間のネットワークが発達して，肉や装飾品などの物資を分配したり贈与したりという行為

が盛んになると，機能や美しさにおいてより優れたモノを生みだしたいというモチベーションが生まれる．狩猟採集社会では一般的に，食料を共有するネットワークはフレキシブルで，余剰食料をうまく再分配することが子孫の生存率や威信，再生産の機会などにおいて利益をもたらすとされている．より機能的な道具の開発は，長期的には食料調達の効率アップにつながるかもしれない．

　このような社会的要因に加えて，技術と社会的・宗教的領域とのあいだに認知的連結が生じることで，機能に関わらないさまざまなイノベーションが生じうる．領域を超えた認知的連結はメタファーを生みだす基盤でもあり，「芸術」的な象徴的人工物の生成にも関わっている．この領域横断的な知能の出現により，技術に対する影響力は格段に増えたといえる．現代社会における物質文化のバリエーションがどのようにして増加しているかをみれば，この点は納得できるだろう．たとえば，1990年代に一大ブームとなったある種の陸上用靴は，機能的側面における進歩だけでなく，若者たちにとって社会的シンボルとなったことで爆発的に多様化した．陸上用靴の「創造的爆発」は，スポーツの社会的価値が変化したことに伴って生じたといえる．

　こうして増加した技術に対する影響力は，ゲノムに対する突然変異誘発物質のように働き，技術的変化を促進し，人工物に多様性が生まれ，そこに選択が生じるため変化のスピードが高まったということである．理屈としては，生物の身体的特徴の進化においても，異性を獲得するための競争的ディスプレイに使われる第二次性徴などは変化が著しいのと同じことである．つまり，複数の領域における選択に関わっていることが急速な進化的変化につながるのだ．現生人類の文化においては，モノづくりに優れていることや，特別な知識をもっていることが，社会的立場や異性を惹きつける魅力，他の資源や情報へのアクセス等における優位性につながる．人工物のデザインは，イデオロギー的，社会的，機能的領域という多くの方面から変化への圧力がかかることになるからだ．

5. おわりに——定住と農耕がもたらしたもの

　定住化と農耕の開始が人類の生き方を大きく変えたことは間違いない．およそ1万2000年前に農耕が始まるまでの数百万年間，ホモ・サピエンスが誕生してからでも20万年近くの長いあいだ，人類は頻繁に居住地を変えながら自然環境に存在する資源を利用して暮らしてきたのだ．ヒトはなぜ，どのようにして長年親し

んだ遊動生活から定住生活，そして農耕や牧畜といった食料生産活動へと移行したのだろうか．現代の私たちは食料のほとんどを農耕や牧畜に依存しているので，それが当然優れた生活様式であり，狩猟採集生活を不安定で過酷なものと考えがちである．しかし，とりわけ知性豊かなホモ・サピエンスがたまたま1万2000年前にこの素晴らしいアイデアを思いつき，皆がこぞって新しい生活様式へと転換したというのは，現在の考古学の成果からはきわめて考えにくいシナリオである．なぜなら，農耕は狩猟採集より格段に手間がかかり，気候変動の影響を受けやすい不安定なものだからである[48]．

　地域によってその移行のプロセスは一様ではないが，農耕牧畜発明地の1つである中東地域も含め，農耕の開始に先立って，狩猟採集を基盤とした集団の定住化が進行することがわかっている．これは，ホモ・サピエンスならではの認知能力によって，環境に応じた多様な資源を活用することが可能となったことによる．現生人類に普遍的にみられる動物や植物の擬人化は，アニミズムという宗教の基礎ともなるものであるが，動物の気持ち，植物の気持ちを推測することで，単なる略取ではない，相互関係を築く基盤にもなっただろう．

　自然に存在する動植物を利用して生きていく場合，人口がその環境収容力を超えることはできない．もし超えてしまうと，食料不足や環境破壊によっていずれ人口は減少せざるをえない．また，キャンプ地からおよそ半径5km程度の範囲が食料調達エリアとなるので，同じ場所にあまり長くとどまることはできない．ある程度その範囲の資源を利用したら場所を変えることで資源を効率的に利用することができるのだ．しかし，すでに移動可能な土地が他の集団に占拠されている場合，場所を変えることで新たな資源を調達するという戦略は使うことができない．

　霊長類の脳の新皮質の大きさと，社会集団の大きさのあいだに相関があるということに注目したイギリスの人類学者ロビン・ダンバー (Robin Dunber) は，現生人類の大脳新皮質の大きさからその社会集団のサイズを約150人と推定した[49]．これは個人が直接面識をもち，社会的な関係を維持できる人数がこれくらいではないか，という数字であり，ダンバー数と呼ばれている．人口規模が大きく，インターネットなどの通信手段も発達した現代社会においては，多くの人がもっとたくさんの知り合いをもっているだろう．フェイスブックの友達が300人を超えているという人も少なくない．しかし，個人的に直接知っていて，クリスマスカードや年賀状を出したりする相手となると，せいぜい150人程度という場

図5.6 ヒトの認知に関わる3つのレベル—遺伝子・身体・物質文化（稲田孝司：遊動する旧石器人，岩波書店，2001；図9）

合が多いのではないだろうか．これ以上の規模の集団の結束力を維持し，争いを抑えるためには，人間関係を制御する制度やルールが必要になる．ストーンヘンジやピラミッドといった巨大モニュメントや象徴的人工物，文字や度量衡の発明，都市的空間の構築など，人類が生みだした物質文化の多くも，脳の変化を伴わない認知進化の要素として，さまざまな状況で現在までの人類社会を支えてきたのである．

私たちが当たり前のものとして受け入れがちな国家や領土といったシステムや概念は，人類史のなかでかなり新しく登場したものである．いいかえれば，ホモ・サピエンスの脳は，数家族程度の集団で，低い人口密度の社会での生活を通して進化してきたもので，数千人，数万人といった規模の集団に対応するようにはできていないのである．さらに，定住してずっと同じ場所で，同じ人々と顔を突き合わせて生活し，人間関係のトラブルが起きてもそこから物理的に脱出することが難しいという状況も，私たちの脳が本来想定していない状況である．こうした新しい状況に適応するために，ヒトはさまざまな道具や社会組織，コミュニケーションを促進する技術などを生みだして対処してきたのである．そうしてみると，人類の認知進化について考えるときに，物質文化や精神文化を抜きにして語ることはできない（図5.6）．

最近の認知考古学では，ヒトの認知を脳内に限定することはできないのではないか，物質文化も認知システムを構成する要素なのではないか，という見方が出

てきている[50]．もちろん，認知プロセスはつねに感覚器を通して得られる外からの情報を処理しているし，身体を動かすことで外界への働きかけも行っているので，認知システムを個人の脳内に限定することができないのは当然である．しかし，そうした意味を超えて，ヒトの認知は外界に存在するさまざまなモノを含みこんで存在していると考えることもできる．さまざまな課題に文化や技術で対応できる今となっては，もはや遺伝子レベルでの人類の進化は起きないだろうといわれている．しかし，物質文化も含めた人間活動の総体として人類進化をとらえるとすれば，これからもさらに大きな変化が待っているかもしれない．その方向性を考えるときに，認知考古学が明らかにする人類進化の歴史は1つの足掛かりとなるだろう．

設問

1. 考古学的に復元される認知進化のプロセスは，進化心理学的研究にとってどのような意味をもつだろうか？
2. ホモ・エレクタスにとってのハンドアックスと，現代人が自己の魅力をアピールするのに使う人工物との，共通点と相違点は何だろうか？
3. ネアンデルタール人が象徴的人工物を生みださなかったことについても，人口仮説やフロンティア仮説から説明できるだろうか？
4. 2万年前のヒトと現代社会のヒトは，同じ認知能力をもっているといえるだろうか？

第6章
人間行動の観察法

1. 見えない「心」を観察する

　目に見えない心をどのように研究するのか？　心を研究対象とする心理学では重要な問題である．そのためにはまず，目に見えないものを見えるようにする必要がある．そこで，目に見えるようにするためのさまざまな研究手法が開発されてきた．それらは，質問紙（アンケート）などを用いた方法と広義の行動観察に大別できる．このうち質問紙などを用いた各種の検査法については，体系的に整理され多くの出版物で取り上げられている[1]．一方，この本のなかで述べられてきたように，さまざまな人間行動の機能的要因を探る研究では，広義の行動観察という手法が用いられることが多い．また人間行動の研究では，機能的要因ばかりでなく至近的要因の解明を目指したものも多いが，この場合にも行動観察を行うことによって課題が解決される場合もある．ただし，むやみやたらに人間を観察すれば，何か新しいことが発見できるかというと，そういうわけではない．これまでの研究によって確立されてきた方法を十分に理解し，適切に用いることが必要になってくる．このうち，面接やインタビューによってデータを収集する手法や実験室内で人間の行動を観察する手法については，質問紙を用いた手法同様さまざまな出版物で紹介されている[1]．しかし，フィールドでの人間行動の観察手法を詳細に紹介した出版物は少ない．そこでこの章では，人間や人間との比較対象として重要な大型哺乳類の行動観察をフィールドで行う場合を想定して，研究計画の立案，文献研究，観察における実験的操作，観察法の詳細，観察に用いる道具，倫理的に配慮すべき点などに焦点を当て概説する．

2. 研究の準備

2.1 研究目的の明確化

観察という手法による研究に限らず，研究を始める際には，研究計画を作成することが肝心だ．そのときにまず取り組むべきは，研究目的を明確にすることである．ときには，研究目的を明確にするために予備調査を行うという場合もあるが，人間行動に限らずさまざまな分野で多くの研究成果が蓄積されてきた現在，やみくもに予備調査を行っても研究目的を見つけることは難しい．明らかにすべき事柄を明確に定めたうえで研究計画を立てていくほうが，よりよい研究成果を上げる近道である．また，研究目的に応じて調査方法を選択することが一般的なので，この点からも，研究目的を最初の段階で明確にしておくことは重要である．

では，どのようにして研究目的を明確にしていけばよいのか？　経験豊富な研究者であれば，これまでの自分自身の研究で得られた成果や関連する研究分野の動向などを考え，容易に研究目的を定めることができるだろう．しかし初めて研究を行う場合には，研究目的を明確にすることが難しいことも多い．こうしたときにまずすべきことは，なぜこのような研究を行おうと考えたのかを思いだしてみることである．つまり，研究の動機を思いだしてみるということだ．そしてこの動機を出発点として，後述する文献研究によって先行研究の状況を把握し，より具体的な目的を見つけだすようにする．またときには，長期的な目的と短期的な目的を区別して考えてみるとよいかもしれない．研究動機というのは，往々にしてすぐには解決できない課題と結びついていることが多い．すなわち，長期的な目的として設定できる内容というわけだ．そしてこの長期的な目的の枠組みのなかで，すぐにでも明らかにできるようなより具体的な目的を考え，それを短期的な目的として設定し研究計画を立案していく．いずれにせよ，研究目的の明確化が研究の成否を左右する第一関門である．

2.2 調査対象や調査地，調査期間の選定

研究目的を定めたら，次に調査対象や調査地，調査期間などを決める必要がある．たとえば「動物園内での来園者の行動を明らかにする」といった目的の場合，調査対象は当然動物園の来園者であり，調査地は動物園ということになる．しかし来園者といっても，さまざまな性・年齢の人がいるし，さまざまな組み合わせ

で動物園にやって来る．どのような性・年齢の人のどのような組み合わせを研究対象とするかによって，調査方法も変わってくるだろう．そもそも日本には多くの動物園があり，どの動物園で調査するのかという点も決めねばならない．また，1つの動物園で調査するのか，それとも2つにするのか，さらには動物園内のどこで調査するのか，どの曜日，時間帯に調査するのかという点も明確にする必要があるだろう．このように，一見，調査対象や調査地，調査期間などが自明なようであっても，それに付随するさまざまな点を明確にしないと，具体的な研究計画を立案することはできない．ましてやもっと漠然とした研究目的の場合には，まさに調査対象や調査地としてどのようなものを選ぶのかを十分に考えねばならない．人間を対象とするのか，それともチンパンジーにするか．あるいは両者を同じ方法で調査し比較するのがよいのか．チンパンジーを調査対象とした場合，野生下の個体群がよいのか，それとも飼育下のほうがよいのか．野生下ならば，どこの個体群がその調査に適しているのか．調査対象や調査地の選択は研究の成否を決める大きな要因の1つである．

　さらに調査対象の選択にあたっては，どのような生物種を対象とするかだけではなく，どのような性・年齢の個体を調査対象とするのかも考えておかねばならない．また個体差という問題も考慮しておく必要がある．これらの点を調査目的に合わせてあらかじめきちんと選択しておかないと，解析に耐えるだけの十分な量のデータを収集できないといったことになってしまう．

　またどれくらいの期間にわたって調査を行うのかという点も，フィールド研究ではあらかじめ考えておかねばならない重要なことの1つだ．たとえば採食行動の研究を行う際には，採食食物の季節性などを考慮し，少なくとも1年は継続して観察することが望ましいだろう．さらに年による違いまで明らかにしようとすれば，もっと長期の研究が必要になってくる．一方社会関係の研究ならば，数ヵ月程度の調査でも十分な成果を挙げるためのデータが収集できるかもしれない．このように，調査期間も研究目的に合わせて慎重に考慮すべきだ．

　他方で，フィールド調査の場合には，調査対象や調査地を決めてから研究目的を明確化するという，一般的な手順とは逆の順番で研究を進めることがある．私事で恐縮だが，筆者自身の博士論文のテーマはこのようにして決まった．修士課程に在籍していたとき，私は宮崎県幸島でニホンザルを対象に動物社会学的研究を行っていた．そうしたなか，博士課程ではザイール共和国（今のコンゴ民主共和国）のワンバという場所でボノボ（ピグミーチンパンジー）の研究を行うこと

になった．これは，ボノボを対象に明らかにしたいテーマが自分自身のなかにあったというよりも，とりあえずボノボの研究をしてみたいという私の漠然とした希望を，当時ワンバでの調査を主導していた加納隆至が受け入れてくれたためだ．まさに，研究目的は未確定のまま調査対象と調査地が決まったという実例である．その後私は，それまでに公表されていたボノボの論文を読み込み，彼らのオス同士の社会関係の解明を研究目的とした[2]．ニホンザルでも動物社会学的関心に基づいた研究を行っていたが，オス同士の社会関係を研究していたわけではない．むしろ，それまでボノボのオスの社会関係があまり研究されてこなかったという消極的な理由から，研究目的が決まったといったほうが正確だろう．このようにフィールド調査の場合，調査対象や調査地がまず決まってしまうこともあるが，その際には，徹底した文献研究（詳細は後述）などによって，その調査対象と調査地にあった研究目的を決めることが大切だ．

　また行動の機能的要因を探る研究においては，調査対象の選択にあたって進化研究の手法についても理解しておいたほうがよい．一般的に進化を研究する場合，直接的証拠と間接的証拠を区別して考えることが多い．進化を研究する際にまず注目すべきは，化石などの直接的証拠である．たとえば人類の歩行様式の進化を研究するときには，さまざまな時代の人類化石を手に入れることが問題解決上一番の近道であろう．しかし直接的証拠が手に入らないことも多い．たとえば心をはじめとして，家族や社会といった目に見えないもの，化石として残らないものの進化を探るためには，直接的証拠を手に入れることは難しいだろう．たしかに化石の出土状況や化石と一緒に見つかった道具などの情報から，このような目に見えないものの進化を考察することは不可能ではない．しかし残念ながら，直接的証拠に依拠しただけでは不十分なことが多い．この場合に重要になってくるのが間接的証拠であり，その代表的なものの1つが比較という視点である．すなわち，さまざまな生物を比較することによって，目に見えない性質の進化を明らかにしようとする方法だ．

　この場合，どの生物種を比較するかが問題になってくる．たとえば探るべき事柄が遺伝のように生物全体に共通しているものならば，人間とアメーバを比較することも可能だろう．しかし，心といった必ずしも生物全体に共通しないと考えられるものの場合には，私たち人間に系統的に近い生物と人間とを比較する必要があるだろう．人間以外の霊長類が人類進化の研究においてよく比較対象とされるのはこうした理由による．

また比較という視点は調査対象の決定だけではなく，研究目的の明確化にも大きな役割を果たすことがある．比較という視点を持ち込むことによって，より具体的な研究目的を設定し，研究計画を立案することができるのだ．たとえば人間の心のしくみを明らかにしようとする場合，当然のことながらまず思いつくのは人間を対象とした研究計画だろう．しかしこれでは当たり前すぎて他の研究との差別化を図るのは難しい．そこで，人間以外の動物と人間の心のしくみを研究し比較することで，人間だけを調査対象とする場合よりもよりよく人間の心を知ることができるかもしれない．こうした考え方で進めるほうが，比較という視点なしで進める場合に比べて，具体的な研究目的を設定しやすいだろう．

2.3　文献研究

　このような手順に従って研究目的を明確化し，調査対象や調査地を決めていくわけだが，そのときに重要なのが文献研究である．文献研究とは，論文や本などを利用して，研究目的や調査対象，調査方法などに関して現在までに明らかになっていることを調べることである．この作業によって，どういった調査対象を選べばよいかが明確になることもあるし，参考にできる調査方法を見つけだすこともできる．すなわち，文献研究を通じて研究計画の大枠を決めることができるのだ．最近ではインターネット上に論文などが公開されることも多くなり，以前に比べて文献研究が格段に容易になった．ただここで注意しなければならないのは，他人の研究結果や考え方を無批判に受け入れないということだ．別のいい方をすれば，他人の研究結果を批判的に検討することで，新たな課題を見つけだすこともできるということである．実験をおもな手法とする研究の場合，追試という考え方があるが，行動観察を手法とする研究においても，追試が可能な場合があるということだ．たとえば先行研究の方法を読んで，何か不備があると感じたら同じような条件下で観察を試みるといった研究計画を立案することも可能なのだ．一方で，フィールドでの行動観察の場合，先行研究とまったく同じ条件をつくりだすのはほとんど不可能だということも自覚しておく必要がある．仮に先行研究と違った結論が得られたとしても，直ちに先行研究の誤りとせず，2つの研究のあいだに何か違った変数が存在しないか考えてみることが大切だ．

　またときにインターネット上には正確でない情報も存在するので，最近では多数の情報のなかから正確で質の良いものを選びだす能力が重要になってきている．こうした能力を身に付けるためには，多くの情報を入手し，それを批判的に

比較・検討してみることが有効だろう．

　本や論文を探しだすには，本や論文に関するデータベースを利用することが有効である．たとえば本の検索においては，国立情報学研究所が提供する"Webcat Plus"と呼ばれるデータベースが使い勝手がよいだろう．また日本で出版された論文については，やはり国立情報学研究所が提供するデータベース"CiNii"が役に立つ．いずれも大学図書館に備え付けられているパソコンを利用してアクセスすると，有料でしか利用できない機能も無料で利用できることが多い．さらに外国で出版された論文などについては，"Google Scholar"などが役に立つ．

　文献研究の際に重要なのが原典を参照するということだ．学術論文の場合，出典を明示したうえで，他の文献に記載された情報を自分の論文に引用するということが普通に行われる．そしてたまたま自分が参照した論文に記載されていた必要な情報が，このような引用による場合，引用元，すなわち原典もきちんと参照すべきである．というのは，ときに誤った形で引用されていることもあるからだ．なかには原典とはまったく正反対の文脈で情報が引用されていることもある．原典のほうが古い著作物であり，場合によっては入手することが難しいこともあるが，極力，原典を参照する努力をすることが誤った情報に接することを避けるうえで大切である．

2.4　仮説の構築

　研究目的が明確になり，調査対象や調査地の大枠も決まったら，研究目的を検証するための仮説を構築する必要がある．フィールド調査の場合，仮説をもたずに現地へ赴き，観察事実の積み重ねから新たな発見をするということもある．とくにある調査対象が研究され始めた直後には，この手法によって重要な知見が得られることは多い．たとえば，野生チンパンジーを餌づけし，最初に彼らの生活を丁寧に観察したジェーン・グドールは，それまで人間に固有と考えられていた道具使用や肉食といった行動がチンパンジーにも存在することを発見した[3, 4]．ある意味，こうした手法により新しい発見をすることが，フィールド調査の醍醐味といえるかもしれない．しかし，人間や大型哺乳類の行動に関する研究が進み，それらの進化に関する理論も整理されてきた現在，事前に仮説を構築せずにフィールド調査を行い，重要な新しい発見をすることは大変難しくなってきている．ましてや実験室内での行動観察の場合には，どのような変数や要因を統制するのかをあらかじめ決める必要があり，そのためには事前に仮説を構築することが欠

かせない．

　では，どのようにして仮説を構築していけばよいのか？　最も手っ取り早く確実な方法は，パラダイムに従って研究目的や調査対象を考え，具体的な検証内容を明確にするということであろう．ちなみにパラダイムとは，アメリカの科学史家トーマス・クーンによって提唱された概念で，ある学問分野でのその時点での中心的な考え方の枠組みといったことだ[5]．たとえばニホンザルの採食戦略を明らかにしようと思えば，動物の最適採餌戦略という考え方に従って，仮説を構築し研究を進めていくということだ[6]．とくに実験室内での行動観察の場合には，こうした方法で仮説を構築するのが一般的になりつつある．なぜなら，統制すべき変数や要因を容易に見つけだすことができるからだ．

　さらにいえば，研究目的そのものをパラダイムに基づいて設定するということもありうる．すなわち，パラダイムに基づいて仮説を構築しそれをある動物種で検証したときに，その仮説が正しかったことが示されたとしよう．そのとき，同じ方法を用いて別の動物種でその仮説を検証することを研究目的とするといったようなことだ．最近は，若手研究者の評価にあたっても論文の数が重要視される傾向がある．そうしたなか，このようなやり方で研究目的を設定して行う研究は，とくになかなか短時間で成果を挙げにくいフィールド調査をおもな手法とした研究においては，確実に比較的質のよい成果を効率的に上げるには有効な方法かもしれない．ただしこのようなやり方は，パラダイムそのものを見直すといったような大きな成果を挙げにくい．またこのような研究手法では，フィールドでの観察結果に基づいて新たな知見をもたらすという，フィールド調査の醍醐味を味わうことができないという側面があることも指摘できるだろう．

　一方で，パラダイムに頼らずに仮説を構築していくことも可能である．ただその場合には，まずは予備調査などで，調査対象や調査地について理解を深め，そのうえで解決すべき仮説を設定する必要があるだろう．場合によっては，文献研究のみに基づいて，仮説を構築できる場合もあるが，このようにしてつくられた仮説は，机上の空論で終わってしまうことも多い．実際に自分の目でみたうえで検証すべき仮説をつくったほうが，回り道のようでも本当は近道であろう．

3. 調査方法

3.1 実験的操作

　取り組むべき仮説が構築できたら，次に調査方法を具体的に決めていくことになる．後述するさまざまな方法のなかから，仮説を検証するのに最適な方法を選ぶことが肝心だ．このとき，1つの方法に頼るのではなく，さまざまな方法の組み合わせを考えてみるのもよいかもしれない．とくに人間行動の研究の場合，観察と質問紙調査を組み合わせることで，観察だけではわからない行動の「理由」や「原因」を容易に推測できるようになることもある．さすがに人間以外の動物を対象とした研究ではこうした方法を用いることはできないが，「言語」をもつ人間を対象とする場合には，このような方法を検討してみる価値は十分にあるだろう．

　また，単に対象を観察するだけではなく，実験的操作を加えた観察を行うという方法もある．実験という語を聞くと，どうしてもビーカーやフラスコを用いたような実験を思い浮かべてしまうかもしれない．しかし心理学では，当然のことながらこうした器具を用いないさまざまな実験が行われている．たとえば，1章で述べられている利他性に関する研究はまさに実験的手法を用いているし，2章のチンパンジーの研究もまた実験の成果の1つである．すなわちここでいう実験とは，対象をありのままに観察するのではなく，調査者が状況や調査対象に対して何らかの操作を加え，調べたい変数や要因を統制することで因果関係などを明らかにすることである．単なる観察の場合，得られたデータを分析することによって発見した事柄の「相関」を明らかにできても因果関係をはっきりさせるのは難しい．それに対して実験的操作の優れた点は，変数を制御することで，単なる観察では難しい，因果関係を明確にするデータを得ることが可能になっていることである．また単なる観察の場合，研究目的にかなう事例を多数集めるのが難しいことも多いが，実験的操作を加えることで事例を容易に集めることができるようになる．そのため，実験的操作を加える手法は仮説検証型の研究においてとくに威力を発揮することになる．そしてこうした実験的操作は，実験室内での研究だけでなく，フィールド調査に取り入れることも可能である．一方フィールド調査では，実際に行える実験的操作は非常に限られてくるという欠点もあることは理解しておこう．どこでも自分の目的にあった実験が行えるわけではないという

ことである.

かつては，野生霊長類の観察に際して，餌づけと呼ばれる方法がとられることが多かった[7]. これには，通常は人を恐れて逃げてしまう野生霊長類に対して好物の餌を与えることで，調査対象を観察者に慣らし，観察を容易にするという目的があった．しかし，餌づけも実験的な状況をつくりだしていることに注意すべきである．それは，自然界では野生霊長類の利用する食物は適度に分散して存在しており，適当な個体間距離を保ったまま採食することが多いのに対して，餌づけという条件下では，集中して存在する食物のために個体間距離が大幅に減少しているからだ．初期のニホンザル研究においては，ニホンザルはよく喧嘩をするというイメージで語られることが多かった[7]. しかし現在では，これは餌づけの影響と考えられている．餌づけによって個体間距離が非常に小さくなった結果，個体間の争いが頻発していたと考えられるからだ[8]. 事実，餌づけされていないニホンザルでは，争いの頻度は餌づけ下に比べ格段に少なくなっている．このように，ときに調査者が意識しない形で実験的な状況をつくりだしてしまうこともあるので，この点には十分な配慮が必要である．

3.2 観察場所と観察時期

人間を対象とした観察を行う場合，どこで観察を行うかという点は，その研究の成否を決める重要な点の1つである．人間以外の動物を対象とした研究では，特定の個体を長時間にわたり個体追跡し，行動を記録するという手法がよく採用されている．しかし人間を対象とした研究では，このような手法をとることは実際上難しく，また倫理的な観点からもあまり推奨できない．

ではどのように観察すればよいのか？　当然のことながら研究目的によって採用すべき方法は変わってくるが，一般的に行われているのは，ある特定の場所で調査対象の行動を記録する定点観測と呼ばれる手法だ．この手法で重要なことは，研究目的に応じた場所を選定することである．いいかえれば，その研究で対象とする行動がよく出現すると考えられる場所を選ぶということである．以前，私が指導する学生が男女の身体接触行動というテーマで卒業論文を作成したことがある．この場合，男女のカップルがおり，かつ何らかの身体接触行動，たとえば，手をつないだり，腕を組んだりといった行動がみられる場所で観察しなければならないのは自明なことだろう．そこで彼女は名古屋市内の繁華街や観光地を選んで調査を行い，場所や時間，あるいはカップルの年齢などによる身体接触行動の

相違を明らかにした.このように日常的な人間の行動を対象としても,適切な場所を選択し,かつ定式化された方法を用いることで,面白い研究を行うことができる.

ただしこの方法には,特定の行動を把握するのには適しているが,調査対象の行動全体を把握するのが難しいという欠点がある.もしも調査対象の行動全体について調査したいのであれば,場所を決めずに,個体追跡やグループ追跡といった方法で調査対象をある一定の時間追跡し,データを収集していくしかない.

またいつ観察を行うのかという問題も,その研究の成否を決定する要因になる.そもそもニホンザルの性行動など,明らかに季節性のある行動を研究対象とする場合,その行動が観察できる時期にフィールド調査を行わねばならないことは自明のことであろう.一方で,たとえば動物園の来園者の行動を研究するような場合にも,いつ調査を実施するのかという点は十分に考慮すべきことである.1年を通じて動物園への来園者はいるが,春や秋に比べて真冬や真夏の来園者は少なくなる.また平日には遠足などで訪れる来園者が多いのに対し,土日は家族やカップルが多いだろう.このように曜日によっても,来園者の数や内訳が変わってくることが予想される.とすれば,研究目的に合わせて,どのような季節のどのような曜日に調査を行うかを決める必要が出てくるだろう.このように,一見季節性がないと思われるような人間行動の研究においても,調査時期をどのように設定するかはきちんと考慮すべき問題なのだ.

3.3 記 録 方 法

観察場所を決めたら,次はどのようにデータを記録していくかを考えねばならない.どのように記録していくのかを決めるということは,簡単なようで結構難しいことなのだ.それは,観察場所同様,調査対象や調査地の特徴,あるいは研究目的に合わせて,適切な方法を用いるようにする必要があるためである.そこでここでは,行動観察で用いられるデータの記録方法を関連する出版物[9~11]の内容を整理しながら紹介していく.なおここで紹介する方法は互いに排他的なものではないので,研究目的等に合わせて,うまく組み合わせて使うことも可能である.

①アドリブ法

この方法は,観察した事柄をそのまま記入していくという,いたって単純なものだ.この方法の長所は,稀にしか起こらない重要な出来事を記録できる可能性

が高いということである．また後述する定式化された方法りも，はるかに融通がきくという長所もある．こうした長所のため，一般には予備調査の段階で用いられることが多い．

一方で，焦点がぼけたあいまいな記録になる可能性があるという短所をもつ．それは，目についた行動や個体の記録に偏る可能性が大きいからだ．そのためデータ収集にあたっては，できるだけいろいろな行動や個体を意識して観察するようにする必要がある．

②個体追跡法

個体追跡は，現在の大型哺乳類研究において最もよく使われる方法といってよいだろう．この方法は，特定の個体を一定時間追跡するというものである．この方法の長所は，行動の生起頻度や前後の状況を正確に記録できるという点にある．他方，調査対象の動物が調査者に慣れていない場合や，地形や植生の関係で連続した観察が難しい環境ではこの方法を採用することは難しいという短所がある．またある特定の個体しか観察しないような場合には，「木を見て森を見ず」といったことになってしまう可能性もあるので注意が必要だ．

ではどの程度の時間追跡すればよいのか？ これはまさに研究目的によって変わってくる．たとえば野生霊長類の採食行動を明らかにしようとするような研究では，可能であればある個体が朝起きたときから夜寝るところまで，すなわち1日中追跡する場合が多い．これは，1日のなかで次々と採食品目を変えていく食べ方をすることが多い霊長類の採食行動の研究では，短時間の追跡ではこうした変化を記録することが難しいからだ[6]．なかには，ある1個体を連続して何日も追跡し，ニホンザルの採食行動を検討した研究もある[12]．

一方で，短時間，たとえば10分程度しか1個体を追跡しないという場合もある．1日に1個体しか追跡しない場合，限られた個体のデータしか収集できず，性や年齢に偏りのあるデータになってしまう可能性がある．そこで，多くの個体のデータを万遍なく収集したいような場合にはこうした追跡時間が採用される．

いずれにせよ，個体追跡を行う場合，どの程度の時間追跡すればよいかは，その研究結果を左右する重要な要因の1つなので，安易に決めないほうがよい．研究目的によっては，予備調査の段階でさまざまな時間，個体を追跡し，その結果を踏まえて本調査での追跡時間を決めるという慎重さも必要であろう．

人間行動の研究の場合には，個体追跡と定点観測を組み合わせて用いることも多い．長時間にわたりある特定の人物を追跡し行動を記録するというのは，やは

り倫理的な問題が多い．そこでどこか特定の場所で，調査対象となる人物を決めたうえで，短時間，その人物の行動を記録するということだ．たとえば電車のなかでの人間の行動を研究するような場合，ある人が乗車してきてから降車するまでを1つの単位として，その人の行動を観察するといったようなことである．

集団をつくる動物を調査対象にするときには，個体追跡が難しい場合，グループ追跡という手法がとられることもある．この方法は，特定の個体の代わりに，特定のグループを一定時間追跡するというものである．そのうえで，そのグループに属する個体の行動を定式化された方法，たとえば後述するスキャニング法で記録していく．グループ追跡は，個体追跡ほど調査対象動物が調査者に慣れていなくても可能であるという長所をもつ．また特定の個体を連続して追跡することが困難な環境にも適している．一方で，研究目的や収集すべきデータを明確にしておかないと，焦点がぼけた記録しか取れないことになってしまう．気をつけないと，目立つ個体ばかりの記録になってしまう可能性が大きいということだ．

③特定の行動のみ記録する方法

研究目的が明確になっており，かつ多数の個体を一度に観察できるような条件下で観察する場合に適している．短期間に大量のデータを収集することができるという長所がある．特定の行動を記録するので，ノートよりも記録用紙などを用いて記録すると効率がよくなる．一方で，目的以外の行動を見落とす可能性が高く，またある行動にのみ着目してデータを収集するために，目的とする行動が起こった前後の状況を記録することが難しいという短所がある．

④スキャニング法

一定時間ごとに記録を取るという方法である．一般的には，一定時間は数分から1時間程度とすることが多い．集団をつくる動物を研究するようなときに，ある個体を追跡し，その個体の行動を記録するのと並行して，追跡個体の周りにいる個体との個体間距離を記録するといった場合に有効な方法である．あるいは，グループ追跡を行う際に，視界内の個体の行動や採食物を記録するといったときにも用いられる．このようにある決まった行動などを，効率よく収集するのに適した方法の1つである．一方で，決められた以外の時間に起こったことが記録できない，そして特定の行動のみを記録する方法と同様，目的とする行動が起こった前後の状況を記録することが難しいという短所がある．

⑤ワンゼロサンプリング

一定時間のあいだに目的とする行動が行われた否かのみを記録する方法であ

る．一定の時間として，比較的短い時間，たとえば15秒程度を単位とすることが多い．何回も繰り返し行われる行動の記録に有効とされている．1か0かというデジタル的な記録方法のため，パソコンなどを利用した資料整理と親和性が高い．特定の行動の出現頻度やその個体差などを，飼育下の動物を対象として研究するような場合によく用いられる．一方で，目的とする行動の正確な回数の記録が難しく，やはりその行動が起こった前後の状況を記録することが難しいという短所がある．

3.4 記録する内容

記録方法を決める際にあらかじめ考慮すべきことに，瞬間的な事象である「出来事」と多少とも持続性のある事象である「状態」の区別がある．たとえば，霊長類の研究でよく取り上げられるグルーミング（毛づくろい）という行動がある．これはこの行動そのものが研究対象になることあるし，個体間の親和性などを表す指標として用いられることもある行動だ．ではグルーミングは出来事なのか状態なのか．グルーミングをある瞬間的な事象と考えれば出来事と呼ぶことができる．グルーミングが一瞬のうちに終わってしまうことはまずないから，これを瞬間的な事象と考えることは難しいようにも思えるが，他の行動と生起頻度を比較するような場合には，瞬間的な事象と考えて生起頻度を数えていったほうが研究を進めやすい．一方で，ある一定の時間続く以上，当然のことながら状態と呼ぶこともできる．すなわちグルーミングは出来事とも状態とも考えられるのだ．実際多くの行動は，グルーミング同様どちらにも考えることができるものが多い．そこで，記録する行動をどのように考えるかは，研究目的によって変える必要があると考えたほうがよい．ここで大切なことは，ある行動を出来事ととらえ，別の行動を状態と考えたとき，両者を直接比較することはできないということだ．多くの行動を比較研究する場合やさまざまな研究成果に基づいて総説を書くような場合，ついこの点を忘れてしまうことがあるので注意したい．

では，実際にはどのような内容を記録していけばよいだろうか．行動研究で最低限必要な情報は，誰が行為者か，何（誰）がその行動の対象だったのか，そして出来事であればその行動が生起した時刻，状態であればその行動の開始と終了の時刻といったところだろう．またできればその行動の前後の文脈（行動）も記録しておきたい．時刻を記録する際に，秒，あるいは分のいずれを単位とするかは，研究目的や対象とする行動によって変わってくる．それほど詳細な情報が必要で

ない場合は，分単位の記録で構わないだろうし，逆に詳細な情報が必要な場合には秒単位での記録が求められるだろう．秒単位で記録しておけば，あとで分単位に変換することは容易であるから，研究目的に関わらず秒単位で記録できればそれに越したことはない．しかし秒単位で記録するには，かなりの労力を必要とする．こうした点も考慮して記録する時間単位を決めていく必要がある．

　また行動の記録にあたっては「操作的な定義」という考え方が重要である．たとえばグルーミングを記録するにしても，その開始や終了をどのように考えるのかという問題が出てくる．一般的に霊長類のグルーミングは，片手で相手の毛をかき分け，もう一方の手で何かをつまみとるというパターンをとることが多い．そしてこうした動作を何回か繰り返したのち，別の部位で同じことを繰り返す．さらにこうした動きをしばらく続けたあと，今度はグルーミングする立場が入れ替わり，同じようなパターンが繰り返される．そしてこの組み合わせで，何回か立場の入れ替わりが起こるということも珍しくない．こうした場合，どこをグルーミングの開始と考えどこを終了とするのか．自明なようで考えだすと難しいものだ．たとえば，一つひとつの「つまむ」動作を1回のグルーミングと考えることもできるし，別の部位に移ったときに1回のグルーミングが終わったと考えることもできる．あるいは役割が交替したときに1回のグルーミングが終わったと考えることもできるだろう．さらに同じ組み合わせでの一連のグルーミングを1回と数えることも可能だ．ではどうすればよいのか．ここで重要になってくるのが，操作的定義という考え方だ．この考え方は，研究目的や調査対象に応じて，行動の開始や終了，あるいは数え方などを決めるというものだ．たとえば，グルーミングであれば，「役割が交替したときに終了する」「2分以上グルーミングに関連する動きがなければ終了したとみなす」といったような定義の仕方である．研究を進めていくうえで大切なことは，操作的定義を明確に定め，それにしたがってデータを収集していくということだ．また論文作成の際などには，どのような操作的定義にしたがってデータを収集したのかということを明示しておくことも必要である．

3.5　調　査　用　具
①記録紙（ノートなど）と筆記具
　フィールドで行動観察を行う際には，どのような道具を用いるとよいのだろうか．第二次大戦後，日本で霊長類学が発達した要因の1つに，野生霊長類の観察

図 6.1　各種のフィールドノート
左から順に，水中でも書くことができる防水ノート，表紙の堅い「スケッチブック」，測量野帳，最も右が安価なキャンパスノート．

においては，高価な道具が必要なかったことが指摘されている[13]．ノートと鉛筆，それに双眼鏡があれば，調査を遂行することができたのだ．

　この状況は，現在のフィールド調査にも当てはまる．持ち運びやすい大きさのノートと筆記具さえもっていけば，とりあえずの観察は行うことができる．フィールド研究者が使用しているノートや筆記具にはさまざまな種類がある．研究者それぞれにこだわりがあり，どのタイプのものがとくに優れているというのは難しい．ノートでは，一般的に A6 判のキャンパスノートや測量野帳などが使われることが多い．雨のなかでの調査が見込まれる場合には，水中でも記入可能な防水ノートが使われることもある．筆記具としては，シャープペンシルやボールペンが用いられるが，どういった形状やインクを選ぶかは，やはり研究者の好みが分かれるところだ．

　ノートに記入する際，フィールド研究者がよく行うのが，見開き 2 ページのうち，どちらか一方の 1 ページのみに現場で書き込み，他方は備考欄として残しておくという方法である．フィールドで記録を記入していく場合，結構忙しくなぐり書きのような汚い字で書き込むことも珍しくない．そこで，休憩時間や調査中でも少し落ち着いた時間などに，きれいな字で書き直すのにこの備考欄を用いる．あるいは，研究目的に直接は関係しないが，重要と思える観察内容を備考欄に記入することもある．とくに書き直す場合には，できるだけ時間を置かずに作業することが大切である．人間の記憶というのは結構曖昧なもので，時間を置けば置くほど，正確な情報を記録することが難しくなってしまう．

　取るべきデータが定式化されている場合には，ノートに代わって記録すべき項

目をあらかじめ定めた専用の記録用紙がよく利用される．必要な情報を無駄なく短時間で記録できるという点において，記録用紙はノートよりも優れている．また後述するパソコンの利用とも共通する利点として，複数の観察者が協力して記録を収集する場合に，記録する内容の観察者間の相違を少なくするという長所もある．一方で，記録用紙を用いると決まりきったことしか記録せず，重要な情報を書き漏らしてしまうことがある点はつねに意識しておく必要がある．もし研究目的に直接関係なくとも重要だと思える観察があった場合には，欄外などに記入しておくと，のちのち思いがけず役に立つこともある．

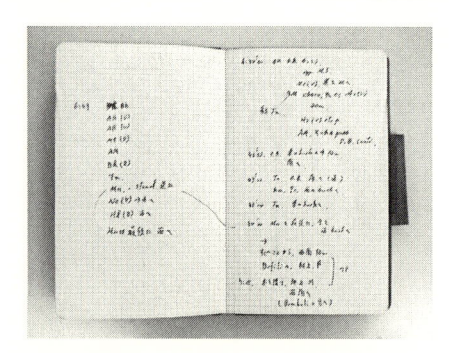

図6.2 フィールドノートの記入例
筆者の場合は，見開きの右側にデータを記入し，左側にその場で気づいたことや補足説明などを書くことにしている．

②音声や映像を利用した記録

　ノートや記録用紙に「書く」という行為は，結構時間を要するものである．そこで，短い時間に生起する連続した行動を詳細に記録したいような場合には，マイクロカセットテープレコーダーやICレコーダーといった音声を用いて記録する道具が使われることもある．これらの道具を用いると，ノートや記録用紙よりもはるかに大量の情報を記録できる場合が多い．

　さらに，ビデオカメラやDVDカメラを利用して，音声だけでなく観察場面の映像も記録してしまうという方法も最近はよく行われている．この方法は，音声のみを記録するのと比べても格段に多くの情報を記録できる．また研究室に帰ってから何度も再生してみることで，現場では見逃していたような行動を発見できる場合も多い．最近の機器は小型・軽量化が進み，また電池の性能も向上したので，フィールドでも長時間，記録できるようになってきた．こうした利点から，近年のフィールドの行動研究では，ビデオカメラなどの利用は増えてきている．

　ただし，ICレコーダーやビデオカメラを利用した場合に注意しなければならないのは，いわゆる「テープ起こし」にたいへん長い時間を要することだ．たとえば映像の場合，最低でも録画した時間の10倍くらいは要すると考えたほうがよい．情報量が多い分だけ，解析の時間も長くなるということだ．またビデオカメ

ラを利用する場合，撮影できる範囲が限られているということは意識しておいたほうがよいだろう．とくに個体追跡をしているときにビデオカメラを利用していると，他個体や周囲の状況を見落としてしまう可能性があるということに注意を払うべきである．さらにアフリカなどでこうした機器を用いる場合には，電力（電池）の確保という問題も見過ごすことはできない．こうした機器を持ち込む場合には，あらかじめ調査地の電力事情も調べておいたほうがよい．せっかく調査地に持ち込んでも，電気がなければただの箱にすぎないのだから．

③記録機器（パソコンなど）

最近では，パソコンの小型・軽量化に伴って，フィールドで記録を直接パソコンに入力してしまうことも可能になってきた．いわば記録用紙の電子化である．すなわち事前に入力用のフォーマットを準備し，記録用紙に記入していくような要領で，パソコンにデータを入力していくという方法である．最近の行動研究では，収集したデータは表計算ソフトに入力したうえで，さまざまな分析を行うことが多い．そこで，フィールドでパソコンに直接記録を入力してしまえば，あとでデータを入力するという過程を省略することができるわけだ．ただし他の電子機器同様，電力の確保という問題がある．また記録用紙を用いた場合と同じく，定式化されたデータを収集するうえでは大変効率がよいが，それ以外のデータを記録しにくいという欠点もある．

図6.3 GPS受信機
最近のフィールド調査では，簡単に位置を測定，記録できるGPS受信機も使用されるようになってきた．

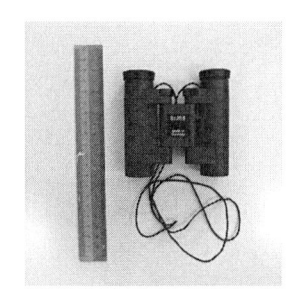

図6.4 双眼鏡
この双眼鏡は，最近筆者が利用している倍率8倍の軽量のモデル．

④腕時計と双眼鏡

携帯電話の普及に伴い，最近は日常生活では腕時計をしない人も増えてきているが，腕時計，できればデジタルの腕時計はフィールド研究にはぜひとも持参すべきである．行動研究を行う際には，時刻を記録するということは必要不可欠だからだ．

人間行動の観察において，双眼鏡を使用することはまずないだろう．むしろ最

近の状況では，街中などで双眼鏡を用いて「観察」などしていると，怪しい人と思われ警察に通報されてしまうことすらあるかもしれない．ただし，ある程度離れた距離から人間の観察を行いたい場合には，十分な倫理的配慮のもと，双眼鏡を使用すると有効なこともあるだろう．

　一方，野生の大型哺乳類を観察する場合には，双眼鏡は持参したほうがよい．たとえ間近で対象が観察できるような状況でも，何か詳細な情報を収集しようとしたときに，双眼鏡があると大変有効である．たとえば，かつてワンバにおいて，餌場と呼ばれる森のなかに切り開かれた場所で，10 m 程度の距離からボノボを観察することがあった．比較的からだの大きな霊長類であるし，この程度の距離からなら，双眼鏡なしで彼らの行動を容易に記録できた．しかし，新たにできた傷の状況や生まれて間もない新生児の性別を確認する場合などには，双眼鏡は不可欠であった．また個体識別を進める際にも，双眼鏡は大変役に立った．

　ではどの程度の倍率のものを用意すればよいのだろうか．霊長類などの中・大型哺乳類をフィールドで観察するような場合には，8 〜 10 倍程度のものがよいだろう．双眼鏡というのは，倍率が高くなるほど視野が狭くなり，視界が暗くなる．さらに高倍率なものほど重くなるのが一般的だ．それゆえ，必要以上に高倍率のものを用意すると，フィールドで苦労することになる．とくに双眼鏡の重さというのは，双眼鏡を選ぶ際の重要なポイントになる．フィールド調査の場合には，ときに1日中双眼鏡を首にぶら下げていることもある．こうしたときに，重い双眼鏡だと後悔することになる．

　またアフリカの熱帯林など，湿度の高い場所で長期間調査を行う場合には，防水タイプの双眼鏡を選んだほうがよい．防水タイプのものは，通常のものに比べ重く，視野も狭いことも多いが，こうした調査地では通常のタイプの双眼鏡の場合，レンズにカビが生えてしまうこともある．日本国内なら簡単に買い換えたり修理に出したりすることができるが，アフリカの奥地ではそうはいかない．防水タイプのものであれば，まずカビが生えることはないので，この点安心できる．

4. 倫理的配慮

　人間や人間以外の動物を対象とした研究を行うにあたって，最近はさまざまな点において倫理的配慮が求められるようになってきている．研究計画の立案やその実施にあたっては，こうした点への目配りが欠かせない．とくに人間を対象と

する研究においては，慎重すぎるくらいの配慮が求められるだろう．

具体的に配慮すべき点については，さまざまな学会や研究機関が公表しているガイドラインなどを参照するとよいだろう．たとえば日本心理学会の「公益社団法人日本心理学会倫理規定」[14]，日本心理臨床学会の「倫理綱領」[15] や「倫理基準」[16] などが挙げられる．初めてこうした研究を行う場合には，まずはこうしたガイドライン等にあたって，倫理的配慮全般についての理解を深めたい．そのうえで，研究計画のなかに倫理的配慮に欠ける部分がないか，具体的に検討していくのがよいだろう．

また人間以外の動物を対象にした研究においても，倫理的配慮が求められるようになってきている．研究対象に対して必要以上の苦痛を与えたり，彼らを劣悪な環境で飼育したりといったことは論外だが，「動物だから許される」といった考えに基づき研究を遂行するのは問題だ．具体的には，京都大学霊長類研究所の「サル類の飼育管理及び使用に関する指針第3版」[17] などを参考に，研究計画に倫理的配慮に欠ける部分がないか検討してみるのがよいだろう．さらに最近は実験室内での研究だけでなく，フィールド調査においても，一定の倫理的配慮が求められるようになってきている．この点に関しては，同じく京都大学霊長類研究所の「野生霊長類を研究するときおよび野生由来の霊長類を導入して研究するときのガイドライン」[18] などが参考になるだろう．

また最近は，論文等で研究成果を公表する際に，どのような倫理的基準を用いて研究を遂行したかについて記載を求められることが普通になってきている．こうした流れを踏まえて，「研究だからこれくらいのことは許されるだろう」といった甘い考えはもたないほうがよい．大変素晴らしい研究成果が得られたとしても，倫理的配慮に欠けた研究は公表すらできない時代になっていることは肝に銘じておくべきである．

5. 調査の実施

5.1 予備調査

このような一連の流れを踏まえて研究計画が立案できたら，まずはこの計画に従って予備的なデータを収集する，すなわち予備調査を行うのが一般的である．一方で，初めて行動の研究をするような場合だったり，ほとんど研究されたことがない研究対象を選択したりした場合には，研究計画の立案段階で予備調査を行

い，そのうえで詳細な計画を立てていくということもあるかもしれない．いずれにせよ，とくにフィールド調査の場合，予備調査をまったく行わずに本調査を行うことは勧められない．

　それは，きちんと立案されたようにみえる計画でも，実際に研究を始めてみるとうまくいかないことが圧倒的に多いからだ．とくにフィールド調査の場合には，予期せぬ出来事が起きて計画通りに研究が進まないことのほうが多いくらいである．結果，予備調査抜きで本調査を開始しても，分析に耐えるようなデータを収集できないという事態に陥ってしまうこともたびたびある．予備調査の実施は，一見，時間や資金の無駄遣いのように思えることもあるが，むしろきちんとした予備調査を行い，その結果を踏まえて調査計画を修正したうえで本調査に臨むほうが，結果として時間や資金の大幅な節約につながることが多い．

　ではどのような点を修正すればよいのか．まずは研究目的そのものが検討対象になるだろう．設定した研究目的が妥当なのか？　採用した調査方法で明らかにできるような目的なのか？　場合によってはこのようなところにまで立ち返って研究計画を見直す必要がある．あるいは，予備調査の最中に観察した事例から導きだされる目的のほうが，当初想定していたものより面白そうだといったこともあるかもしれない．

　また，調査対象や調査地を見直す必要が生じることある．研究目的が妥当なものだったにしても，それを解明するには別の対象や調査地のほうが適しているという場合も結構ある．たとえば野生下での観察を実施しようとしていたが，きわめて稀にしか観察できないような行動であることが明らかになれば，飼育下での観察に切り替えたほうがよいかもしれないといったことだ．さらに，対象や場所が適切でも，調査方法は変更したほうがよいといった場合もあるだろう．実際に調査地に出かけて観察したところ，思いの外，人間に慣れていて，グループ追跡ではなく個体追跡ができそうだといったこともあるかもしれない．いずれにせよ，まずは予備調査で収集できたデータをきちんと分析し，そのうえで調査計画の妥当性を検討するという手順を踏むことが大切だ．

5.2　本　調　査

　こうした事前の周到な準備を踏まえて，いよいよ本調査ということになる．ここまで述べてきた手順を踏み，十分な準備をすれば，本調査は単にデータ収集の場と考えることもできるだろう．必要なデータをある決まった手順で効率よく十

分な量収集できるということだ．いいかえれば，十分な準備をすることで，本調査の成功はある程度保証されてくる．逆に，ほとんど何の準備をせずに本調査に臨んでも，成功する確率はきわめて低いといわざるをえない．たまたま目的とするデータが本調査で収集できたとしても，それは単に幸運だったというだけかもしれない．

　一方で，十分な準備をしても本調査が必ずうまくいくとは限らない．予備調査段階ではうまくいっていたのに，たまたま本調査の時期に例年より雨が多かったり調査対象の食物が少なかったりして対象の観察が難しく，調査期間内に必要な量のデータを収集できないといった事態になることもある．こうした不測の事態が生じることは，フィールド調査ではむしろ当たり前と考えておいたほうがよい．そこで，そもそも調査計画を立案する段階でこうした事態を想定し，計画に「遊び」をもたせることは重要だ．とくに海外で調査を行う場合などは，こうした突発的出来事がまま起こるものである．そのためには，調査期間の設定にあたり，余裕のある日程を組むことが肝心だろう．必要な観察時間ぎりぎりの日程しか取らないと，フィールドでのトラブルによって分析に必要なデータ量を収集できないことになりかねないので注意したい．

　またときにフィールドでは，当初想定していなかったことを観察することがある．そのとき，立派な研究計画を立てていればいるほど，当初の計画や考えに囚われてこの観察の意味を理解できなかったり，あえて無視したりする可能性が高くなる．その結果，重要な発見をみすみす見逃してしまうこともある．研究計画から離れた観察を行うのはそれなりの勇気が必要だが，ときにそうした勇気が重要な発見につながることもある．ある意味では，このような柔軟な対応によって新たな発見をできることが，フィールド調査の面白みでもあり，醍醐味でもあるだろう．

6. フィールド調査のすすめ

　このような一連の流れで調査を実施したのち，収集したデータを分析し，結果をまとめ，得られた成果を学会での発表や論文といった形で公表していくことになる．分析や成果の公表といった作業をどのように進めていけばよいのかという点については，現在さまざまな出版物が提供されており，そちらを参照していただきたい[10,19]．また人間行動を含む動物の行動研究においては，データの分析に

際して統計学的な解析も欠かせないものになっている．将来，研究者として本格的に行動研究に取り組もうというのであれば，こうした知識も必要になってくる．この点については，『動物行動学のための統計学』[20]や『生物統計学入門』[21]などといった出版物が役に立つだろう．

　フィールド調査は，はまると大変面白いものである．またとくに海外でのフィールド調査はそれなりにしんどいものなので，調査を終えると何か一仕事終えた気分になってしまうことも多い．ただそれゆえに，フィールドで観察することやフィールドに滞在することが目的化してしまい，フィールドから帰ってきてからのデータ分析や得られた成果の公表が，往々にして疎かになってしまうことも多い．あくまでも「研究」として成立させるためには，フィールドでのデータ収集にとどまらず，それをきちんと分析し，成果を公表すること．そこまでして初めて，フィールド研究は研究たりうるのだということを，自戒の念も込めて述べておきたい．

　フィールド調査というと，どうしてもアフリカでのサルの調査などを思い浮かべる方も多いだろう．実際，筆者もそのような調査を経験してきたので，この章で取り上げた具体的な事例は，霊長類のフィールド調査を題材にしたものが多くなってしまった．しかしとくに人間行動に関する研究でいえば，必ずしもアフリカなどに出かけなくても，身近な場所でフィールド調査を行うことができる．たとえば，ここ数年，筆者は学生とともに動物園の来園者を対象としたフィールド調査を行っている．このような場所での調査も立派なフィールド調査なのだ．まずは，この章で紹介された方法などを理解し，そのうえで身近な人たちの行動をちょっと立ち止まってみて欲しい．そしてできれば少しのあいだでよいから，何か決まった方法でその人たちの行動を記録していただきたい．さらにもしもう少し余裕があれば，得られた記録を表などの形に整理し，それを眺めてみて欲しい．こうした作業を行ってみると，もしかしたら今までとは違った景色があなたの周りに広がっているかもしれない．すなわち毎日毎日眺めてきた身近な人たちの行動が，ちょっと違った風に見えてくるかもしれないということだ．「もしそんな風に見えたら…」，それが人間行動研究の出発点なのだ．フィールド調査はそんなに難しいものではないし，どこか遠くに行かなければできないものではないのだ．この章を読んで，それを理解していただければと思う．

設問

1. フィールド調査を行う手順は？
2. 研究計画を立案するうえで重要なポイントは何だろうか？
3. フィールド調査において実験的操作を加える場合の長所と短所は？
4. 個体追跡法とスキャニング法の長所と短所は？
5. ノートに記録する場合とビデオカメラを利用して記録する場合の長所と短所は？

文　献

第1章

1) ダーウィン, C. (渡辺正隆訳)：種の起源, 光文社, 2009.
2) ワイナー, J. (樋口広芳, 黒沢令子訳)：フィンチの嘴, 早川書房, 2001.
3) デネット, D. C. (山口泰司監訳)：ダーウィンの危険な思想―生命の意味と進化, 青土社, 2001.
4) シルク, J., ボイド, R. (松本晶子, 小田亮監訳)：ヒトはどのように進化してきたか, ミネルヴァ書房, 2011.
5) Aiello, L. C. & Wheeler, P.: The expensive-tissue hypothesis : The brain and the digestive system in human and primate evolution. *Current Anthropology*, **36** : 199-221, 1995.
6) ドーキンス, R. (垂水雄二訳)：遺伝子の川, 草思社, 1995.
7) Anderson, K. G., Kaplan, H. & Lancaster, J.: Paternal care by genetic fathers and stepfathers I : Reports from Albuquerque men. *Evolution and Human Behavior*, **20** : 405-431, 1999.
8) Trivers, R. L.: The evolution of reciprocal altruism. *The Quarterly Review of Biology*, **46** : 35-55, 1971.
9) Oda, R. et al.: Altruism can be assessed correctly based on impression. *Human Nature*, **20** : 331-341, 2009.
10) 小田亮：利他学, 新潮社, 2011.
11) キップリング, R. (城宝栄作訳)：キップリングのなぜなぜ物語, 評論社, 1977.
12) 竹内久美子：浮気人類進化論, 文藝春秋, 1998.
13) ニスベット, R. E., コーエン, D. (石井敬子, 結城雅樹編訳)：名誉と暴力―アメリカ南部の文化と心理, 北大路書房, 2009.
14) 西田利貞：人間性はどこから来たか―サル学からのアプローチ, 京都大学学術出版会, 1999.
15) ドーキンス, R. (日高敏隆ほか訳)：利己的な遺伝子, 紀伊国屋書店, 2006.
16) Beja-Pereira, A. et al.: Gene-culture coevolution between cattle milk protein genes and human lactase genes. *Nature Genetics*, **35** : 311-313, 2003.
17) ドゥ・ヴァール, F. (西田利貞, 藤井留美訳)：利己的なサル, 他人を思いやるサル―モラルはなぜ生まれたのか, 草思社, 1998.

第2章

1) Hamilton, W. D.: The genetical evolution of social behaviour. 1, 2. *Journal of Theoretical Biology*, **7** : 1-52, 1964.
2) Trivers, R. L.: The evolution of reciprocal altruism. *The Quarterly Review of Biology*, **46** : 35-55, 1971.
3) Wilkinson, G. S.: Reciprocal food sharing in the vampire bat. *Nature*, **308** : 181-184, 1984.

4) de Waal, F. B. M.: Putting the altruism back into altruism : The evolution of empathy. *Annual Reviews of Psychology*, **59** : 279-300, 2008.
5) Brosnan, S. F. & de Waal, F. B. M.: A proximate perspective on reciprocal altruism. *Human Nature*, **13** : 129-152, 2002.
6) 藤田和生：比較認知科学への招待，ナカニシヤ書店，1998.
7) 松沢哲郎，長谷川寿一編：心の進化—人間性の起源をもとめて，岩波書店，2000.
8) Yamamoto, S. & Takimoto, A.: Empathy and fairness : Psychological mechanisms for eliciting and maintaining prosociality and cooperation in primates. *Social Justice Research*, **25** : 233-255, 2012.
9) Anderson, J. R., Myowa-Yamakoshi, M. & Matsuzawa, T.: Contagious yawning in chimpanzees. *Proceedings of the Royal Society of London. B.*, **271** : S468-S470, 2004.
10) Campbell, M. W. & de Waal, F. B. M.: Ingroup-outgroup bias in contagious yawning by chimpanzees supports link to empathy. *PLoS ONE*, **6**(4) : e18283, 2011.
11) ドゥ・ヴァール，F.(西田利貞，藤井留美訳)：利己的なサル，他人を思いやるサル―モラルはなぜ生まれたのか，草思社，1998.
12) リゾラッティ，G., シニガリア，C.(茂木健一郎，柴田裕之訳)：ミラーニューロン，紀伊國屋書店，2009.
13) Preston, S. D. & de Waal, F. B. M.: Empathy : Its ultimate and proximate bases. *Behavioral and Brain Sciences*, **25** : 1-72, 2002.
14) Wimmer, H. & Perner, J.: Beliefs about beliefs : Representation and the containing function of wrong beliefs in young children's understanding of deception. *Cognition*, **13** : 103-128, 1983.
15) Henrich, J. et al.: In search of Homo Economicus : Behavioral experiments in 15 small-scale societies. *The American Economic Review*, **91** : 73-78, 2001.
16) Brosnan, S. F. & de Waal, F. B. M.: Monkeys reject unequal pay. *Nature*, **425** : 297-299, 2003.
17) Brosnan, S. F., Schiff, H. C. & de Waal, F. B. M.: Tolerance for inequity may increase with social closeness in chimpanzees. *Proceedings of the Royal Society of London, B*, **272** : 253-258, 2005.
18) Nowak, M. A. & Sigmund, K.: Evolution of indirect reciprocity by image scoring. *Nature*, **393** : 573-577, 1998.
19) Ohtsuki, H. & Iwasa, Y.: The leading eight : Social norms that can maintain cooperation by indirect reciprocity. *Journal of Theoretical Biology*, **239** : 435-444, 2006.
20) Izuma, K., Saito, D. N. & Sadato, N.: Processing of social and monetary rewards in the human striatum. *Neuron*, **58** : 284-294, 2008.
21) Izuma, K., Saito, D. N. & Sadato, N.: Processing of the incentive for social approval in the ventral striatum during charitable donation. *Journal of Cognitive Neuroscience*, **22** : 621-631, 2010.
22) Silk, J. B. et al.: Chimpanzees are indifferent to the welfare of unrelated group members. *Nature*, **437** : 1357-1359, 2005.
23) Yamamoto, S., Humle, T. & Tanaka, M.: Chimpanzees help each other upon request.

PLoS ONE, **4**(10) : e7416, 2009.
24) Yamamoto, S. & Tanaka, M.: Do chimpanzees (*Pan troglodytes*) spontaneously take turns in a reciprocal cooperation task? *Journal of Comparative Psychology,* **123** : 242-249, 2009.
25) Svetlova, M., Nichols, S. R. & Brownell, C. A.: Toddlers' prosocial behavior : From instrumental to empathic to altruistic helping. *Child Development,* **81** : 1814-1827, 2010.
26) Yamamoto, S., Humle, T. & Tanaka, M.: Chimpanzees' flexible targeted helping based on an understanding of conspecifics' goals. *Proceedings of the National Academy of Sciences, USA,* **109** : 3588-3592, 2012.
27) Hardin, G.: The tragedy of the commons. *Science,* **162** : 1243-1248, 1968.
28) Ledyard, J.: Public goods : A survey of experimental research. *In* Kagel, J. & Roth, A. (eds.) : Handbook of Experimental Economics, Princeton University Press, 1995.
29) 山岸俊男：社会的ジレンマ―「環境破壊」から「いじめ」まで，PHP研究所，2000.
30) Henrich, J.: Cultural group selection : Coevolutionary processes and large-scale cooperation. *Journal of Economic Behavior and Organization,* **53** : 3-35, 2004.
31) Boesch, C.: Cooperative hunting in wild chimpanzees. *Animal Behaviour,* **48** : 653-667, 1994.
32) Gilby, I. C.: Meat sharing among the Gombe chimpanzees : Harassment and reciprocal exchange. *Animal Behaviour,* **71** : 953-963, 2006.
33) Hockings, K. J., Anderson, J. R. & Matsuzawa, T.: Road crossing in chimpanzees : A risky business. *Current Biology,* **16** : R668-R670, 2006.
34) Goodall, J.: The Chimpanzees of Gombe : Patterns of Behavior, Harvard University Press, 1986.
35) 加納隆至：最後の類人猿―ピグミーチンパンジーの行動と生態，どうぶつ社，1986.
36) 黒田末寿：人類進化再考―社会生成の考古学，以文社，1999.
37) モース，M.（吉田禎吾，江川純一訳）：贈与論，ちくま学芸文庫，2009.

第3章

1) Sih, A., Bell, A. & Johnson, J. C.: Behavioral syndromes : An ecological and evolutionary overview. *Trends in Ecology & Evolution,* **19**(7) : 372-378, 2004.
2) Haselton, M. & Buss, D.: Error management theory : A new perspective on biases in cross-sex mind reading. *Journal of personality and social psychology,* **78**(1) : 81-91, 2000.
3) Costa, P. T. J. & McCrae, R. R.: Neo Pi-R : Professional Manual/With Bibliography (Revised), Psychological Assessment Resources, 1992.
4) 小塩真司，阿部晋吾，カトローニ，P.：日本語版 Ten Item Personality Inventory (TIPI-J) 作成の試み，パーソナリティ研究，**21** : 40-52, 2012.
5) Deary, I. J.: Human intelligence differences : A recent history. *Trends in Cognitive Sciences,* **5**(3) : 127-130, 2001.
6) Shikishima, C. et al.: Is g an entity? A Japanese twin study using syllogisms and intelligence tests. *Intelligence,* **37**(3) : 256-267, 2009. doi:10.1016/j.intell.2008.10.010
7) Plomin, R. et al.: Behavioral Genetics. 5th Ed., Worth Publishers, 2008.

8) 安藤寿康：心はどのように遺伝するか，講談社ブルーバックス，2000.
9) Imaizumi, Y.: Estimated number of multiplets under 16 years using two sets of census data in Japan : 1990 and 1995. *Twin Research*, **4** : 232-237, 2001. doi:10.1375/1369052012443
10) Neale, M. C. & Maes, H. H. M.: Methodology for Genetic Studies of Twins and Families, Kluwer Academic Publishers, 2002.
11) Turkheimer, E.: Three laws of behavior genetics and what they mean. *Current Directions in Psychological Science*, **9**(5) : 160-164, 2000.
12) Bouchard, T. & Loehlin, J.: Genes, evolution, and personality. *Behavior Genetics*, **31**(3) : 243-273, 2001.
13) Bouchard, T. & Loehlin, J.: Genes, evolution, and personality. *Behavior Genetics*, **31**(3) : 243-273, 2001
14) Ono, Y., Ando, J., Onoda, N. et al.: Genetic structure of the five-factor model of personality in a Japanese twin population. *Keio Journal of Medicine*, **49**(4) : 152-158, 2000.
15) Yamagata, S. et al.: Is the genetic structure of human personality universal? A cross-cultural twin study from North America, Europe, and Asia. *Journal of Personality and Social Psychology*, **90** : 987-998, 2006.
16) Plomin, R. & Spinath, F. M.: Genetics and general cognitive ability (*g*). *Trends in Cognitive Sciences*, **6**(4) : 169-176, 2002.
17) Plomin, R. & Spinath, F. M.: Intelligence : Genetics, genes, and genomics. *Journal of Personality and Social Psychology*, **86**(1) : 112-129, 2004.
18) 安藤寿康：遺伝子の不都合な真実，ちくま新書，2012.
19) Nisbett, R. E.: Intelligence and How to Get It : Why Schools and Cultures Count, W. W. Norton, 2009.
20) Davis, O. S. P. et al.: A three-stage genome-wide association study of general cognitive ability : Hunting the small effects. *Behavior Genetics*, **40**(6) : 759-767, 2010. doi:10.1007/s10519-010-9350-4
21) Davies, G. et al.: Genome-wide association studies establish that human intelligence is highly heritable and polygenic. *Molecular psychiatry*, **16**(10) : 996-1005, 2011. doi:10.1038/mp.2011.85
22) de Moor, M. H. M. et al.: Meta-analysis of genome-wide association studies for personality. *Molecular Psychiatry*, **17**(3) : 337-349, 2012.
23) Service, S. K. et al.: A genome-wide meta-analysis of association studies of Cloninger's Temperament Scales. *Translational Psychiatry*, **2**(5) : e116, 2012. doi:10.1038/tp.2012.37
24) Sen, S., Burmeister, M. & Ghosh, D.: Meta-analysis of the association between a serotonin transporter promoter polymorphism (5-HTTLPR) and anxiety-related personality traits. *American Journal of Medical Genetics Part B : Neuropsychiatric Genetics*, **127B**(1) : 85-89, 2004. doi:10.1002/ajmg.b.20158
25) Maher, B.: The case of the missing heritability. *Nature*, **456**(7218) : 18-21, 2008.
26) Sulloway, F. J.: Born to Rebel : Birth Order, Family Dynamics, and Creative Lives. 1st Ed., Pantheon, 1996.
27) Healey, M. D. & Ellis, B. J.: Birth order, conscientiousness, and openness to experience :

Tests of the family-niche model of personality using a within-family methodology. *Evolution and Human Behavior*, **28** : 55-59, 2007. doi:10.1016/j.evolhumbehav.2006.05.003
28) Kristensen, P. & Bjerkedal, T.: Explaining the relation between birth order and intelligence. *Science*, **316**(5832) : 1717-1717, 2007. doi:10.1126/science.1141493
29) 高橋雄介, 山形伸二, 星野崇宏：パーソナリティ特性研究の新展開と経済学・疫学など他領域への貢献の可能性. 心理学研究, **82**(1) : 63-76, 2011.
30) Nettle, D. & Pollet, T. V.: Natural selection on male wealth in humans. *The American Naturalist*, **172**(5) : 658-666, 2008.
31) Tooby, J. & Cosmides, L.: On the universality of human nature and the uniqueness of the individual : The role of genetics and adaptation. *Journal of Personality*, **58**(1) : 17-67, 1990.
32) Nettle, D.: An evolutionary approach to the extraversion continuum. *Evolution and Human Behavior*, **26**(4) : 363-373, 2005. doi:10.1016/j.evolhumbehav.2004.12.004
33) Nettle, D. & Clegg, H.: Schizotypy, creativity and mating success in humans. *Proceedings of the Royal Society B : Biological Sciences*, **273**(1586) : 611-615, 2006. doi:10.1098/rspb.2005.3349
34) Mealey, L.: The sociobiology of sociopathy : An alternative hypothesis. *Behavioral and Brain Sciences*, **18**(3) : 523-599, 1995.
35) Wilson, D. S. et al.: Shyness and boldness in humans and other animals. *Trends in Ecology & Evolution*, **9**(11) : 442-446, 1994.
36) Llaurens, V., Raymond, M. & Faurie, C.: Why are some people left-handed? An evolutionary perspective. *Philosophical Transactions of the Royal Society of London. Series B, Biological Sciences*, **364**(1519) : 881-894, 2009. doi:10.1098/rstb.2008.0235
37) Penke, L., Denissen, J. J. A. & Miller, G. F.: The evolutionary genetics of personality. *European Journal of Personality*, **21**(5) : 549-587, 2007.
38) Hiraishi, K. et al.: Maintenance of genetic variation in personality through control of mental mechanisms : A test of trust, extraversion, and agreeableness. *Evolution and Human Behavior*, **29**(2) : 79-85, 2008.
39) Keller, M. C. & Miller, G.: Resolving the paradox of common, harmful, heritable mental disorders : Which evolutionary genetic models work best? *Behavioral and Brain Sciences*, **29**(04) : 385-404, 2006.
40) Verweij, K. J. H. et al.: Maintenance of genetic variation in human personality : Testing evolutionary models by estimating heritability due to common causal variants and investigating the effect of distant inbreesing. *Evolution*, **66**(10) : 3238-3251, 2012. doi:10.1111/j.1558-5646.2012.01679.x
41) Markus, H. R. & Kitayama, S.: Culture and the self : Implications for cognition, emotion, and motivation. *Psychological Review*, **98**(2) : 224-253, 1991. doi:10.1037/0033-295X.98.2.224
42) Nisbett, R.: The Geography of Thought : How Asians and Westerners Think Differently and Why, Free Press, 2003.
43) Chiao, J. Y. & Blizinsky, K. D.: Culture-gene coevolution of individualism-collectivism and the serotonin transporter gene. *Proceedings of the Royal Society B : Biological Sciences*,

277(1681) : 529-537, 2009.

第 4 章

1) Petrle, M. & Kempenaers, B.: Extra-pair paternity in birds : Explaining variation between species and populations. *Trends in Ecology & Evolution*, **13**(2) : 52-58, 1998.
2) Fisher, H. E.: Evolution of human serial pairbonding. *American Journal of Physical Anthropology*, **78**(3) : 331-354, 1989.
3) Murdock, G. P.: Ethnographic Atlas, University of Pittsburgh Press, 1967.
4) Darwin, C.: The Descent of Man, and Selection in Relation to Sex, John Murray, 1871.
5) Bateman, A. J.: Intra-sexual selection in Drosophila. *Heredity*, **2** : 349-368, 1948.
6) Trivers, R. L.: Parental investment and sexual selection. *In* Campbell, B. (ed.) : Sexual Selection and The Decent of Men 1871-1971, pp. 136-179, Aldine, 1972.
7) Small, M. F.: Female Choices : Sexual Behavior of Female Primates, Cornell University Press, 1993.
8) Buss, D. M.: Evolutionary Psychology : The New Science of The Mind. 3rd Ed., Pearson Education, 2008.
9) Bellis, M. A. et al.: Measuring paternal discrepancy and its public health consequences. *Journal of Epidemiology and Community Health*, **59**(9) : 749-754, 2005.
10) Bellis, M. A. & Baker, R. R.: Do females promote sperm competition? : Data for humans. *Animal Behavior*, **40**(5) : 997-998, 1990.
11) Schmitt, D. P.: Sociosexuality from Argentina to Zimbabwe : A 48-nation study of sex, culture, and strategies of human mating. *Behavioral and Brain Sciences*, **28**(2) : 247-311, 2005.
12) Muller, M. N. & Wrangham, R. W.: Sexual Coercion in Primates and Humans : An Evolutionary Perspective on Male Aggression against Females, Harvard University Press, 2009.
13) Thornhill, R. & Palmer, C. T.: A Natural History of Rape : Biological Bases of Sexual Coercion, The MIT Press, 2000.（日本語版／望月弘子訳：人はなぜレイプするのか―進化生物学が解き明かす，青灯社，2006.）
14) Fisher, H. E.: Why We Love : The Nature and Chemistry of Romantic Love, Henry Holt, 2004.（日本語版／大野晶子訳：人はなぜ恋に落ちるのか？―恋と愛情と性欲の脳科学，ソニーマガジンズ，2005.）
15) Tennov, D.: Love and Limerance : The Experience of Being in Love, Stein and Day, 1979.
16) Stone, L.: Passionate attachments in the west in historical perspective. *In* Gaylin, W. & Person, E.: Passionate Attachments : Thinking about Love, pp. 15-26, Free Press, 1988.
17) Apostolou, M.: Sexual selection under parental choice : The role of parents in the evolution of human mating. *Evolution and Human Behavior*, **28**(6) : 403-409, 2007.
18) Apostolou, M.: Parental influence over mate choice in a post-industrial context. *Letters on Evolutionary Behavioral Science*, **2**(1) : 13-15, 2011.
19) Jankowiak, W. R. & Fischer, E. F.: A cross-cultural perspective on romantic love. *Ethnology*, **31**(2) : 149-155, 1992.

20) Gottschall, J. & Nordlund, M.: Romantic love : A literary universal? *Philosophy and Literature*, **30**(2) : 450-470, 2006.
21) Blurton, J. N.: Bushman birth spacing : A test for optimal interbirth intervals. *Ethology and Sociobiology*, **7**(2) : 91-105, 1986.
22) Fisher, H. E.: Anatomy of Love : A Natural History of Mating, Marriage, and Why We Stray, Ballantine, 1992. (日本語版／吉田利子訳：愛はなぜ終わるのか——結婚・不倫・離婚の自然史, 草思社, 1993.
23) Getz, L. L., Carter, C. S. & Gavish, L.: The mating system of the prairie vole, *Microtus ochrogaster* : Field and laboratory evidence for pair-bonding. *Behavioral Ecology and Sociobiology*, **8**(3) : 189-194, 1981.
24) Getz, L. L., Hofmann, J. E. & Carter, C. S.: Mating system and population fluctuations of the prairie vole, *Microtus ochrogaster*. *American Zoologist*, **27**(3) : 909-920, 1987.
25) Williams, J. R., Catania, K. C. & Carter, C. S.: Development of partner preferences in female prairie voles (*Microtus ochrogaster*) : The role of social and sexual experience. *Hormones and Behavior*, **26**(3) : 339-349, 1992.
26) Insel, T. R. & Young, L. J.: The neurobiology of attachment. *Nature Reviews Neuroscience*, **2**(2) : 129-136, 2001.
27) Insel, T. R.: Is social attachment an addictive disorder? *Physiology & Behavior*, **79**(3) : 351-357, 2003.
28) Young, L. J. et al.: Increased affiliative response to vasopressin in mice expressing the V1a receptor from a monogamous vole. *Nature*, **400**(6746) : 766-768, 1999.
29) Lim, M. M. et al.: Enhanced partner preference in a promiscuous species by manipulating the expression of a single gene. *Nature*, **429**(6993) : 754-757, 2004.
30) Hammock, E. A. D. & Young, L. J.: Microsatellite instability generates diversity in brain and sociobehavioral traits. *Science*, **308**(5728) : 1630-1634, 2005.
31) 坂口菊恵：ナンパを科学する——ヒトの2つの性戦略，東京書籍，2009.
32) Baron-Cohen, S. et al.: The autism-spectrum quotient (AQ) : Evidence from Asperger syndrome/high-functioning autism, males and females, scientists and mathematicians. *Journal of Autism and Developmental Disorders*, **31**(1) : 5-17, 2001.
33) Baron-Cohen, S. et al.: Is there a link between engineering and autism? *Autism*, **1**(1) : 101-109, 1997.
34) Buss, D. M. & Schmitt, D. P.: Sexual strategies theory : An evolutionary perspective on human mating. *Psychological Review*, **100**(2) : 204-232, 1993.
35) Buss, D. M.: Sex differences in human mate preferences : Evolutionary hypotheses tested in 37 cultures. *Behavioral and Brain Sciences*, **12**(1) : 1-49, 1989.
36) Perrett, D. I., May, K. A. & Yoshikawa, S.: Facial shape and judgments of female attractiveness. *Nature*, **368**(6468) : 239-242, 1994.
37) Cunningham, M. R.: Measuring the physical in physical attractiveness : Quasi-experiments on the sociobiology of female facial beauty. *Journal of Personality and Social Psychology*, **50**(5) : 925-935, 1986.
38) Perrett, D. I. et al.: Effects of sexual dimorphism on facial attractiveness. *Nature*, **394**

(6696) : 884-887, 1998.
39) Penton-Voak, I. S. et al.: Menstrual cycle alters face preference. *Nature*, **399**(6738) : 741-742, 1999.
40) Singh, D.: Adaptive significance of female physical attractiveness : Role of waist-to-hip ratio. *Journal of Personality and Social Psychology*, **65**(2) : 293-307, 1993.
41) Neave, N. et al.: Second to fourth digit ratio, testosterone and perceived male dominance. *Proceedings of the Royal Society B : Biological Sciences*, **270**(1529) : 2167-2172, 2003.
42) Penton-Voak, I. S. & Chen, J. Y.: High salivary testosterone is linked to masculine male facial appearance in humans. *Evolution and Human Behavior*, **25**(4) : 229-241, 2004.
43) Pound, N., Penton-Voak, I. S. & Surridge, A. K.: Testosterone responses to competition in men are related to facial masculinity. *Proceedings of the Royal Society B : Biological Sciences*, **276**(1654) : 153-159, 2009.
44) Albert, D. J., Walsh, M. L. & Jonik, R. H.: Aggression in humans : What is its biological foundation? *Neuroscience and Biobehavioral Reviews*, **17**(4) : 405-425, 1993.
45) Zitzmann, M. & Nieschlag, E.: Testosterone levels in healthy men and the relation to behavioural and physical characteristics : Facts and constructs. *European Journal of Endocrinology*, **144**(3) : 183-197, 2001.
46) Wingfield, J. C. et al.: The "Challenge Hypothesis" : Theoretical implications for patterns of testosterone secretion, mating systems, and breeding strategies. *American Naturalist*, **136**(6) : 829-846, 1990.
47) Goymann, W., Landys, M. M. & Wingfield, J. C.: Distinguishing seasonal androgen responses from male-male androgen responsiveness-revisiting the Challenge Hypothesis. *Hormones and Behavior*, **51**(4) : 463-476, 2007.
48) Hegner, R. E. & Wingfield, J. C.: Effects of experimental manipulation of testosterone levels on parental investment and breeding success in male house sparrows. *The Auk*, **104**(3) : 462-469, 1987.
49) Archer, J.: Testosterone and human aggression : An evaluation of the challenge hypothesis. *Neuroscience & Biobehavioral Reviews*, **30**(3) : 319-345, 2006.
50) Gray, P. B. et al.: Human male pair bonding and testosterone. *Human Nature*, **15**(2) : 119-131, 2004.
51) Gray, P. B.: Marriage, parenting, and testosterone variation among Kenyan Swahili men. *American Journal of Physical Anthropology*, **122**(3) : 279-286, 2003.
52) James, W. H.: The honeymoon effect on marital coitus. *The Journal of Sex Research*, **17**(2) : 114-123, 1981.
53) James, W. H.: Decline in coital rates with spouses' ages and duration of marriage. *Journal of Biosocial Science*, **15**(1) : 83-87, 1983.
54) Nelson, R. J.: An Introduction to Behavioral Endocrinology. 3rd Ed., Sinauer Associates, 2005.
55) Wilson, M. & Daly, M.: Homicide : Foundations of Human Behavior, Aldine de Gruyter, 1988.（日本語版／長谷川真理子，長谷川寿一訳：人が人を殺すとき―進化でその謎をとく，新思索社，1999.）

56) Wilson, M. & Daly, M.: Life expectancy, economic inequality, homicide, and reproductive timing in Chicago neighbourhoods. *British Medical Journal*, **314**(7089) : 1271-1274, 1997.
57) Hiraiwa-Hasegawa, M.: Homicide by men in Japan, and its relationship to age, resources and risk taking. *Evolution and Human Behavior*, **26**(4) : 332-343, 2005.
58) Theobald, D. & Farrington, D. P.: Why do the crime-reducing effects of marriage vary with age? *British Journal of Criminology*, **51**(1) : 136-158, 2011.
59) Savolainen, J.: Work, family and criminal desistance : Adult social bonds in a Nordic welfare state. *British Journal of Criminology*, **49**(3) : 285-304, 2009.
60) Miller, G.: The Mating Mind : How Sexual Selection Shaped the Evolution of Human Nature, Anchor Books, 2000.（日本語版／長谷川眞理子訳：恋人選びの心──性淘汰と人間性の進化，岩波書店．2002.）
61) Cronin, H.: The Ant and The Peacock, Cambridge University Press, 1991.（日本語版／長谷川眞理子訳：性選択と利他行動，工作舎，1994.）
62) Kanazawa, S.: Why productivity fades with age : The crime-genius connection. *Journals of Research in Personality*, **37**(4) : 257-272, 2003.
63) Miller, G. F.: Sexual selection for cultural display. *In* R. Dunbar, C. Knight, & C. Power (Eds.), The Evolution of Culture : An Interdisciplinary View, pp. 71-91, Rutgers University Press, 1999.
64) Kanazawa, S.: Scientific discoveries as cultural displays : A further test of Miller's courtship model. *Evolution and Human Behavior*, **21**(5) : 317-321, 2000.
65) Farrelly, D. & Nettle, D.: Marriage affects competitive performance in male tennis players. *Journal of Evolutionary Psychology*, **5**(1-4) : 141-148, 2007.
66) Hargens, L. L., McCann, J. C. & Reskin, B. F.: Productivity and reproductivity : Fertility and professional achievement among research scientists. *Social Forces*, **57**(1) : 154-163, 1978.
67) Cashdan, E.: Hormones, sex, and status in women. *Hormones and Behavior*, **29**(3) : 354-366, 1995.
68) Cashdan, E.: Hormones and competitive aggression in women. *Aggressive Behavior*, **29**(2) : 107-115, 2003.

第5章

1) 松本直子，中園聡，時津裕子：認知考古学とは何か，青木書店．2003.
2) 松本直子：認知考古学の理論と実践的研究，九州大学出版会，2000.
3) Stout, D. & Chaminade, T.: Stone tools, language and the brain in human evolution. *Philosophical Transactions of the Royal Society B*, **367** : 75-87, 2011.
4) 竹岡俊樹：考古学が解く「言語の成立」．言語，**25**(5) : 12-17, 1996.
5) Coolidge, F. & Wynn, T.: The Rise of Homo Sapience : The Evolution of Modern Thinking, Wiley-Blackwell, 2009.
6) Toth, T. & McGrew, W.: A comparative study of the stone tool-making skills of *Pan, Australopithecus,* and *Homo sapiens. In* Toth, N. & Schick, K. D. (Eds.) : The Oldowan : Case Studies into The Earliest Stone Age, pp. 155-222, Stone Age Institute Press, 2006.

7) Wynn, T.: Handaxe enigmas. *World Archaeology*, **27** : 10-23, 1995.
8) Kohn, M. & Mithen, S. J.: Handaxes : Products of sexual selection? *Antiquity*, **73** : 518-526, 1999.
9) Grammer, K. & Thornhill, R.: Human (*Homo sapiens*) facial attractiveness and sexual selection : the role of symmetry and averageness. *Journal of Comparative Psychology*, **108**(3) : 233-242, 1994.
10) ストリンガー, C., ギャンブル, C. (河合信和訳): ネアンデルタール人とは誰か, 朝日新聞社, 1997.
11) 赤澤威: ネアンデルタール人の正体, 朝日新聞出版社, 2005.
12) Kuhn, S. L. & Stiner, M.C.: What's a mother to do? The division of labor among Neanderals and Modern Humans in Eurasia. *Current Anthropology*, **47**(6) : 953-980, 2006.
13) 西村剛: 霊長類の音声器官の比較発達――ことばの系統発生. 動物心理学研究, **60**(1) : 49-58, 2010.
14) レイコフ, G. (池上嘉彦ほか訳): 認知意味論, 紀伊国屋書店, 1993.
15) Kuhn, S. L. & Stiner, M. C.: Middle Palaeolithic 'Creativity', reflections on an axymoron? *In* Mithen, S. (ed.) : Creativity in Human Evolution and Prehistory, pp. 143-164, Routledge, 1998.
16) ミズン, S.: 心の先史時代, 青土社, 1998. (訳書ではミズンとされているが, マイズンのほうが実際の発音に近いため, 本文中ではマイズンと表記する)
17) Conard, N. J.: Palaeolithic ivory sculptures from southwestern Germany and the origins of figurative art. *Nature*, **426** : 830-832, 2003.
18) Benazzi, S. et al.: Early dispersal of modern humans in Europe and implications for Neanderthal behaviour. *Nature*, **479** : 525-528, 2011.
19) スペインのエル・カスティーリョ洞窟で4万年を遡る事例が報告され, ネアンデルタールによるものである可能性が指摘されているが, 古い年代が出ているのは今のところ手形や円形などの単純なものに限られている.
20) Wynn, T. & Coolidge, F. L.: The expert Neanderthal mind. *Journal of Human Evolution*, **46** : 467-487, 2004.
21) Solecki, R.: Shanidar : The First Flower People in Kurdistan, Knopf, 1971.
22) Sommer, J. D.: The Shanidar IV 'Flower Burial' : A Re-evaluation of Neanderthal burial ritual. *Cambridge Archaeological Journal*, **9**(1) : 127-129, 1999.
23) Berger, T. D. & Trankaus, D.: Patterns of trauma among the Neandertals. *Journal of Archaeological Science*, **22**(6) : 841-852, 1995.
24) ミズン, S. (熊谷淳子訳): 歌うネアンデルタール人音楽と言語から見るヒトの進化, 早川書房, 2006.
25) Green, R. et al.: A draft sequence of the Neandertal genome. *Science*, **328** : 710-722, 2010.
26) Evans, P. D. et al.: Microcephalin, a gene regulating brain size, continues to evolve adaptively in Humans. *Science*, **309** : 1717-1720, 2005.
27) Timpson, N. et al.: Comment on papers by Evans et al. and Mekel-Bobrov et al. on evidence for positive selection of MCPH1 and ASPM. *Science*, **317** : 1036, 2007.
28) 最近の研究で, 遺伝子の突然変異のスピードが従来の想定より半分程度遅かった可能性が

指摘されている．従来の想定で計算されていた出アフリカの年代も，この新説が正しいとすると約10万年くらいまでさかのぼることになり，なおさら解剖学的にも神経学的にも現代人と同じ状態に至ってから，いわゆる現代人的認知力が発揮されるまでのタイムラグが長くなる．Gibbons, A.: Turning back the clock : Slowing the pace of prehistory. *Science*, **338** : 189-191, 2012.

29) Renfrew, C.: The sapient behaviour paradox : How to test for potential? *In* Mellars, P. & Gibson, K. (eds.) : Modelling the Early Human Mind, pp. 11-15, McDonald Institute, 1996.

30) Mcbrearty, S. & Brooks, A.: The revolution that wasn't : A new interpretation of the origin of modern human behavior. *Journal of Human Evolution*, **39** : 453-563, 2000.

31) Clarke, J. D. et al.: Stratigraphic, chronological and behavioural contexts of Pleistocene *Homo sapience* from Middle Awash, Ethiopia. *Nature*, **423**(6941) : 747-752, 2003.

32) Pfeiffer, J. E.: The Creative Explosion : An Inquiry into the Origins of Art and Religion, Harper & Row, 1982.

33) Mellars, P.: The Upper Palaeolithic revolution. *In* Cunliffe, B. (ed.) : The Oxford Illustrated Prehistory of Europe, pp. 42-78, Oxford University Press, 1994.

34) レンフルー，C.（小林朋則訳）: 先史時代と心の進化，ランダムハウス講談社，2008.

35) Mithen, S.: The supernatural beings of prehistory and the external symbolic storage. *In* Renfrew, C. & Scarre, C. (eds.) : Cognition and Material Culture : The Archaeology of Symbolic Storage, pp. 97-106, McDonald Institute for Archaeological Research, 1998.

36) 松木武彦：列島創世記，小学館，2007.

37) Cauvin, J.: The Birth of the Gods and the Origins of Agriculture, Cambridge University Press, 2000.

38) ミズン，S.（松浦俊輔，牧野美佐緒訳）：心の先史時代，青土社，1998.

39) White, T. D. et al.: Pleistocene *Homo sapiens* from Middle Awash, Ethiopia. *Nature*, **423**(6491) : 742-747, 2003.

40) Mithen, S.: Out of mind : Material culture and the supernatural. *In* Renfrew, C. & Morley, I. (eds.) : Becoming Human : Innovation in Prehistoric Material and Spiritual Culture, pp. 123-134, Cambridge University Press, 2009.

41) 西秋良宏：新人に見る移動と現代的行動．*In* 印東道子編集：人類大移動—アフリカからイースター島へ，pp. 161-193, 朝日新聞出版，2012.

42) Klein, R. G.: Out of Africa and the evolution of human behavior. *Evolutionary Anthropology*, **17** : 267-281, 2008.

43) クライン，R. G., エドガー，B.（鈴木淑美訳）：5万年前に人類に何が起きたか？—意識のビッグバン，新書館，2004.

44) Clottes, J., Bahn, P. G. (translator) : Chauvet Cave : The Art of Earliest Times, University of Utah Press, 2003.

45) Mellars, P.: Cognition and climate : Why is Upper Palaeolithic cave art almost confined to the Franco-Cantabrian region? *In* Renfrew, C. & Morley, I. (eds.) : Becoming Human : Innovation in Prehistoric Material and Spiritual Culture, pp. 212-231, Cambridge University Press, 2009.

46) Lemonnier, P.: Bark capes, arrowheads and Concorde : On social representations of tech-

nology. *In* Hodder, I. (ed.) : The Meaning of Things, pp. 156-171, Unwin Hyman, 1989.
47) Kuhn, S. L. & Stiner, M. C.: Middle Palaeolithic 'Creativity', reflections on an axymoron? *In* Mithen, S. (ed.) : Creativity in Human Evolution and Prehistory, pp. 143-164, Routledge, 1998.
48) 海部陽介：人類がたどってきた道―"文化の多様性"の起源を探る，日本放送出版協会，2005.
49) ダンバー，R. (藤井留美訳)：友達の数は何人？―ダンバー数とつながりの進化心理学，インターシフト，2011.
50) Malafouris, L. & Renfrew, C.: The Cognitive Life of Things : Recasting the Boundaries of the Mind, McDonald Institute for Archaeological Research, 2010.

第 6 章
1) 伊藤正人：心理学研究法入門，pp. 280, 昭和堂，2006 など
2) Ihobe, H.: Male-male relationships among wild bonobos (*Pan paniscus*) at Wamba, Republic of Zaire. *Primates*, **33**(2) : 163-179, 1992.
3) Goodall, J.: Feeding behaviour of wild chimpanzees : A preliminary report. *Symposia of the Zoological Society of London*, **10** : 39-48, 1963.
4) Van Lawick-Goodall, J.: The behaviour of free-living chimpanzees in the Gombe Stream Reserve. *Animal Behaviour Monographs*, **1**(3) : 161-311, 1968.
5) クーン，T. (中山茂訳)：科学革命の構造，みすず書房，pp. 296, 1971.
6) 中川尚史：サルの食卓―採食生態学入門，pp. 285, 平凡社，1994.
7) 伊谷純一郎，徳田喜三郎：幸島のサル―その性行動，pp. 233, 思索社，1971. (初刊は 1958 年に光文社より刊行)
8) Mori, A.: Intra-troop spacing mechanism of the wild Japanese monkeys of the Koshima troop. *Primates*, **18**(2) : 331-357, 1977.
9) Altman, J.: Observational study of behavior : Sampling methods. *Behaviour*, **49** : 227-267, 1974.
10) マーティン，P., ベイトソン，P. (粕谷英一，近雅博，細馬宏通訳)：行動研究入門，pp. 193, 東海大学出版会，1990.
11) 高畑由起夫：ニホンザルの生態と観察，pp. 99, ニュー・サイエンス社，1985.
12) 丸橋珠樹：ヤクザルの採食生態. *In* 丸橋珠樹，山極寿一，古市剛史：屋久島の野生ニホンザル，pp. 13-59, 東海大学出版会，1986.
13) 伊谷純一郎：サル学事始めの頃と今日の課題. 霊長類研究，**1**：5-14, 1985.
14) 倫理委員会編：公益社団法人日本心理学会倫理規定，pp. 44, 金子書房，2009.
15) 日本臨床心理学会：倫理綱領，2009. http://www.ajcp.info/pdf/rules/rules_071.pdf
16) 日本臨床心理学会：倫理基準，2009. http://www.ajcp.info/pdf/rules/rules_072.pdf
17) 京都大学霊長類研究所：サル類の飼育管理及び使用に関する指針. 第 3 版, 2010. http://www.pri.kyoto-u.ac.jp/research/sisin2010/guideline_ver3_20100615.pdf
18) 京都大学霊長類研究所：野生霊長類を研究するときおよび野生由来の霊長類を導入して研究するときのガイドライン，2008. http://www.pri.kyoto-u.ac.jp/research/guide-j2008.html
19) 小林康夫，船曳建夫編：知の技法，pp. 283, 東京大学出版会，1994.

20) 粕谷英一,藤田和幸:動物行動学のための統計学,pp. 131,東海大学出版会,1984.
21) 石居進:生物統計学入門,pp. 288,培風館,1975.

索　引

欧　文

Ardipithecus kadabba　9
Ardipithecus ramidus　9
Australopithecus afarensis　9
Australopithecus africanus　9
Australopithecus anamensis　9
Australopithecus garhi　9
consortship　108
DNA　3
Homo erectus　10, 135
Homo ergaster　10
Homo habilis　10, 134
Homo heidelbergensis　10, 134
Homo neanderthalensis　10
Homo rudolfensis　10
Homo sapiens　8, 145
Homo sapiens idaltu　151
Kenyanthropus platyops　9
Orrorin tugenensis　9
Paranthropus aethiopicus　9
Paranthropus boisei　9
Paranthropus robstus　9
Sahelanthropus chadensis　8
SHR（shoulder-to-hip ratio）　123
WHR（waist-to-hip ratio）　123

ア　行

アウストラロピテクス（属）　9
　──・アナメンシス　9
　──・アファレンシス　9
　──・アフリカヌス　9
　──・ガルヒ　9
アドリブ法　174
アシューリアン石器　136
アミノ酸　3
アルタミラ洞窟　158
アルディピテクス・カダバ　9
アルディピテクス・ラミダス　9
アンケート　165

一般知能　73
一般認知能力　73
一夫一妻　99
一夫多妻　138
遺伝決定論　23
遺伝子　3
遺伝子‐文化共進化　27
遺伝要因　74, 77

ウィングフィールド，ジョン　124

餌づけ　173
援助行動　2

オキシトシン　113
オス間競争　101
おせっかい　59
親としての養育努力　111
「親の投資理論」　103
オルドワン石器　136
オルドワン文化　12
オロリン・トゥーゲネンシス　9

カ　行

外向性　71
環境多様性仮説　92
環境の変化　143
環境要因　74
間接互恵性　51

絆　111
機能的要因　165
規範　51
キャナリゼーション　24
究極要因　1, 42
共感　35, 44
共通祖先　54
共有環境要因　77
共有地の悲劇　61
協力　37

グラント，バーバラ・ローズマリー　5
グラント，ピーター　5
グループ追跡（法）　176

芸術　152
系統進化要因　1
血縁度　39
血縁淘汰　18, 38
ケニアントロプス（属）　9
　──・プラティオプス　9
言語　135, 142, 148
検定　31

恋に落ちる　107

公共財ゲーム 62
攻撃性 127
考古学 29, 131
向社会的行動 2, 37
行動遺伝学 74
　――の3原則 77
行動観察 165
行動生態学 17
公平感 44, 49
互恵的利他主義理論 20, 40
子殺し 104
心の理論 49
個人差 24, 69
個体追跡（法） 175
古典的双生児法 75
コミュニケーション 148
ゴリラ 16
ゴールトン，フランシス 74
婚姻システム 100

サ 行

最後通牒ゲーム 49
殺人 127
サバンナ 11
サピエント・パラドックス 150
サヘラントロプス・チャデンシス 8
三角部 136

シェーニンゲン 134
至近要因 1, 42
自然主義的誤謬 34
自然淘汰 4, 37
実験考古学 137
実験的操作 172
質問紙 165
視点取得 48
自発性 58
自発的な利他行動 58
自閉症 115

自閉症スペクトラム 116
嗜癖 113
社会規範 52
社会集団 162
社会的ジレンマ 63
シャテルペロン文化 146
シャニダール洞穴 147
集団協力 65
集団淘汰 63
『種の起源』 5
受容体 113
狩猟仮説 67
狩猟採集 14
狩猟採集社会 110, 141, 150
ショーヴェ洞窟 158
状況 70
象徴的人工物 152
情動伝染 44
初期人類 11
食物分配 54
進化 1, 23
人格 71
進化心理学 18
進化生物学 2
進化的適応環境 14
神経学仮説 155
人口仮説 155
新石器時代 153
心理メカニズム 43
人類 8
人類普遍的 109

スキャニング法 176

性 4
性格 71
生活史 99
正規分布 30
性行動 98
性周期 106
性戦略の理論 118

性的強要 106
性淘汰 18, 71, 101, 137
性別役割分業 141
性ホルモン 122
石刃 152
石器 12, 134, 142
セルフ・モニタリング 116
染色体 3
操作的な定義 178

装身具 145, 152, 157
双生児研究 74
側坐核 113

タ 行

退化 3
第三者罰 51
ダーウィン，チャールズ 5, 37, 101
ダーウィンフィンチ 5
多型 115
他者の欲求理解 46
ただ乗り 41
短期的な配偶戦略 118
単婚 99

知覚－行動メカニズム 47
地球環境問題 61
チスイコウモリ 41
知能 7, 12
中立仮説 89
長期的配偶戦略 118
挑戦仮説 124
超男性脳理論 116
直立二足歩行 8
チョッパー 134
チンパンジー 8, 41, 53, 170

定住 161
定点観測 173

索引

ティンバーゲン，ニコ 1
ティンバーゲンの4つの問い 2, 36
デオキシリボ核酸 3
適応 5
適応課題 118
適応度 6, 37
テストステロン 124
手助け課題 56
デネット，ダニエル 7
ドゥ・ヴァール，フランス 34, 43
道具 136
洞窟壁画 145, 152
同性愛 105
淘汰圧 6
淘汰と変異のバランス仮説 93
道徳 34
道徳性 53
同盟 106
ドーキンス，リチャード 16
突然変異 4
ドーパミン 114
トリバース，ロバート 20, 38, 103
トルバドゥール（吟遊詩人） 109
トレードオフ仮説 90

ナ 行

内向性 71
内的環境 7

ニホンザル 167
乳糖不耐性 27
人間行動生態学 17
「人間の進化と性淘汰」 101
認知考古学 132, 163
認知神経科学 135

認知的流動性 152
認知メカニズム 43

ネアンデルタール人 10, 139

農業 13
農耕 138, 153
農耕社会 150
農耕牧畜 13
脳内報酬系 113
のぼせ上がり 108

ハ 行

配偶行動 100
配偶システム 99
配偶者防衛 125
配偶努力 111
背側皮質視覚路 136
パーソナリティ 71
バソプレッシン 113
罰 51
発達要因 1
ハネムーン効果 127
ハミルトン，ウィリアム 38
パラダイム 171
バラントロプス（属） 9
　――・エチオピクス 9
　――・ボイセイ 9
　――・ロバスタス 9
バロン＝コーエン，サイモン 116
繁殖成功度 102
繁殖への努力 111
ハンドアックス 135, 137

比較認知科学 44
ヒト 133
ヒト属 9
評判 52

腹側前運動皮質 136
不公平忌避 42
フサオマキザル 50
負の頻度依存淘汰 90
フリーライダー 41
プレーリーハタネズミ 111
プロラクチン 126
フロンティア仮説 155
文化 23
文化心理学 94
文化的集団淘汰 64
文献研究 169
文脈 70
文明 13

ペア外交尾 99
ペア・ボンド 111
平均顔 120
ベイトマン，アンガス 102
別々に育てられた双生児研究 74
包括適応度 39
放射性炭素年代測定 132
ボノボ（ピグミーチンパンジー） 12, 66, 104, 136, 167
ホモ（属） 10
　――・エルガスター 10
　――・エレクタス 10, 134
　――・サピエンス 8, 145
　――・サピエンス・イダルトゥ 151
　――・ネアンデルターレンシス 10
　――・ハイデルベルゲンシス 10, 134
　――・ハビリス 10, 134
　――・ルドルフェンシス 10
ホーレフェルス洞窟 145
ホーレンシュタイン 145

マ 行

マイズン，スティーブン　133
埋葬　155
磨製石器　153
マドレーヌ文化期　158

ミーム　26
ミラー，ジェフリー　129
ミラーニューロン　47
民族誌学　100

ムステリアン石器　155

名誉の文化　25
メスによる選り好み　101

モジュール　133
モース，エドワード　132

ヤ，ラ，ワ行

有性生殖　4

要求に応じた利他行動　59
要求の理解　60
欲求の理解　60
　他者の——　46

ラクトース　27
ラスコー洞窟　158
乱婚　102

利他行動　2, 37
　自発的な——　58

要求に応じた——　59
利他性　17
利他的罰　51
リバース・エンジニアリング　19
領域固有　71, 144, 157
倫理　34

類人猿　133

霊長類　8, 104
恋愛　98, 107
連続的単婚　100

ロマン主義　109

ワンゼロサンプリング　176

編者略歴

五百部 裕(いほべ ひろし)

1960年　茨城県に生まれる
1991年　京都大学大学院理学研究科博士課程修了
現　在　椙山女学園大学人間関係学部心理学科
　　　　教授，博士（理学）

小田 亮(おだ りょう)

1967年　徳島県に生まれる
1996年　東京大学大学院理学系研究科博士課程修了
現　在　名古屋工業大学大学院工学研究科情報工学専攻
　　　　准教授，博士（理学）

心と行動の進化を探る
―人間行動進化学入門―　　　　　　　定価はカバーに表示

2013年 9月 5日　初版第1刷
2019年12月25日　初版第3刷

編　者　五　百　部　　　裕
　　　　小　　田　　　　亮
発行者　朝　倉　誠　造
発行所　株式会社　朝　倉　書　店
　　　　東京都新宿区新小川町6-29
　　　　郵便番号　162-8707
　　　　電　話　03(3260)0141
　　　　FAX　03(3260)0180
　　　　http://www.asakura.co.jp

〈検印省略〉

© 2013〈無断複写・転載を禁ず〉　　　　教文堂・渡辺製本

ISBN 978-4-254-52304-1　C 3011　　Printed in Japan

JCOPY ＜出版者著作権管理機構 委託出版物＞
本書の無断複写は著作権法上での例外を除き禁じられています．複写される場合は，そのつど事前に，出版者著作権管理機構（電話 03-5244-5088, FAX 03-5244-5089, e-mail: info@jcopy.or.jp）の許諾を得てください．

好評の事典・辞典・ハンドブック

脳科学大事典	甘利俊一ほか 編	B5判 1032頁
視覚情報処理ハンドブック	日本視覚学会 編	B5判 676頁
形の科学百科事典	形の科学会 編	B5判 916頁
紙の文化事典	尾鍋史彦ほか 編	A5判 592頁
科学大博物館	橋本毅彦ほか 監訳	A5判 852頁
人間の許容限界事典	山崎昌廣ほか 編	B5判 1032頁
法則の辞典	山崎 昶 編著	A5判 504頁
オックスフォード科学辞典	山崎 昶 訳	B5判 936頁
カラー図説 理科の辞典	山崎 昶 編訳	A4変判 260頁
デザイン事典	日本デザイン学会 編	B5判 756頁
文化財科学の事典	馬淵久夫ほか 編	A5判 536頁
感情と思考の科学事典	北村英哉ほか 編	A5判 484頁
祭り・芸能・行事大辞典	小島美子ほか 監修	B5判 2228頁
言語の事典	中島平三 編	B5判 760頁
王朝文化辞典	山口明穂ほか 編	B5判 616頁
計量国語学事典	計量国語学会 編	A5判 448頁
現代心理学［理論］事典	中島義明 編	A5判 836頁
心理学総合事典	佐藤達也ほか 編	B5判 792頁
郷土史大辞典	歴史学会 編	B5判 1972頁
日本古代史事典	阿部 猛 編	A5判 768頁
日本中世史事典	阿部 猛ほか 編	A5判 920頁

価格・概要等は小社ホームページをご覧ください.